빌딩 투자, 이렇게 한번 해볼래요?

빌딩 투자, 이렇게 한번 해볼래요?

초판 1쇄 발행   2019년 12월 27일

지은이   조현우
펴낸이   곽철식

편집부   이소담 구주연
디자인   박영정
펴낸곳   다온북스
인쇄   영신사
출판등록   2011년 8월 18일 제311-2011-44호
주소   서울시 마포구 토정로 222, 한국출판콘텐츠센터 313호
전화   02-322-4972   팩스   02-322-4872
전자우편   daonb@naver.com

ISBN 979-11-90149-08-2   (13320)

© 2019, 조현우

이 도서의 국립중앙도서관 출판예정도서목록(CIP)은 서지정보유통지원시스템
홈페이지(http://seoji.nl.go.kr)와 국가자료공동목록시스템(http://www.nl.go.kr/kolisnet)에서
이용하실 수 있습니다.(CIP제어번호:CIP2019044198)

다온북스는 독자 여러분의 아이디어와 원고 투고를 기다리고 있습니다.
책으로 만들고자 하는 기획이나 원고가 있다면, 언제든 다온북스의 문을 두드려주세요.

A부터 Z까지 다 알려주는

빌딩 투자,
이렇게 한번
해볼래요?

조현우 지음

다온북스

경험과 이론에서
통찰력과 미래 분석을 배우다

빌딩 중개업에 몸담은 후로 업무에 관련된 책을 꾸준히 읽고 있지만, 이 책의 저자가 본문에서 말하는 것처럼 빌딩 컨설턴트들이 쓴 책은 업무에 큰 도움이 되지 않았다. 왜냐하면 '내가 컨설팅한 빌딩은 높은 시세차익을 얻었지만, 내 조언을 듣지 않은 고객들은 투자에 실패해서 피해를 입었기 때문이다. 그러니 나에게 상담하러 와라'는 것이 사실상 책의 핵심 내용이기 때문이다. 그러니 컨설턴트로 현업에서 일하고 있는 나에게는 전혀 도움이 되지 않는 게 당연했다. 그래서 저자가 추천사를 써 달라고 부탁했을 때, 나는 거절했다. 굳이 읽어보지 않아도 이미 출간된 그렇고 그런 책 중 하나라고 생각했기 때문이다.

그러나 이 책을 읽으면서 생각이 바뀌었다. 기존의 빌딩 투자에 관한 책들과는 확연히 달랐기 때문이다. 심지어는 내가 몰랐던 부분에 대해서 핵심을 짚어주고, 수년간의 경험을 토대로 어렴풋이 알고 있었던 개념까지 끄집어내 확실하게 정리해주는 기분이었다.

나는 어떻게 추천사를 써야 할지 고민하다, 일단 목차를 따라가기로 했다. 그중 1장인 '부동산 투자는 실력과 운의 복잡계 영역'은 정말 압권이다.

저자는 구체적인 사례와 공신력 있는 자료들을 적절히 배합해 부동산 투자에서 운과 실력이라는 영역을 명확히 구분해낸다. 그래서 고객들에게 컨설팅할 때 나도 모르게 실수한 적은 없었는지, 사후해석으로 인한 편향적 사고를 하지는 않았는지 생각해보는 구간이다.

2장은 저자의 통찰력을 통한 미래 분석을 말한다. 저자는 운의 영역을 인정하면서도 확률적으로 가장 안전하고 예상 수익이 높은 곳을 말해주고 있다. 그래서 대도시, 그중에서도 서울, 서울 안에서도 핵심지역이 가장 안전하고 수익이 높을 것이라고 말한다.

처음에는 당연한 이야기를 너무 길게 풀어서 하는 것이 아닌가 싶었지만, '어렴풋이 아는 것과 뼛속까지 이해하는 것은 천지 차이'라는 저자의 말에 공감한다. 특히 많은 고객은 아직도 '강남을 포함한 서울의 핵심지역'들은 가격이 이미 너무 많이 올라서 거품이 아니냐는 질문을 하곤 한다. 이런 사실을 감안할 때, 저자의 똑 부러지는 분석은 투자의 핵심을 짚는 데 큰 도움이 될 것이다.

3장은 본격적으로 빌딩 투자에 필요한 지식을 담고 있다. 그 예로, 대출, 세금, 밸류업^{저평가된 부동산의 가치를 높여 수익을 추구하는 투자 방식} 등을 포함해 투자자들이 궁금해할 만한 요소가 여기 속한다. 특히 세부 목차 중에서도 가장 중요하다고 생각하는 것은 아래와 같다.

- 미래 가치, 강남 빌딩들은 임대수익이 낮아도 압도적으로 가격이 비싼 이유가 있다.
- 호재가 많은 곳에 있는 빌딩을 살까? VS 이미 오른 곳의 빌딩을 살까?

이 중에서 특히 테슬라와 주식시장의 구체적인 예를 들기 때문에, 현재 가치와 미래 가치, 가격을 분석해내는 부분은 독자들이 꼭 읽어야 한다고 생각한다. 왜냐하면 강남에 위치한 빌딩이 가격에 비해 수익률이 낮은 것을 이해하지 못하는 투자자들에게 설명하기에 좋은 사례이기 때문이다.

많은 사람들은 호재에 대한 이해가 부족하다. 아파트에 호재가 된다고 해서 반드시 상권의 부흥이나 빌딩 가격에 영향을 미치는 것은 아니다. 반대로 특별한 호재가 없는 것처럼 보여도 꾸준히 발전하며 시세가 오르는 곳도 있다.

'호재'와 '투자할 빌딩'의 상관관계에 대해 따져보지 않고, 막연히 호재만 외치는 사람들이 있다. 그런 분들에겐 이 꼭지가 큰 도움이 되리라 생각한다.

나는 건축학을 전공하고 관련 업무를 했었기 때문에, 재건축이나 리모델링, 건축사, 시공사 등에 대해서는 잘 아는 편이다. 그러나 대부분의 컨설턴트들과 이야기를 해보면, 그들은 투자자들에게 재건축, 리모델링을 추천할 뿐 상세한 절차나 리스크에 대해 제대로 설명하지 못한다. 재건축과 리모델링을 감안해서 빌딩을 추천하다 투자자에게 막대한 피해를 줄 수 있음에도 불구하고 말이다. 그러니 재건축과 리모델링의 절차에 대해 체계적으로 공부하고 싶은 컨설턴트라면 반드시 4장 심화편을 읽어야 한다.

5장은 빌딩 투자할 때 알아야 할 세금과 절세 관련 내용을 다룬다. 이것을 모르고 투자하면 엄청난 금액의 세금을 내야하는 것은 물론, 세금을 아낄 수 있는 부분을 놓치게 되니 꼭 읽어 보길 바란다.

독자들은 이 추천사를 읽으면서도 '친한 사람이니 당연히 좋게 써줬겠지'라고 생각할 수도 있다. 그러나 나는 투자자들이 사실 여부를 확인할 수 없는 저자의 컨설팅 사례를 최대한 배제했다는 점이 솔직하게 느껴졌다. 그래서 이 책을 추천한다면, 나는 우리 회사 직원들과 나와 깊은 관계를 맺고 있는 투자자들에게 읽어보라고 권하고 싶다. 그리고 빌딩 매매에 관심 있는 사람들도 이 책을 읽길 바란다.

㈜제우스부동산컨설팅 대표 신지원

꿈에서 현실로 다가가는
목적과 방법

많은 사람들은 건물주를 보며 부러워한다. 부동산 투자자들 사이에서도 빌딩을 사는 것은 엄청난 일이자 로망이기 때문이다. 그만큼 빌딩 구매 가격이 높고, 투자에 대한 효과도 크다.

그러나 최근에는 부동산 대출에 대한 진입 장벽이 높아지고, 세금 기준이 강화되면서 주거용 부동산 투자에 대한 열기가 식어가는 추세이지만, 수익형 부동산은 오히려 인기를 얻고 있다. 수익형 부동산엔 장점만 있을까? 주거용 부동산과는 무슨 차이가 있을까?

부동산 투자의 가장 큰 장점은 안정성이다. 부동산은 실물 자산이기 때문에 아무리 가격이 내려간다 한들 주식처럼 0원이 되는 일은 없기 때문이다. 그런데 여기에서 투자자들이 간과하는 점이 있다. 부동산 투자의 안정성 때문에 투자자들이 레버리지_{대출 받아 실투자금을 줄이고, 이에 따른 수}_{익률을 극대화시키는 것} 지렛대 효과를 이용하는 것을 적극적으로 활용한다. 이렇게 대출을 많이 받고 실투자금을 최소화하려는 노력 때문에 원금을 챙기기는커녕 오히려 마이너스로 손해를 보는 일도 생긴다.

주거형 부동산은 마이너스가 되어 손해 보는 일은 많지 않지만, 수익형 부동산에 투자했다가 원금을 잃는 일은 종종 발생한다. 경매 사이트에 나오는 물건 중 많은 수가 수익형 부동산인 이유가 바로 그것이다.

사람들이 수익형 부동산에 투자하는 이유는 무엇일까? 수익형 부동산 중 대표적인 것으로 오피스텔과 분양 상가가 있다. 분양 상담사들은 매매를 체결할 때마다 건마다 수백만 원~수천만 원까지 수수료를 받는다. 그래서 이들은 수수료를 받기 위해 홍보에 올인하고, 적극적으로 영업한다. 분양 상담사의 주 타깃은 부동산 투자를 했던 경험이나 이 분야에 대한 지식은 없지만, 어느 정도 자본력이 있어 투자하려는 사람들이다. 이들은 투자에 대해 잘 모르고, 편하게 월세 받아 노후 준비하려다 '자식들에게 용돈 받지 말고 마음 편하게 월세 받자'는 분양 상담사들의 말만 믿고 투자한다. 그러다 오랜 공실로 투자가 원활하지 않거나 원금을 손실할 때가 되어서야 땅을 치고 후회한다.

빌딩 투자는 어떨까? 빌딩 투자업계에도 '컨설턴트'라고 포장한 분양 상담사들이 존재한다. 그래서 정말 실력 있는 빌딩 컨설턴트가 있는가 하면, 이제 일을 시작한 컨설턴트나 눈먼 돈을 찾아다니는 컨설턴트도 허다하다. 그들 대부분은 투자자가 옳은 선택하는 것보다 자기에게 돌아올 수수료에 집중한다.

투자자들은 빌딩 투자를 할 때 특별한 경우가 없는 한 대부분 1인 이상의 컨설턴트를 만나게 된다. 물론 투자자보다 컨설턴트가 그 분야에 대해 전문가일 확률은 높지만, 전문가라 할지라도 부동산 투자는 '복잡계의 영역'이라는 사실을 명심해야 한다.

나는 빌딩 투자 컨설턴트 경력이 있는 사람이 혼자 판단하고 직접 빌딩에 투자한 후 자기의 판단에 후회하는 모습을 본 적이 있다. 그러니 투자할 때 컨설턴트의 말에 현혹되지 말고 투자자 본인의 확신을 믿는 것이 중요하다.

아직 이 책을 읽지 않은 사람이라면, 내가 가진 자본금으로 어디에 빌딩을 사는 것이 가장 성공적인 투자가 될 수 있을지 막연할 것이다.

부동산 투자에는 불변의 법칙이 존재한다. ① 건물을 보고 사지 말고 입지를 보고 매입해야 한다. ② 내가 좋아하는 부동산보다 남이 좋아하는 부동산을 사야 한다.

핵심 지역에서 벗어난 곳에 있는 빌딩이라도 개인의 취향에 따라 인테리어가 깔끔해서 마음이 들거나 건물이 수려해서 마음에 들 수도 있다. 물론 자기 돈으로 투자하는 것이니 선택도 자기 맘이다. 그러나 투자 상품으로써의 가치는 없다. 이런 경우라면, 나중에 빌딩을 팔 때 쉽게 팔리지 않아 시세차익은 기대하기 어려울 수도 있는 것을 알아야 한다.

이 책에는 '이렇게 투자하면 반드시 성공한다', '내 말을 따랐기 때문에 투자에 성공했다'라는 말은 단 한 구절도 없다. 이 책은 내가 썼지만, 개인적인 사례를 철저하게 배제하고, 최대한 객관적이면서 본질적인 내용에 집중했다. 또 책에 실린 참고자료들은 '오랫동안 이 업계에서 일하면서 알게 된 것'보다는 명백한 증거를 제시하고자 사용했다.

내가 이 책을 쓴 목적은 명확하다.

1. 투자자는 자칭 '빌딩 컨설턴트'라고 하는 수많은 전문가 사이에서 누가 진짜 전문가인지 판별할 수 있는 능력을 키워야 한다.

2. 부동산 투자에 대한 비판적 사고를 기르고, 혼자 힘으로 빌딩에 대한 가치 파악이 가능해야 한다.

3. 투자 위험을 최소화하는 방법을 체득하는 것이다.

나는 분명 이 책을 통해 독자들이 위에 쓴 목적 3가지는 확실히 배울 수 있다고 확신한다. 그래서 막연히 '건물주'를 꿈꾸는 것이 아니라 현실로 한 발짝 다가가는 데 도움이 되리라 믿는다.

조현우 씀

차례

1장

부동산 투자는 실력과 운의 복잡계 영역

2장

부동산 투자의 핵심 포인트

3장

한눈에 보는 빌딩 투자의 모든 것

: 기초편

4장

한눈에 보는 빌딩 투자의 모든 것

: 심화편

5장

한눈에 보는 빌딩 투자의 모든 것

: 세금과 절세 그리고 대출

부동산 투자는
실력과 운의
복잡계 영역

빌딩 투자할 때 가장
중요한 것은 비판적 사고이다

빌딩 투자할 때 가장 중요한 것은 무엇일까?

부동산 투자를 하든 주식 투자를 하든 또는 어떤 사업에 투자하든 가장 중요한 것은 본질이다. 어떠한 시대의 변화에도 변하지 않는 것이 바로 본질이기 때문이다. 본질을 깨우치려면 제대로 된 비판적 사고를 가지고 의문을 던지며 나만의 통찰력을 키워나가야 한다.

비판적 사고의 질문이란 현상에 의문을 던지는 것이다. 갑자기 투자에 대해서 이야기하다가 그게 무슨 소리냐고 물을 수도 있겠다. 투자를 할 때 제대로 된 의문을 던질줄 아는 사람은 사실상 거의 없다. 아는 것이 많이 없기 때문이다. 기본 적으로 아는 지식이 없다면 현상에 대한 의문이 들지 않는다. 비판적 사고는 기본적으로 '지식의 충돌'에서 일어난다.

20세기 중반, 심리학자 대니얼 벌라인Daniel Berlyne은 질문을 하기 위해서는 '정보의 간극'이 존재해야 한다고 말했다. 벌라인은 한 실험에서 참가자들에게 여러 모양의 도형을 보여 주었다. 도형은 아주 단순한 형태에서부터 매우 복잡한 것까지 있었다. 실험 결과 도형의 복잡도에 따라 사람들이 응시하는 시간이 달랐다. 단순한 도형을 응시하는 시간은 짧았으나, 복잡한 모양의 도형을 응시 하는 시간은 단순한 도형에 비해 조금 더 길었다. 그러나 도형의 복잡도가 점점 더 커지자 사람들은 도형에 아예 관심을 접기 시작했다.

　벌라인은 이 실험을 통해 새로운 것을 알아냈다. 이미 알고 있는 단순한 도형이나 전혀 모르는 복잡한 도형에는 호기심이 발동되지 않는다는 사실이다. '지식'과 '지식의 부재'가 적절히 섞인 상태일 때 사람들은 의문을 갖는다. 이 실험의 결과를 통해 어떤 깨달음을 얻을 수 있을까?

　지적인 의문을 갖기 위해서는 기본적으로 그 분야에 대한 배경지식이 있어야 한다. 최소한 어느 정도의 배경지식이 있어야만 비로소 지식의 부재를 느끼게 되고 더 알고자 하는 욕구가 나타나게 된다.

　투자에 있어서 의문이 중요한 이유가 있다. 빌딩에 투자할 때, 특별한 경우가 아니고선 빌딩 매매 컨설턴트를 만나 여러 물건을 소개받게 된다. 모든 중개인은 본인이 가지고 있는 매물을 브리핑하며 이 물건은 어떠한 이유로 좋고, 또 다른 물건은 어떠한 이유로 별로라고 말할 것이다. 투자자들은 최소 2~3명 이상의 컨설턴트를 만나게 된다. 거액의 빌딩을 거래하는데 한 명의 말만 듣고 덜컥 계약할수는 없지 않은가. 주변에 건물주가 있으면 그의 말도 들어보고, 부동산 전문가의 말도 들어보고, 인터넷으로 나름의 정보를 찾기도 한다. 하지만 점점 헷갈리기만 할 뿐, 사람들의 말은 제각기 달라 판단을 내리기가 어려워진다. 당연한 결과이다. 스스로 치열하게 공부한 적이 없으니.

만약 전문가임을 자칭하는 사람이 이렇게 컨설팅을 해준다고 생각해보자. '빌딩은 유동 인구가 많은 곳을 사야 공실률이 낮고, 시세 차익도 볼 수가 있습니다. 그래서 ○○동의 이 건물을 추천합니다. 위치도 상권에 있어 수익률도 높습니다.' 얼핏 들으면 맞는 말 같지만, 비판적 사고를 가지고 배경지식이 있는 상태로 듣는다면 아닐 수도 있다. '이 지역이 지금은 유동 인구가 많아 보이지만 과연 언제까지 지속될까?'

실제로 반짝 떴다가 가라앉는 상권은 굉장히 많다. 이태원 경리단길은 한때 젊은이들의 핫플레이스로 떠오르면서 가격이 급상승했다. 하지만 오래가지 못했다. 젠트리피케이션으로 인해 상권의 독창성을 잃었고, 접근성도 좋지 않기 때문이다. 압구정로데오 역시 한때 엄청난 전성기가 있었으나, 현재는 젠트리피케이션의 대표 사례로 손꼽힐 정도로 상권이 죽어 공실이 넘치고, 종로구 익선동은 최근까지만 해도 사람이 넘쳐 건물의 시세가 치솟았으나 벌써부터 그 열기가 가라앉고 있다.

'좋은 입지의 허름한 건물을 리모델링하거나 재건축하면 높은 시세 차익을 볼 수 있습니다.' 이 말은 빌딩 컨설턴트들이 자주 하는 말이다. 요즘에는 많은 이들이 리모델링, 재건축을 추천한다. 하지만 리모델링과 재건축은 건물 매입만큼이나 신중하게 생각할 일이다. 들어가는 돈이 만만치 않을 뿐더러 생각했던 만큼 시세 차익을 보지 못할 수도 있다. 정말 좋은 입지의 허름한 건물을 최대한 저렴한 가격에 매입해서 세입자를 명도하고 리모델링이나 재건축을 한 뒤, 임차인을 새로 맞추고 임대 수익률을 이전보다 확연 하게 높여 건물의 가치를 높이는 일련의 과정을 수행해야 한다.

이외에도 재건축이나 리모델링을 하려면 임대 수입이 없는 기간을 버텨내야 한다. 건축사도 잘 선택해야 한다. 심한 경우 손해를 볼 가능성도 있다. 그러니 컨설턴트를 비롯한 전문가들의 말을 그대로 수용하는 것은 매우 위험하므로 전문가의 설명을 들어보는 것이 좋다. 이때 모르는 것은 질문을 해야 한다. 제대로 아는 것이 없다면 자칭 전문가들의 달콤한 말에 쉽게 빠져들 수 있다. 전문가들이 말하는 말은 다 각각의 논리가 있어 보이기 때문이다. 그러나 배경지식이 풍부하지 않다면 제대로 된 질문을 할 수가 없다. 비판적 사고는 대체 어떻게 키울 수 있을까? 다음은 내가 겪은 비판적 사고의 경험이다.

한창 자기계발서와 동기부여에 대한 열정이 불타오르던 시절, 나는 우연히 스티브 잡스Steve Jobs의 연설을 보게 되었다. 그는 자신의 인생 스토리를 논리 있게 풀어내며 이런 말을 남겼다.

*
"당신의 시간은 한정되어 있습니다. 다른 사람의 인생을 사느라 시간을 낭비하지 마세요. 타인의 철학에 얽매이지 마세요. 타인의 잡

음으로 여러분 내부의 소리가 묻히지 않게 하십시오.

　그리고 가장 중요한 것은 자신의 직관을 따르는 용기를 가지는 것입니다. 우리의 마음은 당신이 진짜 요구하는 것을 알고 있는 것입니다. 그밖에 다른 것은 부차적입니다."

　나는 이 강연 메시지와 스티브 잡스의 에너지에 완전히 매료되었다. 자신의 직관에 따라 살라니 얼마나 멋진 말인가!

　나는 꽤 오랫동안이 말을 전적으로 믿으며 직관에 모든 것을 걸었다. 비록 내 경제적 수준에서 비싼 물건이더라도 사고 싶은 것은 바로 사고, 배우고 싶은 것은 고민하지 않고 배웠다.

　나는 과거의 내 행동들을 후회하지 않는다. 스티브 잡스의 말대로 직관에 따라 산 덕분에 정말 많은 것을 배웠다. 하지만 이 말은 꼭 해두고 싶다. 지금 와서 생각 해보면 나는 정말 운이 좋았던 케이스였다. 하마터면 파산할 수도 있었다. 내가 왜 이런 생각을 하게 됐냐면 애덤 그랜트Adam Grant의 저서 《오리지널스Originals》에서 다음과 같은 이야기를 읽었기 때문이다.

　스티브 잡스는 개인용 이동 수단인 '세그웨이Segway'에 지대한 관심을 보였다. 세그웨이를 발명한 사람에게 회사 지분의 10퍼센트와 6,300만 달러를 제시했으나 거절당하자 6개월 동안 무료로 자문하겠다는 추가 조건까지 내걸 정도였다. 그러나 미국의 시사 주간지 〈타임Time〉은 세그웨이를 가장 실패한 10대 기술 중 하나로 꼽았다. 잡스의 직관이 틀린 것이다.

어떻게 된 일일까? 잡스는 분명히 직관을 따르라고 했지만, '직관을 따르다가 파산할지도 모릅니다'라는 말은 하지 않았다. 그리고 동시에 자연스러운 의문이 생겼다. '과연 직관을 따르는 것이 옳은 것인가, 항상 분석을 하는 것이 옳은가?' 운이 좋게도 얼마후 이 질문에 대한 대답을 또 다른 책에서 찾을 수 있었다. 노벨경제학상 수상자이자 행동경제학의 창시자인 대니얼 카너먼Daniel Kahneman의 저서 《생각에 관한 생각Thinking, Fast and Slow》의 내용이다.

대니얼 카너먼은 '직관'에 대한 회의론자였고, 게리 클라인Gary Klein은 '전문가 직관'을 옹호하는 학자였다. 이 둘은 직관에 대한 의견만은 서로 달랐다. 그러다 합동연구를 진행하기에 이르렀다. 그들이 합동연구를 통해 내린 결론은 다음과 같다. '전문가의 직관'을 따랐을 때 훌륭한 선택을 할 수 있는 분야가 있고, 그렇지 않은 분야도 있다.

판단에 진정한 전문성이 담긴 때와 판단이 타당성 착각에 지나지 않을 때는 언제일까? 이 질문에 대한 답은 다음두 가지 기본 조건에서 나온다.

- **주변 환경이 규칙적이어서 예측이 가능할 때**
- **오랜 연습으로 그 규칙성을 익힐 수 있을 때**

이제 어떤 전문가가 와서 나에게 '투자를 할 때는 전문가의 직관을 믿으셔야 합니다'라고 해도, 그 사람의 말을 믿지 않을 수 있다. 이미 직관에 대한 배경지식이 있기 때문에 비판적인 사고가 가능하기 때문이다. 부동산 투자, 비즈니스의 영역은 대표적인 복잡계의 영역이기 때문에 규칙적인 환경과는 반대에 있다.

이처럼 어떤 분야에 있어서 중요한 의사 결정을 해야 한다면 최대한 배경지식을 키워야 한다. 특히 전문가들과 협력을 해야 하는 분야일수록 더욱 그렇다. 투자에 있어서 전문가의 말을 무조건 신뢰 하는 것이 얼마나 위험한지 뒤에서 자세히 다룰 것이다.

나는 이 책에 꼭 알아두어야 할 기본과 빌딩 투자에 대한 배경지식들을 최대한 객관적으로 가득히 담았다. 지식의 충돌만이 비판적 사고를 만들어 낼 수 있기 때문이다.

핵심 정리

투자의 영역에서 가장 중요한 것은 비판적 사고이다. 비판적 사고는 곧 의문을 말한다. 좋은 의문이 생기려면 그 분야에 대한 충분한 배경지식을 갖춰야 하며, 지식의 충돌만이 비판적 사고를 만들어 낼 수 있다.

부동산 투자는 실력과
운의 복잡계 영역

한때 우리나라는 IMF 경제 위기로 인해 기업은 줄줄이 도산했고, 구조조정에 따른 실업자들, 비정규직의 탄생, 소득의 감소와 양극화 등 수많은 문제를 낳았다. 경제와 사회 전반에 미친 영향이 막대했다. 환율과 금리가 폭등하자 투자자들은 선뜻 투자를 하려 하지 않았다. 은행 예금의 이자가 20퍼센트를 넘어서는 상황에 누가 리스크를 감수하며 부동산과 주식에 투자를 하겠는가. 이때 오히려 일부 부유층들은 '이대로!'라는 건배사를 외쳤다고 한다.

> ### "그까짓 월세" 놀라운 투자 비결
>
> 서 씨는 IMF 외환 위기 직후인 2000년 서울 서초구 서초동에 있는 대지

면적 376.9㎡(약 114평), 연면적 1474.78㎡(약 446평), 지하 2층~지상 5층 건물을 28억 1,700만 원에 매입했습니다.…(중략)

이 빌딩은 입지가 가장 큰 장점입니다. 지하철 3호선·신분당선 양재역 2번 출구에서 나오자마자 보이는 건물이어서 눈에 확 트이고 10차로 강남대로의 코너에 있어 유동 인구도 많습니다. 게다가 신분당선이 뚫려 이른바 더블(double) 역세권으로 거듭나면서 현재 시세는 200억 원까지 뛰었습니다. IMF 직후 매입 당시에는 빌딩 가치가 오를 것으로 확신하기 어려웠을 텐데 과감하게 투자한 덕분에 17년이 지난 현재 170억 원이 넘는 시세 상승효과를 봤죠. 서 씨는 이 건물에서 매달 약 4,000만 원의 월세를 받습니다…(하략)

2017. 2. 11. ○○일보

이런 상황이 지속되자 부동산 가격은 자연스레 폭락했고, 종합 주가 지수(코스피)는 280선까지 떨어졌다. 한마디로 우리나라의 경제 상황은 최악이었다. 부동산 전문가들은 '이제 부동산 불패 신화는 끝났다.

절대 부동산에 투자하지 말라'라는 말을 하기도 했다. 그러자 정부는 이에 대한 해결책으로 사상 초유의 부동산 규제 완화정책을 내기에 이른다. 이때 당시의 부동산 정책은 실로 충격적이다.

대표적으로는, 분양권 재당첨 금지기간 단축, 청약 자격 제한 완화, 분양가 자율화, 양도세 한시 면제, 취·등록세 감면, 토지거래 허가제 및 신고제 폐지, 분양권 전매 허용 등이 있다.

특히 양도세 한시 면제는 부동산 시장이 정말 최악이라는 반증이 기도 하다. 1998~1999년 2년 동안 시행한 부동산 규제 완화정책은 부동산 시장에서 풀어줄 수 있는 규제란 규제는 다 풀어주었다고 보면 된다.

이후 부동산이 과열되자 정부는 다시 부동산 급등을 잡기 위해 투기과열지구 선정, 분양권 전매 강화, 청약조건 강화, 재건축 안전 진단 강화 등 규제를 하기 시작했지만 이미 늦은 상태였다.

장기적으로 봤을 때 우리나라 부동산 가격은 꾸준히 올랐다. 그러나 단기적인 구간으로 본다면 정부의 부동산 정책에 따른 영향이 가장 크다고 볼 수 있다. 1997년 IMF와 2008년 금융 위기 이후엔 부동산 시장을 살리기 위해 엄청난 완화정책이 펼쳐졌다. 그리고 부동산 시장이 다시 뜨거워지면 본격적인 규제정책을 펼쳤다. 시기와 정도에 따라 바로 먹히는 정책도 있고 시간이 걸리는 경우도 있지만 현재까지의 데이터로는 정부의 각종 정책이 분명 부동산 시장에 커다란 영향을 미쳤던 것은 사실이다.

IMF 외환 위기 직후 우리나라는 많은 신흥 부자들을 양성해냈다. 현금을 보유하고 있었던 사람들은 저렴한 가격에 나오는 급매와 경매시장들의 부동산과 주식을 주워 담을 수 있었다. 이때 사두었던 부동산이 정부의 부동산 규제 완화정책, 급격한 경제성장으로 인해 폭등하여 현재의 부자가 된 사람들이 많다. 〈2018 한국 부자보고서〉에 따르면 금융자산이 10억 원 이상인 금융 부자들의 자산 중 부동산 자산 비중은 53.3퍼센트로 압도적이다.

요즘에는 수많은 경매전문가 또는 부동산 투자전문가들이 온라인

시장에 많이 진출하고 있다. 그들은 IMF 때 투자해서 얻은 수익을 순수하게 실력으로 얻은 것처럼 포장하여 자신을 마케팅한다. 현실은 어떨까? 그들은 과연 진짜 전문가일까?

대부분 자칭 전문가들은 직접 투자를 하지 않고 부동산 투자 수익보다는 교육 사업을 통해 돈을 번다.

투자자들을 타깃으로 책을 쓰고, 강연을 하고, 컨설팅을 하면서 돈을 번다. 그들이 진짜 투자를 잘한다면 왜 교육 사업으로 돈을 벌까? 이중에는 진짜 전문가들도 있지만, 대부분이 그렇지 않다고 봐야 할 것이다.

내가 서 씨의 빌딩 투자 성공 사례를 통해 말하고 싶은 것은 투자의 성공 여부에 대한 것이 아니다. 그는 28억 원짜리 건물을 대출 포함하여

정부 정책과 전국 매매·전세 누적 증감률

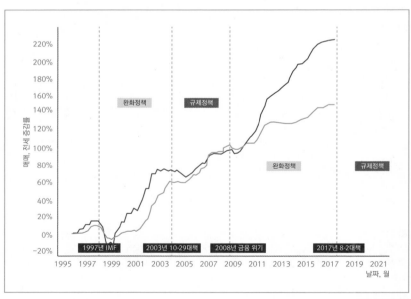

출처: KB 부동산

현금 5억 원으로 매입했다. 그리고 그 건물은 현재 230억 원의 가치가 있다. 성공적인 투자라는 것에 이견은 없다. 다만 이 사례를 통해 우리가 얻어야 할 가장 큰 교훈은 부동산 투자는 전문가라고 해서 100퍼센트 정확한 예측을 하는 것은 불가능하다는 것이다. 부동산 투자의 성공 여부는 실력도 중요하지만 정부의 부동산 정책, 세계의 경제 상황등 예측 불가능한 요소들에 의해 좌지우지 되는 경우가 더 많다. 자신이 모든 것을 예측하고 투자했던 것처럼 이야기 한다면 그 전문가는 편향적 사고에 빠져있을 확률이 높다. 특별한 상황, 즉 운으로 인해서 얻은 이례적인 성과를 포장하며 자신의 실력처럼 말하는 것은 분명히 문제가 있다.

핵심 정리

많은 전문가들은 운으로 인해 얻은 수익을 토대로 자신을 마케팅하고 교육사업으로 돈을 번다. 투자자들은 이 사실을 명시하고 자칭 전문가들에게 속지 않으려면, 투자에서 실력과 운의 영역을 이해해야 한다.

부동산 전문가들은
시장의 **변동을 예측**할 수 있을까?

앞에서 빌딩 투자 성공 사례와 함께 부동산 투자에서 운이 많은 영향을 끼친다는 사실을 알아보았다. 그럼 TV에 나오는 수많은 부동산 전문가들은 왜 자기 예측 능력을 과신하고, 과거의 성공사례에 자부심을 가지고 있는 걸까?

솔직히 말해 그들 중 자신의 실력 덕분에 투자에 성공했다고 믿는 사람들은 그나마 낫지만, 운이 좋았다는 사실을 알면서도 인정하지 않는 사람이 대다수다. 운을 인정하는 순간 잠재 고객들에게 자신의 실력을 어필하기가 어려워지기 때문이다.

돈이 많은 곳에는 위험한 사람도 많다. 부동산 투자는 우리나라에서 돈이 가장 크게 회전하는 곳이다. 위험한 사람이 많은 것은어쩌면 자연스러운 일일지도 모른다. 아직도 자칭 전문가들이 의심스러운가? 그렇다면 다음의 연구 결과를 보자.

미국 캘리포니아대학교의 필립 테틀록Philip Tetiock은 1980년대 중반 정치, 경제, 국제 관계 등의 동향을 분석하고 예측하는 일을 하는 사람들을 연구했다. 이들은 대학교수, 싱크탱크 연구원, 미정부 소속 자문, 세계은행이나 국제통화 기금 같은 국제기구나 언론계에 소속한 사람들이었다.

테틀록은 전문가들의 예측 능력을 측정하기 위해 2만 8,000개의 항목의 주제를 예측하게 했고 15년에 가까운 연구를 종합해 〈전문가의 정치적 판단〉이라는 기념비적인 논문을 발표한다.

연구 결과는 충격적이었다. 대부분의 전문가들은 원숭이가 다트를 던져 예측한 것보다도 나쁜 성적을 받았다. 즉 무작위로 찍은 예측보다 못했다는 것이다. 소수의 전문가만이 원숭이를 아주 미세하게 이겼을 뿐이다.

연구에 참여한 전문가들이 절대로 일어나지 않을 것이라 주장한 사건 가운데 약 15퍼센트가 실제로 일어났으며 반드시 일어날 것이라고 예측한 것들 중 무려 25퍼센트가 일어나지 않았다. 심지어 명성이 높은 전문가일수록 예측 능력은 더 떨어졌으며 적잖은 전문가들이 자신의 낮은 예측 능력을 인정하지 않고 변명을 늘어놓았다고 한다.

필립 테틀록의 연구에 의하면 전문가들의 예측은 대부분 무의미하다. 아무도 자신의 인생을 건 투자를 할 때, 원숭이보다 못한 예측력을 가진 전문가에게 조언을 구하고 싶지 않을 것이다. 하지만 실제로 그렇게 하고 있다. 전문가의 예측력을 과신하기 때문이다. 진짜 전문가들은 어떻게 예측 능력을 높이는 것일까?

필립 테틀록은 이와 관련하여 예측력이 미비한 전문가들 중에서도 예측력이 상대적으로 높은 소수의 사람들을 연구했다. 당연히 그들 또한 100퍼센트의 예측은 불가능했지만 4년 동안 다른 사람들에 비해 3배나 높은 예측 능력을 보여주었다. 테틀록은 이들을 '슈퍼예측가'라고 부른다. 슈퍼예측가 사이에는 어떤 공통점이 있을까? 그들은 자신들의 예측에 대해 절대 과신하지 않았다. 끊임없이 정보를 캐고, 최신 정보를 꼼꼼히 업데이트하는 습관이 있었다. 고정관념에 매몰되지 않고 객관적인 사실만을 정리하며 실시간으로 예측을 수정했다. 예측이 맞은 경우에도 운이 좋았음을 인지하고 있었다. 연구에 참여했던 슈퍼예측가들 중 한 명인 데빈 더피Devyn Duffy라는 사람은 성과에 대해 이렇게 말했다.

"지금까지 그래왔듯이 제가 좋은 성적을 낼 수 있었던 것은 운이 좋았고, 업데이트를 자주 했기 때문입니다."

나는 필립 테틀록이 말하는 슈퍼예측가들이야말로 진정한 전문가라고 생각한다. 자신의 예측이 틀릴 수 있음을 인지하고, 고정관념에 빠지지 않으며 과거의 성과에 집착하지 않은 사람이야말로 전문가라고 불릴 수 있기 때문이다.

특정 분야에서 오랜 시간 동안 일을 해온 사람들은 대부분 일에 대한 자부심이 있다. 풍부한 경험으로 인해 척 보면 안다는 것이다. 우리는 이것을 '직관' 혹은 '통찰력'이라고 부른다.

그럼 부동산 투자에서도 직관은 의미 있는 영향력을 발휘할 까? 전문가의 직관은 특정 분야에서는 분명한 효과를 나타내지만, 부동산 투자의 영역에서는 크게 의미가 없다. 이와 관련하여 앞에서 이야기했었지만 다시 자세히 들여다보도록 하자.

심리학자 게리 클라인Gary Klein은 직관의 힘을 증명하기 위해 한 소방 대장의 예를 든다.

소방 대장은 대원들을 이끌고 화재를 진압하기 위해 집 안으로 들어갔다. 불길이 주방에서 나오고 있었기에 소방 대장은 대원들에게 거실에서 물을 뿌리라고 명령했다. 하지만 아무리 물을 뿌려도 주방의 불길은 잦아들지 않았다. 뭔가 이상하다고 느낀 순간, 그는 거실이 자신이 생각한 것보다 좀 더 뜨겁다고 느꼈다.

소방 대장은 대원들에게 빨리 집 밖으로 나가라고 소리쳤다. 당시 논리적으로 설명할 순 없지만 소방 대장은 직관적으로 위험하다는 판단을 내렸다. 놀랍게도 대원들이 밖으로 뛰쳐나오자마자 거실 바닥이 무너져 내렸다. 불의 진원지는 주방이 아니라 지하실이었다.

게리 클라인은 이러한 예시를 들며 전문가의 직관은 충분히 신뢰할 만하다고 주장했다. 게리 클라인의 주장은 충분히 합리적이다. 그러나 행동 경제 학의 창시자이자 노벨 경제학상을 받은 대니얼 카너먼은 이와 정반대의 의견을 내보였다.

"우리의 정신세계는 '직관적인 느낌과 의견'에 지배당한다. 마주치는 거의 모든 것들에 대해서 그러하다. 어떤 사람들에 대해 많이 알기도 전에 좋은 느낌이나 싫은 느낌을 갖는다. 낯선 사람을 이유 없이 신뢰하거나 불신한다. 또한, 모종의 사업에 대해 분석도 해보지 않고 성공 여부를 판단한다. 놀랍게도 이러한 정신 활동은 대개 막힘없이 진행된다."

대니얼 카너먼은 자신의 저서 《생각에 관한 생각》을 통해 인간의 직관이 편향, 착각, 오류 등으로 인해 얼마나 오염되었는지를 설명한다. 여기에서 아무리 전문가라도 예외는 없으며, 인간의 직관에 의한 선택은 절대 신뢰할 수 없다고 말한다.

게리 클라인과 대니얼 카너먼 두 사람은 직관이란 '패턴을 인지하는 능력'이라고 동일한 정의를 내렸다. 그러나 그들이 연구했던 대상자들은 '패턴'이라는 기준에서 정반대의 영역에 있는 전문가들이었다. 게리 클라인의 연구 대상자들은 규칙적인 패턴이 있는 분야의 전문가들이었고, 대니얼 카너먼의 연구 대상자들은 규칙적인 패턴과는 전혀 연관이 없는 분야의 전문가들이었다. 비즈니스, 경제, 투자, 정치 등 변칙이 난무한 복잡계의 영역이었던 것이다.

여러분은 빌딩 투자에 대한 지식을 습득하기 위해 이 책을 읽고 있다. 그러므로 대니얼 카너먼의 말을 귀담아 들을 필요가 있다. 그의 핵심 메시지는 무엇인가? 투자의 영역에서는 전문가들의 직관은 우리가 생각하는 것보다 훨씬 더 쓸모 없다는 것이다. 부동산의 가격에 가장 큰 영향을 끼치는 상권의 변화, 정부의 부동산 규제정책, 세계 경제의 변화 등은 규칙적인 패턴과는 정반대에 있는 복잡계의 영역이기 때문이다.

핵심 정리

부동산 투자란 정부 정책, 세계경제, 상권 변화 등 예측이 불가능한 복잡계의 영역이므로, 예측에 대한 자만은 금물이다. 끊임없이 정보를 습득하고, 객관적인 사실을 업데이트해야 한다. 성공 여부는 그 다음 운의 영역이다.

실력이 없으면
생존할 수 없다

앞에서 말했듯이 부동산 투자의 성패에 가장 중요한 것은 운이다. 운의 중요성을 강조하는 이유는, 부동산 투자에 대한 회의적인 의견을 내려고 하는 것이 아니다. 투자에 있어서 운의 영역을 인정하지 않고, 자신의 실력을 간과한 채 욕심을 부린다면 회복 불능의 상태로 갈 수 있기 때문이다.

부동산 투자는 금액이 크기 때문에 여러 번의 실패가 아닌 딱한 번의 치명적인 실패로 회복 불능에 가까워질 수 있다. 때문에 책의 전반부에서 운의 영역을 주로 다루고, 중반부터는 어떻게 복잡계의 영역에서 안전한 투자를 할 수 있을지 중점적으로 다룰 것이다.

이제 부동산 투자에서 어떻게 운과 실력의 영역을 나눌 수 있는지 알아보자.

스포츠 영역을 예로 들어보자. 테니스에서 운의 영향력은 제로에 가깝다고 볼 수 있다. 높은 랭킹에 있는 선수들은 실력에 의해 좌우된다.

테니스에서 실력의 영향력이 운보다 압도적으로 크다고 볼 수 있는 이유는, 예측의 정확도가 높기 때문이다. 로저 페더러Roger Federer는 전쟁터 같은 프로 테니스에서 285주 동안이나 1위를 유지했다. 당시에는 전문 예측가가 아니더라도 누구나 페더러가 경기에서 이길 것을 확신할 수 있었다. 페더러뿐만이 아니라 테니스의 세계 순위 TOP 10을 보면 시간이 지나도 항상 익숙한 사람들의 이름이 등재되어 있다.

반대로 프로 야구는 테니스와 비교하면 운의 영향력이 큰 분야에 속한다. 야구 시즌에 경기를 살펴보면, 꼴찌 팀이 1위 팀을 이기는 경우도 자주 보인다. 이에 대한 증거는 시즌 1위 팀의 승률을 보면 알 수 있다. 2019년 8월 기준으로 국내 프로 야구 순위 1위는 SK인데, 승률이 67퍼센트에 불과하다. 1위 팀이 3번의 경기중 1번을 패배했단 이야기다. 프로 야구 순위 2위부터 10위까지 팀들의 승률은 40~60퍼센트 이내이며, 10위인 한화는 승률이 37퍼센트나 된다. 대부분의 팀들이 2번 경기 중에 한 번을 이겼으며, 꼴찌 팀마저도 3번 중 1번 이상은 이겼다는 뜻이다. 이런 현상은 운보다 실력이 압도적인 분야에서 절대 일어나지 않는다. 이런 현상은 같은 스포츠 분야에서도 세부 종목에 따라 운과 실력의 영향력이 다르다는 사실을 말해준다. 이번에는 부동산 투자의 관점에서 살펴보자.

부동산 전문가 59퍼센트 "1년 뒤 서울 집값 하락"

국내 부동산 전문가 중 절반 이상이 1년 뒤 서울의 집값이 하락할 것으로 전망했습니다.

한국개발연구원 경제동향 4월호에 실린 2019년 1분기 부동산 시장 전문가 설문조사 결과를 보면, 응답한 전문가 106명 중 59.4퍼센트가 1년 뒤 서울 주택매매가격이 현재보다 떨어질 것이라고 예상했습니다. 현재와 같을 것이라는 예상은 24.5퍼센트였고, 상승할 것이라는 전망은 16퍼센트에 불과했습니다. 비수도권의 1년 뒤 주택매매가격에 대해선 73퍼센트가 하락할 것으로 내다봤습니다.

○○뉴스 2019. 4. 7.

부동산 전문가 54퍼센트 "1년 뒤 서울 집값 상승"

부동산 전문가들의 절반 이상이 1년 뒤 서울 집값이 상승할 것으로 예상했습니다.

'한국개발연구원 경제동향' 7월호에 따르면, 부동산 전문가 106명 가운데 53.8퍼센트가 1년 뒤 서울 주택매매가격이 현재보다 오를 것으로 내다봤습니다. 현재와 같을 것이라는 예상은 21.7퍼센트였고, 하락할 것이라는 전망은 24.5퍼센트에 머물렀습니다. 이는 3개월 전 설문조사 결과와는 달라진 것으로, 당시 전문가들의 59.4퍼센트는 1년 뒤 서울 주택값이 하락할 것으로 판단했습니다.

○○뉴스 2019. 7. 8.

위의 내용은 ○○뉴스에서 한국개발연구원의 조사 결과를 토대로 내보낸 기사이다. 같은 해 4월에는 과반수가 1년 뒤 서울 집값의 하락을 예상했으나, 3개월 후인 7월에는 확률이 뒤집혔고, 다시 과반수가 1년 뒤 서울 집값의 상승을 예상했다. 어떤 생각이 드는가? 이 두 개의 기사에서 우리가 얻을 수 있는 정보는 집값의 상승 하락 여부가 아니다.

전문가들의 예측은 50퍼센트대에 머물렀다. 이 사실은 무엇을 의미할까. 같은 전문가들 집단에서도 예측이 완전히 엇갈린다는 이야기이다. 이런 경우 당연히 어느 한쪽의 예측이 합리적이라고 보기 어렵다. 예측에 성공한 전문가 집단들은 자신의 분석이 역시 맞았다고 사후해석 편향을 가지게 될 것이다.

전문가들의 예측은 3개월 만에 완전히 바뀌었다. 1년 후의 예측을 3개월 만에 바꾼다는 것은, 부동산 시장의 변동이 그만큼 예측 불허의 시장이라는 뜻이다. 일반적으로 생각했을 때, 3개월 만에 의견을 바꾸는 전문가들에게 신뢰가 가지 않을 수 있다. 그러나 상황에 따라 그전문가들이 오히려 '진짜 전문가'일 확률이 높다. 필립 테틀록의 연구에서 '슈퍼예측가'들이 끊임없이 정보를 수집하고 예측결과를 업데이트했던 것을 기억하라.

최근 예능에서 두 부동산 전문가들이 패널들에게 추천 지역을 말해준 적이 있다. 이들의 의견 또한 완전히 상반된 모습을 보인다.

정부에서는 경제를 살리기 위해 때로는 과열된 시장을 식히기 위해 정책을 내놓는다. 이때마다 수많은 정치인들과 경제 전문가들이 각자의 의견을 내는데, 절대 만장일치가 되는 법이 없다. 우리는 이미 이 사실을 뼈저리게 알고 있다. TV에서 보이는 국회의원들과 평론가들, 전문가들은 얼마나 많이 싸우고 토론하는가? 그 결론이 어디로 갈지 예측할 수 있겠는가? 불가능하다. 결국 그렇게 해서 결론에 도달하고, 정책을 내놓는다. 그 정책을 실현하는 것에 동의했던 사람들은 '앞으로의 경제가 좋아지고, 시장이 활성화될 것'이라고 할 것이고, 정책에 반대했던 사람들은 '잘못된 정책이다. 경제 상황이 더 악화될 것'이라고 말할 것이다. 일반인들은 그저 결과를 보고 느낄 뿐이다. 우리는 미래의 경제 상황과 정책을 절대 예측할 수 없다.

그렇다면 이쯤에서 이런 생각이 들 수 있다. 실력보다 운의 영역이 크면 부동산 투자에 있어 공부는 의미가 없는 것인가? 운의 영향력이 크다고 해서 실력을 키우지 않는 것은 굉장히 위험한 행위이다. 실력의 영향력이 다른 분야에 비해 적고, 운의 영향력이 클 뿐이다. 실력이 전혀 영향을 끼치지 않는다는 뜻이 아니다.

비즈니스 또한 철저히 복잡계의 영역이지만 실력이 없다면 애초에 운이 올 때까지 생존조차 하지 못한다.

부동산 투자도 마찬가지다. 부동산 전문가와 부동산에 대해 무지한 일반인이 같은 돈으로 부동산 투자를 할 경우 누가 수익이 높을까? 당연히 전문가가 더 높은 수익을 얻을 확률이 높다. 또한 훨씬 안정적으로 자산을 운용할 수 있을 것이다. 실력이 없다면 좋은 운이 오더라도 판별할 수 없다. 새로운 정책이 나오고, 경제 상황이 바뀌고, 내가 가지고 있는 땅의 용도가 바뀌고, 주변의 환경이 바뀌는 것은 운의 영역이다. 하지만 좋은 운이 다가왔을 때 그것을 더 크게 만들지 사라지게 만들지는 실력의 영역이다.

핵심 정리

비즈니스 투자 영역은 확실한 예측이 불가능한 복잡계의 영역이다. 그러나 복잡계의 영역인 야구에서도 기본적인 실력 차이는 존재한다. 따라서 기본적인 실력을 갖추어 놓고, 운의 영향력에 대해 인지할 때 투자의 시너지 효과가 나오게 된다.

예측할 수 없는 상권의 변화

'상가는 살아있는 생물이라고 보시면 돼요. 끊임없이 움직이고 예측이 안 됩니다.'

상권 조사를 위해 처음 부동산에 갔을 때 들었던 말이다. 약 20년 동안 상가를 전문으로 중개했다는 중개사는 연륜이 있어 보였다. 그는 상권의 변화는 아무도 예측할 수 없다고 말했다. 자신 있게 입점했던 수많은 사업자들이 속절없이 망하고, 긴가민가하며 투자했던 투자자들이 큰 차익을 남기는 것을 수없이 보며 내린 결론이라고 한다.

모든 부동산은 예측이 힘들다. 그중에서도 가장 예측하기 힘든 것이 바로 상권이다. 그래서 부동산 투자를 하는 사람 중에서도 상가 투자를 전문으로 하는 사람은 높은 수익률을 얻거나 한 번 실패할 때 크게

세부 상권별 임대 및 투자 여건 평가 순위

순위	상권	비고	순위	상권	비고	순위	상권	비고	순위	상권	비고
1	서울대입구역	⑭	11	경희대	⑪	21	오류동역	-	31	명동	③
2	왕십리	-	12	청량리	㉗	22	사당	⑪	32	청담	⑪
3	신림역	⑭	13	압구정	⑭	23	서초	㉗	33	이태원	㉘
4	홍대·합정	①	14	영등포	㉚	24	목동	⑥	34	도산대로	㉒
5	강남대로	⑤	15	건대입구	⑦	25	불광역	-	35	혜화동	②
6	신사역	④	16	공덕역	⑦	26	천호	㉔	36	신촌	⑱
7	수유	㉔	17	테헤란로	㉒	27	성신여대	㉚	37	논현역	-
8	서울역	㉑	18	잠실	⑦	28	장안동	⑲	38	동대문	㉝
9	광화문	⑲	19	군자	㉗	29	용산	㉞			
10	화곡	㉖	20	종로	⑩	30	충무로	⑭			

• 주: 18년, 4분기 기준. 비고는 2013년 평가 순위로 당시 논현역, 불광역, 오류동역, 왕십리는 세부 상권으로 미분류
자료: 한국 감정원, 우리금융경영연구소

손해를 보기도 한다.

우리금융경영연구소의 '서울 주요 상권의 부동산 임대업 리스트 검토' 자료를 보면, 2013년부터 2018년까지 약 6년 동안 상권의 변화가 얼마나 활발하게 이루어졌는지 대략이나마 확인해볼 수 있다.

서울만 해도 이미 수많은 상권들이 있다. 우리가 모르는 사이 새로운 골목 상권들이 또 탄생한다.

샤로수길이 뜨고 난 뒤, 전문가들은 새로운 골목상권에 대한 평가와 분석하기 시작했다.

"지하철역이 있어 접근성이 좋은 반면, 임대료가 낮아서 젊은 창업가들이 몰려들기 시작했다. 길이 평평해서 이동하기가 편하며, 주변에 원룸촌이 있어 20~30대 배후세대가 풍부하다. 다른 대학 상권에 비해 전혀 발전하지 않아, 상권의 부흥은 예정된 수순이었다."

그들의 말에 의하면 샤로수길의 성공 원인은 너무도 다양하다. '코에 걸면 코걸이, 귀에 걸면 귀걸이'라는 말이 생각날 정도이다. 그렇다면 과연 최근 샤로수길의 현황은 어떨까?

권리금과 임대료가 너무 폭등한데 비해 임차인들의 매출은 제자리걸음이다. 젠트리피케이션에 대한 우려가 되는 상황이다.

이번에는 새로 떠오른 상권이 아닌, 반짝 떴다가 무너진 상권에 대해 알아보자. 대체로 상권의 흥망성쇠를 예측하는 전문투자자, 학자들이 상권을 평가할 때 확인하는 요소가 있다. 교통이 편리한지, 직장이 많은지, 주거지역인지에 대해 주로 보는데, 유동 인구를 창출할 인프라를 확인하는 과정이다. 하지만 상권에는 언제나 예외가 있다. 다음 기사를 보자.

'~리단길' 원조... 외국인, 젊은 층 취향 저격 맛집 즐비

서울 용산구 이태원동에 위치한 경리단길은 신생 골목상권의 원조다. 망리단길(망원동), 송리단길(송파구 석촌호수 인근), 객리단길(전주 다가동 객사 1·2길 일대) 등 '~리단길'로 유명한 상권 모두 경리단길의 성공 사례를 벤치 마킹한 것이다. 경리단길이라는 이름은 옛 육군중앙경리단(현 국군재정관리단)이 길 초입에 있어서 붙여졌다. 중심상권은 2차로 차도를 사이에 두고 양측에 인도가 형성돼 있다.

약 900m 길이의 스트리트 상가 형태다. 준공된 지 20~30년 이상 된 상가주택이 대부분이지만 저마다 개성 넘치는 내·외관 리모델링을 통해 이국적이고 세련된 느낌을 연출한다. 일반적인 식당보다는 펍 스타일 술집이나 카페가 많으며 이태원역 상권과도 가까워 외국인이 많다. 경리단길 상권구획 면적은 약 5만 5000㎡지만 골목 구석구석에 상가로 리모델링된 주택이 많아 실제 상권은 이보다 넓다. 비탈길 곳곳에 숨겨진 명소를 찾아가는 것도 경리단길 탐방의 묘미다. 상권 구획 내 전체 274개의 업소가 영업 중이다.

일평균 유동 인구(2017년 10월 기준)는 9,653명으로 남성 5,722명, 여성 3,931명이다. 외부 수요 유입이 활발하고 배후 거주 인구 의존도가 낮은 편이다. 연령별 유동 인구 비율은 10대 4.2퍼센트, 20대 16퍼센트, 30대 23.7퍼센트, 40대 21.1퍼센트, 50대 17.7퍼센트, 60대 17.2퍼센트로, 30·40대 비중이 높다. 요일별 유동 인구 비율을 살펴보면 토요일이 16.6퍼센트로 가장 높지만 나머지 요일도 13~14퍼센트대를 유지하고 있어 평일, 주말 관계없이 고르게 분포가 나타난다.

도보 5분 거리에 녹사평역, 15분 거리에 이태원역이 위치해 있다. 상권 내 버스정류장 수는 10개다. 대중교통 접근성이 썩 좋은 편은 아니지만 특색 있는 상가를 찾는 이들의 호응을 얻으며 상권이 빠르게 발전했다. 특히 방송, 인터넷, 소셜네트워크서비스(SNS)등에 자주 노출된 것도 상권이 빨리 자리 잡는 데 크게 기여했다. (하략)

○○경제 ○○○기자 2018. 1. 26.

경리단길은 골목상권의 원조로 손꼽히는 곳이다. 젊은이들의 핫플레이스로 떠오르며 유행에 민감한 젊은이들과 연예인들이 자주 찾는 곳이기도 했다. 지금까지의 상권들과는 다르게 교통도 좋지 않고, 경사로

가 있어도 사람들이 몰리기 시작했다. 이례적인 사례였다.

경리단길은 상권이 부흥한지 얼마 되지 않아, 투자자들의 핫플레이스로 바뀌었다. 이렇게 사람이 몰리고 상권이 활발하게 형성되면 자연스레 자산가들의 돈이 몰리게 된다.

은행 PB와 큰 손들 이태원 미팅... 맞춤형 부동산 투어 인기

KEB하나은행은 직접 고객을 모시고 부동산 투어를 나선다. 부동산 전문가들과 PB가 고객과 함께 사전에 선정된 상업용 부동산 투자 관심지역을 탐방한다. VIP 고객 중 신청자를 대상으로 진행된다. 부동산 투어를 하는 날이면 PB사업부 부동산자문센터 직원 모두가 나설 정도로 공을 들이는 프로그램이다.

가장 최근 진행된 투어 세미나는 지난 4월 용산 해방촌과 이태원 경리단길 일대에서 열렸다. KEB하나은행에 따르면 해방촌과 경리단길 상권을 비교분석한 내용과 향후 상권 변화전망이 특히 큰 호응을 얻었다. 단순히 매물이나 거래 사례들의 라인업만 고객들에게 보여주는 것이 아니다. 매물 포인트나 이 지역 투자시 유의할 점 등을 밀착해서 꼼꼼히 짚어준다..

○○○○○경제 ○○○기자 2018. 5. 15

은행들은 VIP들의 유출을 막기 위해 금리가 낮으면 대체 투자처를 적극적으로 찾아주기도 한다. 은행마다 부동산자문센터가 있는 이유이다. 투자자들에게 잘못된 투자처를 추천해주었다가는 엄청난 후폭풍이 돌아오기 때문에 각 은행의 부동산자문센터에서 일하는 사람들은 부동산, 경제 분야의 전문가로 구성되어 있다. 은행의 전문가들이 투자자들과 경리단길을 투어했다면 상권의 긍정적인 성장을 예측하지 않았을까?

당시에만 해도 경리단길은 충분히 매력이 있었고, 사람들이 줄을 서서 먹는 음식점들이 많았다. 은행에서도 나름 상권의 생애주기를 분석했을 것이다. 경리단길은 성장한지 얼마 되지 않았으니 한동안은 안전할 것이라고 예견했을 수도 있다.

하지만 결론적으로 경리단길은 건물주와 상인의 고통으로 가득 찬 곳이 되었다. 최근 경리단길의 핵심 위치에 있는 5층짜리 건물을 매입한 건물주를 만나게 되었는데, 그의 힘 빠진 목소리에서 경리단길의 현실을 느낄 수 있었다.

"사람들이 요즘 경리단길 다 죽었다고 하는데, 난 그렇게 생각하진 않거든. 경리단길은 쉽게 죽을 상권이 아니야. 요즘 그 유명한 사람들이 막 경리단길 살리려고 행사도 하고 하는데, 다시 살아나지 않겠나? 저번에 중개업자한테 건물 내놓겠다고 했더니, 살 때보다 손해를 본다는 거야. 그게 말이 되나! 내가 이걸 살 때 들인 시간과 돈이 얼만데. 차라리 안 팔고 말지…."

최근 경리단길을 가보면 '경리단길 힘내자!' 라는 현수막이 곳곳에 걸려 있다. 안타깝게도 이미 한번 떴다 죽은 상권은 다시 살리기가 거의 불가능에 가깝다. 사람들의 인식이 이미 '거기 가도 별거 없어'로 바뀌었기 때문이다. 압구정로데오 상권도 어떻게든 살려보려 했으나, 처참히 실패해 아직도 공실이 넘치는 상태다. 뜨는 상권과 사라져 가는 상권에는 수많은 원인이 존재한다.

전문가들은 뜨는 상권에 대해서는 '교통이 좋지 않음에도 불구하고, 매력적인 가게들이 사람들을 이끌고 있다' 라고 표현하고, 점차 사라지는 상권에는 '교통이 좋지 않아서 원래 뜨지 못할 상권이었는데 SNS와 연예인들 때문에 반짝 뜬 것'이라고 말한다.

전문가들은 젠트리피케이션을 상권 쇠퇴의 가장 큰 원인으로 꼽는다. 물론 젠트리피케이션이 상권 붕괴의 큰 이유는 맞지만, 그럼에도 불구하고 살아남는 상권들은 여전히 살아남는다. 신사동 세로수길이 대표적인 사례가 될 수 있다.

가로수길은 젠트리피케이션으로 인한 상권 붕괴 위험에도 불구하고 많은 대기업들과 프랜차이즈들이 '안테나 매장'으로 입점하여 명성을 유지하고 있다. 오히려 그 옆의 세로수길까지 발전해서 부동산 가격이 계속 오르고 있는 상태이다. 명동역·강남역·가로수길이 이러한 유형의 대표적인 안테나 매장 상권이라고 볼 수 있다.

어떤 상권이 완벽하지 않은 여건에서도 뜰지 예측할 수 있을까? 반짝 뜨는 상권과 젠트리피케이션의 영향 속에서도 끝까지 살아 남을 상권은 어떻게 구분할 수 있을까? 과감히 말하건대 뜨는 상권을 예측하는 것은 불가능에 가깝다. 상권의 흥망성쇠는 몇 가지의 공식으로 완벽히 설명할 수가 없기 때문이다. 우리는 성수동, 연남동, 익선동, 경리단길,

샤로수길 등의 새로운 상권이 떠오를 때, 가장 많은 차익을 본 사람들이 누구였는지를 알아야 한다. 현실을 알아야 망상을 피할 수 있다. 가장 많은 차익을 본 사람들은 상권이 뜬 후 부동산을 구매한 투자자들이 아니라 예전부터 그곳에 있던 사람들이다.

우리는 어떤 투자전략을 세워야 하는가? 다시 말하자면, 나는 부동산 투자에 대한 회의론자나 부정론자가 아니다. 다음 장부터는 어떻게 상권을 이해해야 하는지 이야기할 것이다.

핵심 정리

상권의 흥망성쇠는 완벽히 예견할 수가 없다. 흔히 전문가들이 사후해석을 편향적으로 말하는 상권 공식은 일치하지 않는 경우가 대다수다. 갑자기 떠오른 상권에서 가장 큰 이득을 본 사람들은 미리 예견하고 투자한 투자자들이 아니다. 과거부터 그곳에 있던 사람들이다.

슈퍼예측가의 **투자 원칙**

전설적인 가치투자자 워렌 버핏은 자신의 투자원칙에 대해 이렇게 말한바 있다.

'첫 번째, 돈을 절대 잃지 마라. 두 번째, 첫 번째 원칙을 절대 잊지 마라.'

부동산 투자에서도 이 원칙은 동일하다. 부동산 투자 시장에서는 '하이 리스크, 하이 리턴'이라는 말을 맹신하며 아직 상권이 형성되지도 않은 곳에 있는 분양 상가를 과감히 매입하고, 가치가 인정되지 않은 땅을 사는 사람들이 있다. 그들은 평생 동안 모은 돈을 투자해 큰 수익을 남기고 싶어 한다. 그러나 현실은 그렇게 녹록지 않다.

'러시안 룰렛'이라는 게임을 아는가? 러시안 룰렛은 회전식 연발 권총의 여러 개의 약실 중 하나에만 총알을 넣고, 총알의 위치를 알 수 없도록 탄창을 돌린 후 참가자들이 각자의 머리에 총을 겨눈 채 방아쇠를 당기는 게임이다. 자신의 목숨을 운에 거는 게임인 셈이다.

만약 이 게임에서 승리를 거두면 당신에게 100억 원을 준다고 하자. 단 한 번의 도전으로 100억을 벌 수 있다. 죽을 확률은 6분의 1이다. 한편으로는 하고 싶은 욕구가 생기면서도 흔쾌히 선택을 내리기가 쉽지 않다. 만약에 내 차례에 총알이 발사된다면 모든 것이 끝이기 때문이다.

러시안 룰렛을 언급한 이유는 투자도 이와 같기 때문이다. 평생 동안 모은 돈을 한 번의 잘못된 투자로 날려버린다면 정말 막막한 것이다. 많은 사람들이 '그래도 부동산은 실물 자산이라 다 날릴 가능성은 적지 않나요?' 라고 묻는다. 돈이라는 것은 사용할 수 있어야 의미가 있는 것이다.

부동산에 투자하는 이유는 무엇인가? 이후에 차익을 보고 팔거나 당장의 임대 수입을 얻기 위함이다. 차익을 봤으면 팔아야하는데 도저히 팔리지 않고 아무도 사지 않는다면 있으나 마나다. 부동산에 목돈을 넣고 전부 다 잃거나 손해를 보게 되는 경우도 있다. 이해가 안 된다면 아래 기사를 보자.

세종시 신도심 상가 '텅텅'… 경영난 못 버틴 45건 경매로

공급 과잉 등에 따른 상가 공실 문제가 세종시 현안으로 떠오른 가운데 경영난을 버티지 못한 상가들이 속속 경매로 넘어가고 있다.

18일 경매정보를 제공하는 굿옥션에 따르면 정부종합청사가 들어선 세종시 신도심(행복도시)권 근린 상가 45건이 경매에 나왔다. 경매는 7월 18일과 24일, 8월 12일과 14일 각각 진행된다. 한 건물 1층 4개 물건은 감정가가 17억 8,800만 원에 이르지만 모두 3차례 유찰됐다.

최저입찰가는 감정가 34퍼센트인 6억 1,300여만 원에 불과한 상황이다. 새로 나온 2개 물건을 제외하고는 모두 2차례 유찰되면서 최저입찰가는 감정가 49퍼센트에 형성돼 있다. 준공해도 주인을 찾지 못하는 빈 상가가 늘어나는 데다 개업해도 경영난을 겪으면서 상가가 경매로 넘어가는 상황이 지속하고 있다. 아름동과 소담동 등 일부 지역에서는 건축주가 공사대금을 주지 못해 시공업체가 대금 지급을 요구하며 유치권을 행사하는 모습도 목격된다.

세종시 부동산 시장이 위축되면서 상가 분양이나 임대가 안 되다 보니 공사비를 마련하지 못하는 것이다. 한 부동산 업계 관계자는 "높은 관리비와 이자를 감당하지 못하는 점주들이 경매나 공매로 넘길 수밖에 없는 상황이 지속할 것"이라며 "결국 상권 활성화를 통해 해결할 수밖에 없다"고 지적했다…(중략)

○○뉴스 2019. 07.18

상가를 소유하는 방법에는 크게 두 가지가 있다. 신규상가를 분양받는 것과 기존에 있는 상가를 매매하는 것이다. 기존에 있는 상가는 상권이 어느 정도 활성화가 되어있는지 확인을 하고 매입할 수 있어 덜 위험한 편이지만, 신규상가는 잘 못 투자했다가는 패망의 지름길이 될 수 있다. 신규상가는 대부분 신도시나 택지지구 등에서 분양을 하게 되는데 분양가가 상당히 높은 편이다.

또한 상권 자체가 형성되지 않을 위험도 높다. 장기간 공실이 되면 대출을 받아 투자했던 투자자들은 막심한 손해를 보더라도 팔아야 한다. 그렇게라도 팔리면 다행이지만, 경매로 넘어가기 직전까지 안 팔리는 경우가 많다. 이런 경우 원금 손실을 넘어서 마이너스가 되는 경우도 있다.

투자자들은 왜 신규상가에 투자할까? 분양을 할 때 분양 상담사들이 고수익을 원하는 투자자들을 대상으로 달콤한 말을 하기 때문이다. 아무것도 모르는 투자자들은 '고정적인 높은 월세 수익' 이야기만 듣고 평생 모은 돈과 대출을 합쳐 투자한다. 늦었다고 생각할 때는 이미 막심한 피해를 입은 이후로 되돌릴 수 없다.

'진짜 부자들은 땅에서 나온다', '땅은 배신하지 않는다' 라는 말을 한번쯤 들어보았을 것이다. 기획 부동산들은 다양한 방법으로 사기를 친다. 투자자들이 적은 돈으로 인생역전을 꿈꾸는 심리를 잘 알고 있는 것이다. 여러 호재들을 들먹이며 사라고 설득하지만, 사실상 개발 자체가 불가능한 토지일 때가 많다. 이런 사기에서 가장 큰 문제는 물론 꾼들이지만, 개인적으로는 피해자들 또한 정말 답답하다는 생각이 든다. 물론 각자의 사정이 있겠지만 한두 푼도 아니고 거액을 투자하는데 땅을 직접 보지도 않고 계약서를 쓰는 경우가 대부분이기 때문이다.

분양 상가와 기획 부동산 이외에도 한 번의 잘못된 부동산 투자로 인해 평생 동안 모아왔던 돈을 허무하게 날린 케이스는 너무나 많다. 투자를할 때 어느 정도의 리스크를 감당해야 하는 것은 맞지만 러시안 룰렛처럼한 번에 숨통이 끊길 가능성이 있는 투자는 반드시 피해야 한다.

우리는 투자힐 때 어떤 리스크를 감수해야 하고, 어떤 리스크를 반드시 피해야 할까? 금융경제시장에서는 발생 가능성이 매우 희박하긴 하지만, 한 번 발생하면 자산 가치에 엄청난 영향을 줄수 있는 위험을 '테일리스크(꼬리리스크)'라고 한다. 투자에 있어서 끊임 없이 정보를 수집하고, 공부하고 발품을 파는 것은 미래를 완벽하게 예측하기 위함이 아니다. 잘못하면 파멸로 이끌 수 있는 테일리스크와, 잘활용하면 큰 이익을 낼 수 있는 일반적인 리스크를 구분하는 능력을 키우기 위함이다.

일반적인 리스크는 잘 활용할 줄만 알면 투자에서 긍정적인 효과를 만들어 낼 수 있다. 높은 건물 옥상에서 뛰어내리는 것(테일 리스크)은 죽음으로 가는 지름길이지만, 적당한 높이의 계단에서 뛰어 내리는 것(일반 리스크)은 근육과 뼈를 강하게 만드는 운동이 될 수 있다.

마지막으로 부동산 투자에서 운이 끼치는 영향에 대해 정리해보자.

부동산 시장은 기본적으로 복잡계의 영역에 속하기 때문에 수십 년간 부동산만 공부해온 전문가라 하더라도 정확한 예측이 불가능하다. TV에 나오는 전문가들, 책을 쓴 저자들의 분석과 예측은 사실상 사후해석 편향에 의거한 생색에 불과하다. 그럼에도 불구하고, 일반적인 사람들보다 높은 예측력과 성공적인 성과를 내는 사람들이 있다. 그들의 공통점은 투자에서 운의 영역을 인정하고, 끊임없이 정보를 수집하고, 예측을 최신화 한다는 것이다. 슈퍼예측가들은 최악의 시나리오와 최상의 시나리오를 동시에 이해하고, 어떠한 상황에도 큰 피해를 입지 않을 투자를 한다. 그들에게 가장 중요한 것은 생존이기 때문이다.

그들이 모든 리스크를 감수하지 않는 것은 아니다. 자신이 컨트롤할 수 있는 영역에서 일반적인 리스크는 감수하고, 한 번의 실패로 파멸할 수 있는 테일리스크를 피하기 위해 신경에 집중한다. 따라서 성공적인 부동산 투자를 하기 위해서는 테일리스크와 일반적인 리스크를 구분하는 능력을 키우는 것이 중요하다.

이와 관련하여 다음 장에서는 부동산 투자와 연관된 우리나라의 경제 상황과 세계경제를 이해하고, 반드시 피해야 할 테일리스크와 감수해야 할 일반적인 리스크를 구분해 나갈 것이다.

핵심 정리

투자에 있어서 슈퍼예측가들의 공통점은 운의 영역을 인정하고 끊임없이 정보를 업데이트한다는 것이다. 그들은 철저한 분석을 통해 한 번의 실패로 파멸할 수 있는 테일리스크는 철저히 피하고, 일반적인 리스크를 감수하며 수익을 높인다.

2장

부동산 투자의
핵심 포인트

앞으로의 부동산 시장을
정확히 파악하자

2018년 국정감사 자료인 '최근 5년 가계금융복지조사 중 부동산 관련 주요 결과'에 따르면, 2013년 가계자산 중 부동산 비중은 67.5퍼센트였으나, 5년이 지난 2017년 69.8퍼센트로 증가했다. 같은 기간 동안 늘어난 가계자산 5,476만 원 중 84퍼센트는 부동산 자산이었다.

우리나라는 왜 부동산에 돈이 몰리게 되었을까? 우리나라 집값은 1997년 IMF와 2008년 금융 위기를 제외하고 급격하게 떨어진 적이 없다. 다시 말하면 국내 자체적인 문제로 부동산의 가격이 내려간 적이 없다는 의미이다.

우리나라의 부자들은 어떻게 부자가 되었는가? 부자들이 가진 자산 중 어떤 것이 가장 높은 비율을 차지하고 있을까?

KB금융지주 경영연구소가 발표한 〈2018 한국부자 보고서〉에 따르면 자산 10억 원 이상을 갖고 있는 부자들의 자산 내 부동산 비중은 53.3퍼센트로 절반 이상이 넘는다.

사람들은 모두 주변의 사례를 보고 들으면서 부동산은 실패하지 않는다는 것을 체감했다. 아무리 정부에서 부동산 규제정책을 강화해도 부동산 가격은 내려가지 않았다. 그리고 부동산을 샀던 사람들은 엄청난 시세 차익을 알게 되었다. 반대로 부동산을 사지 않고 전세, 월세로 살던 사람들은 자산을 축적하지 못했다. 이러다 보니 과거에 투자할 수 있는 여건이 되었음에도 투자하지 않았던 사람들은 피눈물이 나는 것이다. 우리나라의 부동산은 왜 멈추지 않고 올랐을까? 과연 대한민국의 '부동산 불패 신화'는 영원할까? 부동산 가격의 끊임없는 상승을 이해하기 위해서는 우리나라 인구 구조를 알아야 할 필요가 있다.

다음 장에 나오는 그림은 통계청에서 제공하고 있는 2019년 현재 기준 인구 피라미드이다. 우리나라의 현재 인구 구성을 보면 중년층이 가장 많고, 나이가 어려질수록 인구가 적어지고 있다. 노령화와 출산율 저하 문제가 사회 전반적인 문제로 자주 언급되는 이유다.

움직이는 인구 피라미드(기준연도 2019년)

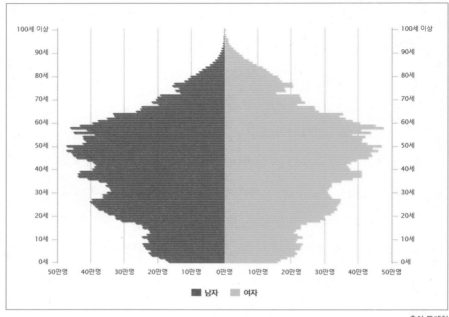

출처:통계청

우리나라의 부동산 가격은 1997년 IMF 경제 위기 당시 폭락했다. 금리가 폭등하면서 부동산 시장이 얼어붙고, 은행에서 대출받아 부동산을 매입했던 사람들은 높은 이자를 감당하기 어려웠다. 자연히 경매 시장에는 부동산들이 쏟아져 나오고, 시중의 부동산 가격 또한 떨어 졌다. 그럼에도 불구하고 대부분의 사람들은 부동산을 매입하지 않았다. 부동산 시장이 심각할 정도로 얼어붙자, 보다 못한 정부는 부동산 규제 대폭 완화정책을 실시하기에 이른다. 이때 우리나라에서 가장 많은 인구를 차지하고 있는 베이비붐 세대는 대략 40세 내외의 나이가 되었다. 나이 40세는 집을 구입할 수 있는 실수요층이다 .

NH투자증권 '100세시대연구소'에서 조사한 '자산유형에 따른 연령대별 구성비'를 보면 이에 대한 증거를 찾아볼 수 있다. 40~60대(에코 세대~베이비붐 세대)의 실물 자산 비율은 금융 자산에 비해 압도적으로 높다.

이 사실은 현재의 대한민국이 부동산을 구매하고, 보유할 사람들이 압도적으로 많은 시대를 지나고 있다는 것을 알려준다. 대한민국 역사상 부동산 초호황기라고 볼 수 있다. 과연 앞으로의 부동산 시장은 어떻게 될까? 과연 지금 같은 시기를 계속 누릴 수 있을까? 베이비붐 세대와 X세대는 얼마 지나지 않아 급격한 노령화를 겪게 되고, 부동산 실수요층에서 벗어나게 될 것이다.

한국은행의 조사에 따르면 70세 이후에는 대부분 노후 생계비 마련

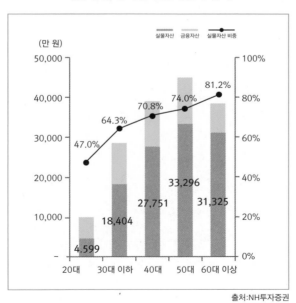

자산 유형에 따른 연령대별 구성비

출처:NH투자증권

을 위해 부동산을 파는 경향을 보인다고 한다. 이렇게 되면 지금까지의 부동산 불패 신화는 머지않아 깨지게 될 확률이 높다.

많은 언론과 전문가들은 우리나라가 일본의 부동산 가격 폭락 수순을 똑같이 밟을 것이라고 예견한다.

일본은 1991년부터 부동산 가격이 급격히 떨어지기 시작해 주거용 부동산은 91년 대비 현재 60퍼센트 떨어졌고, 상업용 부동산은 약 80퍼센트까지 떨어졌다. 가히 부동산 가격 폭락이라고 할 만하다. 일부 전문가들의 말대로 일본의 고령화가 부동산 시장의 붕괴를 이끌었다면, 우리는 그 과정을 미리 이해하고 대비를 할 필요가 있다.

UN이 정한 바에 따르면 65세 이상 노인 인구 비율이 전체 인구의 7퍼센트 이상을 차지하게 되면 고령화 사회, 14퍼센트를 넘어가면 고령 사회, 21퍼센트를 넘어가면 초고령화 사회라고 한다. 일본은 이미 21퍼센트를 넘어 초고령화 사회에 들어섰고, 우리나라는 2030년경이 되면 일본과 같은 초고령화 사회로 진입하게 된다.

우리나라의 부동산 시장이 일본처럼 폭락하게 될 경우 부동산뿐만 아니라 전체적인 경제 상황에 치명타를 입게 된다. 그러나 다행히도 부동산 시장은 복잡계의 영역이다. 일본의 부동산 폭락은 단순히 초고령화 사회의 도래뿐만 아니라 다른 요소가 복합적으로 작용한 결과이다. 우리나라와 상황이 다른 이야기다.

한국은행의 〈인구 고령화가 주택시장에 미치는 영향〉의 보고서에 따르면 한국과 일본의 상황이 어떻게 다른지 자세히 말해주고 있다. 다음 기사를 보자.

일본처럼 부동산 버블 붕괴? 한국은행 "고령화 급락은 없다"

보고서는 한국과 일본의 상황이 크게 세 가지가 다르다고 봤다. 우선 현재 한국 부동산 시장의 상승률은 일본만큼 가파르지 않다. 일본은 버블 붕괴 직전인 1986~90년 동안 6대 대도시의 연평균 주택지가 상승률이 22.1퍼센트에 달했다. 당시 일본은 대출 규제도 약해서 주택담보대출의 담보 인정 비율(LTV)이 100퍼센트를 초과했다. 이와 달리 한국은 정부가 주택시장 안정을 위해 택지 공급 조절, 대출 규제 등 정책적 노력을 기울이고 있다.

두 번째로 1990년대 일본처럼 주택 공급량이 높은 수준도 아니라고 봤다. 일본은 1990년대 초 버블 붕괴로 땅값이 떨어지자 주택건설이 오히려 개선되면서 이후 5~6년간 주택 공급량이 크게 늘었다. 이는 주택시장 침체를 더 부추겼다.

이에 비해 한국은 대규모 택지 개발보다는 기존 주거지 정비사업(재건축·재개발) 위주로 주택 공급이 이뤄지고 있다. 재건축·재개발은 기존 주택을 없애면서 새 주택을 공급하기 때문에 대규모 택지 개발 방식에 비해 순 공급량이 크지 않은 편이다. 따라서 공급과잉이 장기화될 가능성은 크지 않다고 봤다.

세 번째 일본과의 뚜렷한 차이점은 일본은 단독 주택 비중이 높은 데 비해 한국은 아파트 거주 비중이 높다는 점이다. 일본의 경우 목조 단독 주택이 많아서 주택매매거래가 활성화되지 않았다. 실제 일본의 주택매매 회전율(연간 매매 건수/재고 주택량)은 1988년 0.39퍼센트, 2013년 0.32퍼센트로 매우 낮다. 반면 한국은 표준화·규격화된 아파트 비중이 높다 보니 거래가 활발하다. 한국은 주택 거래 회전율이 지난해 기준 10.4퍼센트이다. 아파트는 거주 편의성으로 청년 가구가 선호하는 데다 주택의 처분, 임대가 용이해서 은퇴 가구의 유동성 확보 측면에서도 유리하다. 따라서 아파트에 대한 매매수요는 꾸준히 증가할 가능성이 크다는 결론이다…(하략)

○○일보 ○○○기자 2017. 7. 26.

한국은행은 다양한 데이터를 토대로 보고서를 발표했다. 정부의 대출 규제로 인한 상승률 조절, 신규 주택 공급량, 주거 형태 등의 차이점으로 인해 일본처럼 급격한 부동산 폭락은 없을 것이라는 예측이다. 하지만 안심하긴 이르다. 일본과 같은 '급격한 폭락'은 없을지 모르지만 고령화가 지속된다는 것은 부동산을 구매할 여력이 있는 수요층이 줄어든다는 뜻과 같다. 그렇게 되면 특별한 변수가 생기지 않는 한 시간이 지날수록 부동산의 전체적인 가격은 점차 내려갈 수밖에 없다. 이 사실 자체는 변하지 않는다.

인구가 줄면 수요자가 줄어들고 추가 공급이 생기지 않더라도 기존에 있는 부동산의 가격이 내려가게 된다. 수요와 공급에 의한 간단한 경제 논리다. 게다가 한국은행의 분석과는 달리 우리나라는 제2, 제3의 신도시를 추진하고 있다. 이미 우리나라는 100퍼센트의 주택 공급량이 넘어선 상태인데 추가로 신규 공급을 하고 있는 상태다. 신뢰할 만한 한국은행의 보고서라고 해서 구체적인 확인 없이 맹신하는 것은 금물이다.

우리는 부동산 불패 신화가 깨지는 상황에서 어떤 투자전략을 세워야 하는가? 대부분의 통계에는 맹점이 있다. 부동산 값이 전국적으로 내려간다고 해서 모든 곳의 값이 전부 내려간다는 뜻은 아니다. 일부는 오를 수도 있다. 전체적인 평균이 마이너스일 뿐이다. 부동산 불패 신화가 끝나가는 이 시점에서, 이제는 '어떤 곳은 오르고 어떤 곳이 떨어질 것인가'에 초점을 맞춰 투자전략을 세워야 한다.

핵심 정리

대한민국은 고령화로 인해 전국 부동산 가격이 전반적으로 하향조절 될 확률이 높다. 하지만 전국의 평균 부동산 가격은 마이너스가 되더라도 일부 지역은 꾸준히 오를 수도 있다. 아직까지는 전국의 어떤 부동산을 사던 가격이 오를 확률이 높았다. 이제부터는 부동산 투자의 전략을 바꿔야 한다. '어떤 곳이 오르고 어떤 곳이 떨어질 것인가'에 초점을 맞추어야 한다.

부동산 시장의
핵심은 **일자리**

대한민국이 고령화 사회로 진입하고, 머지않아 고령 사회 또는 초
고령화 사회에 들어서게 되면 부동산 불패 신화는 깨진다. 그렇게 되면
전국의 부동산 가격이 전체적으로 하락하게 될 것이다. 이는 일부 지역
은 오르고, 일부 지역은 많이 떨어지는 것을 의미할 수도 있다. 우리나라
의 부동산 시장은 어떻게 될까?

1955년, 세계무역기구(WTO)가 출범했다. 한국은 WTO의 출범과 동
시에 회원국으로 가입했다. WTO의 출범은 세계화의 촉진을 의미한다.

WTO는 출범과 동시에 세계의 경제시장을 하나로 만들었으며, 한
국의 글로벌 기업들은 더 이상 자국에만 공장을 둘 필요가 없어졌다. 다
음 기사를 보자.

삼성전자는 세계화의 시작과 동시에 한국보다 인건비가 저렴한 베트남에 공장을 짓기 시작했다. 낮은 인건비를 위해 공장을 해외로 이전한 글로벌 기업은 삼성전자뿐만이 아니다. 현대·기아차는 중국과 인도에 생산공장을 두고 있다.

현대차그룹 글로벌 공략…정의선표 밑그림 나왔다

현대차는 그동안 중국, 미국, 유럽을 3대 축으로 해외 시장 전략을 짜왔다. 하지만 5공장까지 지은 중국의 가동률 저하와 부진으로 지금은 인도와 동남아 시장으로 성장 동력 찾기에 나서고 있다. 특히 인도는 기아차 신공장이 8월부터 가동을 시작하면서 3년 내 100만대 생산체제를 목표로 하고 있다. 중국이 부진한 사이 인도가 미국·유럽과 함께 3대 핵심 시장으로 재편되는 양상이다. 현대차는 인도 첸나이 1·2공장에서 연 70만대 생산체제를 갖췄다. 기아차의 인도 아난타푸르 공장은 셀토스 생산을 시작으로 생산 차종을 4개로 늘리고 증산해 내년에 18만대, 2021년에 연 30만대로 공장을 풀가동할 예정이다. 기아차는 연내 인도 160개 도시에 265개의 판매 서비스망을 구축한다.

인도는 점유율 1위 업체 마루티 스즈키가 지난해 186만대 완성차를 현지에서 조립했으며 전체 승용차 판매의 절반을 차지하고 있다. 2위 현대차와 판매 격차가 크다. 현대차는 인건비가 싼 인도 등에서 전기차 생산 확대에 나설 것으로 알려졌다. 인도에선 기아차와 함께 '저가형' 전기차 공동 생산 방안을 모색하고 있다. 코나 전기차는 7월부터 첸나이 공장에서 생산에 들어갔다.

이와 함께 동남아 시장에 생산기지가 없는 현대차는 연내 인도네시아에 전기차 공장 설립을 확정지을 것으로 알려졌다. 지난 26일 정○○ 부회장과 면담을 한 인도네시아 현직 장관이 "현대차는 10억 달러(약 1조 1,800억 원)를 투자하기를 원하고 있고, 자바섬 서부 카라왕 지역에 토지를 확보

세계화가 되면서 각 나라의 글로벌 기업들은 인건비가 싼 나라에 공
장을 짓고 있다. 미국의 기업들은 인건비가 저렴한 멕시코에, 유럽의 선
진국들은 인건비가 싼 동유럽에 공장을 짓는다. 한국의 글로벌 기업들이
세계로 뻗어 나가 많은 실적을 낸다면 좋은 일이라고 생각될 수 있다. 하
지만 마냥 좋은 것만은 아니다. 이 과정에서 국내의 일자리가 사라지기
때문이다.

세계화 현상에서는 명백한 승자와 패자가 생기게 된다. 선진국의
글로벌 기업, 거대 자본은 저렴한 인건비를 활용할 수 있어서 승자가 된
다. 후진국의 저임금 노동자들은 글로벌 기업들의 공장이 대거 생겨나
니 일자리가 생겨 승자가 된다. 패자는 누구인가? 선진국의 고임금 노동
자들은 일자리를 잃게 된다. 우리나라에 닥친 현실이다.

세계화가 온 후 선진국의 시장은 어떻게 되었을까? 이제는 단순한
일자리가 아닌 글로벌 기업의 본사가 많을수록 큰 경쟁력을 갖게 되었
다. 미국에 있는 글로벌 기업들의 공장들이 대거 해외로 이전했음에도
불구하고, 거의 완전고용상태로 갈 수 있었던 이유는 무엇인가? 답은 미
국에 글로벌 본사들이 세계에서 가장 많기 때문이다. 고급 일자리가 넘
쳐나기 때문에 고임금 노동자들 또한 일자리를 잃지 않을 수 있었다.

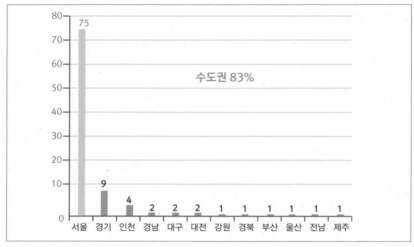

2018년 6월 현재 시가총액 기준 100대 대기업 지역분포

수도권 83%

| 서울 | 경기 | 인천 | 경남 | 대구 | 대전 | 강원 | 경북 | 부산 | 울산 | 전남 | 제주 |
| 75 | 9 | 4 | 2 | 2 | 2 | 1 | 1 | 1 | 1 | 1 | 1 |

출처:서울시청

한국의 100대 기업 중 75퍼센트는 서울이고, 경기도와 인천이 각각 9퍼센트, 4퍼센트로 수도권에만 88퍼센트가 몰려 있다. 좀 더 자세히 살펴보면 서울 내에서도 핵심 지역 중심으로 대기업들이 몰려있음을 알 수 있다.

서울의 업무지구는 종로구와 중구로 이어진 오피스 지역(CBD), 강남구와 서초구로 이어진 GBD, 여의도 오피스 지역인 YBD 크게 3곳으로 나누어진다. 이곳은 우리나라에서 가장 땅값이 비싼 곳이다. 이를 통해 예상할 수 있는 것은, 대기업 본사가 많은 곳일수록 청년들이 모일 수밖에 없고, 이에 따라 끊임없는 수요가 창출된다는 것이다. 그러니 땅값이 오를 수밖에 없다.

지자체에서는 각 지역에 양질의 일자리가 골고루 분포되길 원하지만 그렇게 되기는 현실적으로 어렵다.

젊은이들은 좋은 일자리를 찾아 서울로 오게 되고, 기업들은 그런 젊은이들을 찾아 서울로 모이게 된다. 또한, 여기서 알아두어야 할 것은 청년들이 원하는 일자리는 한정되어 있다는 것이다. 다음 기사를 보자.

대졸자 취업 갈수록 바늘구멍... 지원자 100명 중 2~3명꼴 합격

한국경영자총협회가 전국 312개 기업 대상 '2017년 신입사원 채용실태 조사'를 실시한 결과, 대졸 신입사원 취업 경쟁률은 평균 35.7대 1을 기록 했다. 2015년(32.3 대 1)보다 10.5퍼센트 상승한 수치다. 대졸 신입사원 채용에 100명이 지원할 경우 최종 합격 인원은 2.8명에 불과한 셈이다.

특히 구직자들이 선호하는 대기업 취업은 더 어려웠다. 300인 이상 대기업 신입사원 경쟁률(38.5대1)은 2015년(35.7대1)보다 7.8퍼센트 상승했다. 대졸 채용에 구직자 100명이 지원한다면 대기업은 이 중 2.6명 정도만 뽑는다는 뜻이다…(하략)

○○일보 2017. 06. 18.

청년들이 취업을 하고 싶어 하는 곳은 공무원이 아니면 대기업이다. 그런데 공무원과 대기업 취업 준비를 위해 가장 좋은 곳은 어디인가? 대부분의 취업 정보, 학원 등은 서울에 있다.

실제로 알바몬이 지방 구직자 606명을 대상으로 조사한 결과 70.8

퍼센트의 응답자들이 '구직활동시 지방에 거주해 소외감을 느낀 경험이 있다'라고 답했다. 이런 현상들은 청년들을 서울에 몰리게 만든다. 또한 올해 채용에서 떨어졌다고 해서 바로 지방에 있는 집으로 내려가진 않을 것이다.

올해(2019년) 청년 취준생은 71만 명으로 13년 만에 최다기록을 갱신했다. 이 중 10명 중 3명은 공무원 시험을 준비하는 사람들이다. 학교를 졸업하고 취업전선에 뛰어드는 청년들은 매년 늘어나고, 취업 준비생들 또한 매년 늘어갈 수 밖에 없다.

핵심 정리

세계화가 되면서 지방에 있었던 공장들은 해외로 진출하고 있다. 지방의 일자리는 줄어들고, 글로벌 기업 본사들은 80퍼센트 이상이 서울과 수도권에 집중되어 있다. 취업이 점점 힘들어지는 상황에서 청년들은 일자리를 구하기 위해 점점더 서울로 몰리게 된다.

지방의 인구 감소를
가속화시키는 3가지 요인

앞에서 말했듯이 노령화의 가속화와 세계화 현상으로 인해 많은 사람은 서울로 몰릴 가능성이 높다.

서울로 인구가 몰리는 동안 지방은 어떻게 될까? 앞으로 인구 감소가 점점 가속화될 것이다. 아직은 눈앞에 닥친 일이 아니더라도, 당장 10년 후에는 뼈저리게 느끼게 된다. 이번에는 지방의 인구 감소를 가속화 시키는 3가지 요인에 대해 알아보자.

첫 번째, 귀촌, 귀농하는 인구가 늘면 정말 지방에도 인구가 늘어나리라 예상하는 경우가 많다. 하지만 정말 그럴까? 다음 기사를 보자.

노인 50퍼센트, "도시 공공주택 희망"... 3퍼센트만 농촌 선호

　노인 2명 중 1명은 공공임대주택 입주 의사가 있는 것으로 나타났다. 단, 도시나 도시 주변 등 기존 거주 지역에 위치하면서 의료시설 접근성이 좋으며 젊은 층과 어울려 살 수 있는 저렴한 공공임대주택을 선호했다..(중략) 연구원은 "고령자를 위한 시설 및 서비스를 충분히 갖추고 경제성을 확보한다면 공공임대주택 입주 의향이 더 높아질 것"이라며 "기존 거주 지역과 근접한 곳에 위치하고, 다양한 세대가 혼합된 주거유형을 공급할 필요가 있다"고 제언했다. 실제로 공공임대 입주선호 지역은 '도시 및 도시 주변'이 91.5퍼센트나 됐다. 서울 거주자(127명)의 경우 15.0퍼센트만 경기도 거주 의사가 있다고 답했으며, 지방 중소도시나 농어촌 거주 희망자는 3.0퍼센트에 불과했다. 응답자 모두 광역도시권 거주자인 점을 고려하면 기존 거주지에 머물고 싶어 하는 고령자가 많은 셈이다.

○○일보 2019.5.22.

　한때 우리나라에 실버타운 열풍이 분 적이 있다. 물 좋고 공기 좋은 곳에 요양형 실버타운을 짓기만 하면 경제적으로 여유 있는 노인들이 입주할 것이란 기대가 많았다. 실제로도 평생 도시에서 출퇴근하며 살다가 나이 들면 조용한 곳에서 노후를 편하게 보내고 싶다는 사람들이 많았다. 하지만 막상 실버타운이 우후죽순처럼 생기고 나니 사업이 잘되지 않았다.

　막상 실버타운에 입주해 생활해보니 너무 답답하고 불편했던 것이다. 도심에서의 생활처럼 자신이 선택할 수 있는 폭이 넓지 않았다. 항상 반복된 생활과 매일 같은 사람들만 만나는 것도 지루해졌다. 이렇다 보니 요즘에는 도심에 있는 초고가 실버타운을 제외하고 대부분의 실버타운이 경영 부진에 시달리고 있다. 입주 희망자가 너무 적기 때문이다.

이번에는 지방의 인구 감소를 가속화하는 일자리에 대해 알아보자.

앞서 말했듯이 청년들은 양질의 일자리를 구하기 위해 서울로 모인다. 대부분의 대기업 본사들이 서울에 있기 때문 이다. 하지만 지방에도 일자리는 존재한다. 이 일자리는 앞으로도 지방에서 꾸준히 살아남을 수 있을까? 다음 기사를 보자.

울산, 10년 만에 1인당 소득 1위 자리 빼앗겼다.

울산이 10년 만에 1인당 개인소득 1위 자리를 빼앗겼다. 통계청이 22일 발표한 '2016년 지역 소득(잠정)' 자료에 따르면 울산은 지난해 1인당 개인 소득이 2,018만 원으로, 서울(2,081만 원)에 이어 2위였다. 지난해 울산의 실질 경제성장률은 0.9퍼센트에 불과해 서울(2퍼센트)이나 전국 평균치(2.8퍼센트)를 크게 밑돌았다. 울산이 1인당 개인소득 1위 자리를 놓친 건 2006년 이후 처음이다.

지역의 중추 산업인 조선업과 자동차 산업 등의 부진에 따른 결과로 풀이된다. 실제 지난해 울산 지역의 제조업은 -1.7퍼센트의 마이너스 성장을 했다…(하략)

○○일보 2017. 12. 22.

세계화 이전에는 서울보다 GRDP(지역총생산)가 높은 지방이 꽤 많았다. 특히 울산이나 거제 지역은 자동차, 조선 등 세계적인 수출산업단지가 있었기 때문에 해당 지역에 살던 노동자들은 서울보다 소득수준이 높았다. 하지만 이제는 상황이 다르다. 세계화가 진행되면서 생산 공장들이 모두 해외로 나가고 있기 때문이다. 우리나라는 제조업을 기반으로 성장한 나라이다. 예전에는 지방에 있는 생산 공장들이 많은 사람들의 노동력이 필요했고, 노동자들의 소득수준이 높으니 지역경제가 활성화 될 수 있었다. 그러나 지금은 상황이 완전히 달라졌다.

우리나라는 올해 들어 여러 정치, 경제적 상황으로 저조했지만 2018년까지 10년 연속 무역 흑자를 달성했을 만큼 수출을 많이 하는 나라이다. 그런데 왜 일자리는 늘어나지 않았을까? 기업들이 인력이 많이 필요한 공장을 인건비가 낮은 나라에 만들고, 인력이 거의 투입되지 않는 공장만 국내에 남겨두었기 때문이다. 공장이라고 다 같은 공장이 아니다.

우리나라는 반도체, 자동차, 디스플레이, 철강, 조선 등 전통적인 제조업 분야의 강국이다. 이렇다 보니 세계에서 산업용 로봇을 가장 많이 쓰는 국가이기도 하다. 국제로봇연맹(IFR)에 따르면 한국은 근로자 1만 명당 산업용 로봇 대수 710대(2017년 기준)로, 세계 1위를 차지했다. 이 말은 곧 국내에 공장이 생기더라도 대부분은 자동화 로봇 시스템으로 설비되어 있어 사람을 고용할 필요가 없다는 이야기다.

수출 잘되는데도 일자리 안 늘어나는 3가지 이유

최근 '수출 호황'에 웃음꽃이 피어난 삼성전자 반도체 부문과 SK 하이닉스는 이익이 늘자 대규모 투자도 병행하고 있다. 하지만 이런 대규모 투자도 일자리 창출로 이어지지는 못하고 있다. 삼성전자는 작년 반도체 부문에서 약 13조 원을 투자했지만 1년 동안 늘어난 반도체 고용 인원은 650명에 불과했다. SK하이닉스도 6조 원을 투자했지만, 대졸 신입 사원 채용은 250명에 머물렀다. 업계 관계자는 "장치 산업인 반도체 산업에서 고용 창출은 한계가 있다"고 말했다.(중략) 현재 수출 증가를 주도하는 분야는 반도체·석유화학 등 일부 업종이다.

그런데 이 업종의 고용 창출 효과가 특히 낮다. 24일 한국은행에 따르면 소비·수출 등 수요가 10억 원 늘어나면 우리나라에 직·간접적으로 늘어나는 취업자 숫자를 가리키는 '취업유발계수'가 반도체 업종은 3.6명에 불과하다. 석유화학은 1.9명에 그친다. 우리나라 산업 평균 '취업유발계수'가 12.9명인 것과 비교하면 상당히 낮다.

○○일보 2017. 4. 25.

즉 수출이 잘되어 기업들이 국내 공장에 막대한 설비투자 비용을 늘리더라도 고용인원은 늘어나지 않는다는 의미다. 국내에 공장을 짓는 산업분야는 인력이 최소화된 자동화 공장이 주를 이룬다. 머지않아 지방의 공장들도 점점 더 자동화될 것이고 일자리는 줄어들 확률이 높다.

지방 인구 감소 가속화의 마지막 이유는 도심의 '콤팩트 시티화'이다. 콤팩트 시티란 외곽으로 도시확장을 억제하면서 주거, 직장, 상업 시설 등의 기능을 도심 내로 밀집시키는 도시를 말한다. 이는 인구를 도심 중심부로 집중화시키고, 인구 밀도를 높이는 효과가 있다. 컴팩티 시티의 가장 큰 장점은 도시 기능의 효율화이다. 대표적인 사례로는 일본의 도야마시를 볼 수 있다.

도야마시는 초고령화가 급속하게 진행되어, 노인들만 남고 청장년층은 도쿄로 떠나게 되었다. 생산가능인구인 청장년 층이 없어지자, 도시 기능에 문제가 생기기 시작했다. 도야마시가 이에 대한 해결책으로 진행했던 것이 도시의 콤팩트 시티화이다. 주요 관공 서를 도심지 내로 밀집시키고 도심지와 도심지 외곽을 연결하던 경전철을 끊어버렸다. 사용하는 사람이 없어 경전철의 비용이 시의 예산으로 부담됐기 때문이다. 이후 도야마시는 어떻게 됐을까?

정책의 효과는 기대 이상이었다. 도야마시의 인구는 늘었고 젊은 층이 도심으로 유입되면서 도시는 활기를 찾았다. 실제로 도야마 시의 인구는 2000년 32만 1,500명에서 2017년 41만 7,600명으로 약 30 퍼센트 증가했다. 도야마시의 정책은 성공적이었다. 그러나 우리가 알아두어야 할 것은 따로 있다. 도심은 살아나고 인구가 늘어났을지 몰라도 경전철이 끊긴 도심지 외곽은 어떻게 되었을까? 대부분의 편의시설이 도심 내부에 있어 생활하기가 급격히 불편해졌을 것이다. 이렇게 되면 무리해서라도 도심 안으로 들어가 사는 수밖에 없다. 이렇게 지방은 점점 더 축소되고 사람이 줄어들게 된다. 도심으로 몰리는 현상은 점점더 가속화되는 것이다. 그렇다면 우리나라는 일본처럼 컴팩트시티가 구성될까? 이와 관련하여 다음 기사를 보자.

최선의 대안 vs 못 쓰는 카드…'콤팩트 시티' 전문가 생각은

이○○ H대학교 도시공학과 교수는 "서울 도심에 고밀도로 집을 지으면 교통사정이 나빠진다고 생각하지만 실은 외곽에 사는 사람들의 출·퇴근에 따른 교통혼잡이 훨씬 더 심하다"며 "서울은 지하철 등 대중교통이 발달한 도시인만큼 역세권에 밀도 높게 집을 지으면 사회적 편익이 비용보다 훨씬 클 수 있다"고 분석했다.

과거의 개발세대는 장시간 소요되는 출·퇴근을 당연한 것으로 인식했지만, 문화를 중시하는 현대의 젊은 세대일수록 가족 간의 소통과 자아실현 등을 위해 도심에 살려는 욕구가 더 크다는 의견이다. 강남 수요가 특히 교육에 초점을 둔 측면이 많다는 점에서 교육 수요가 없는 가구가 모든 시설이 갖춰진 도심의 복합주거시설로 옮겨가고 강남에 교육 수요가 있는 가구가 자리 잡으면서 주거 순환을 활성화할 수 있다는 점도 콤팩트 시티의 이점으로 꼽힌다.

김○○ P 개발 대표는 "콤팩트 시티는 세계적인 추세"라며 "공급을 하더라도 위치와 규모 등 수요를 잘 파악하는 것이 중요하다"고 말했다. 도심 개발에 따른 기대심으로 단기간 가격 상승 우려가 제기될 수 있지만, 수급 측면에서 자연스럽게 접근해야 한다는 지적도 있다. 단기간의 가격 변동보다는 도시 전체의 10년, 20년 미래를 봐야 한다는 것이다.

콤팩트 시티를 지금 당장 실행해도 될지에 대한 전문가들의 의견은 분분하지만, 콤팩트 시티가 세계적인 추세라는 것에는 이견이 없다.

콤팩트 시티는 이미 세계적으로 입증이 된 상태이기 때문이다. 서울시는 이미 도시문제를 해결하고 도심 내 부족한 공공주택 등을 활성화 하기 위해 '역세권 활성화 추진 계획'을 발표했다. 역세권 활성화 발표의 핵심은 무엇인가? 대중교통 인프라가 집중돼 살기 좋은 서울시의 역세권을 중심으로 주거와 비주거 기능이 결합된 '콤팩트 시티'를 만들겠다는 것이다. 앞으로 서울의 콤팩트 시티화는 피할 수 없는 결과다. 결국 지방 인구는 도심으로 몰릴 것이며, 경제의 활성도 또한 양극화 현상이 크게 나타날 것이다.

마지막으로 정리해보자. 지방의 인구 감소를 가속화시키는 3가지 요인이 있다. 첫 번째, 노인들은 더 이상 귀농, 귀촌을 하지 않는다. 편리한 생활과 병원을 찾기 위해 도심에 거주할 것이다. 두 번째, 세계화, 공장의 자동화 등으로 인해 지방의 일자리는 감소할 것이다. 청년들은 일자리를 위해 도심으로 몰릴 것이다. 세 번째, 인구가 감소하고 노령화가 됨에 따라 도심으로 더 사람이 몰릴 것이다. 그 과정에서 도심을 압축시는 콤팩트 시티가 발전하고, 지방의 인구는 더욱더 도심으로 몰리게 될 것이다.

결국 대도시는 계속해서 번창하고, 활성화될 것이다. 반면 지방은 시간이 지날수록 인구가 줄어들고 부동산의 공실이 많아지게 된다.

핵심 정리

앞으로 지방의 인구 감소를 가속화 시키는 요인들을 통해 사람들은 서울과 수도권으로 몰려들게 될 것이다. 이로 인해 대도시는 더 번창하고 활성화되는 반면, 지방은 양극화 현상이 심화될 것이다.

부동산 투자로 돈을 버는
핵심 키워드 3가지

　　부동산에 투자하려는 사람들 중 많은 사람들이 팔 때는 시세 차익을 얻고, 가지고 있을 때는 임대 수익을 받길 원한다. 사람들이 부동산을 선호하는 이유는 무엇일까? 주식은 원금 손실 위험성이 너무 크고, 예금 이자는 물가상승률에도 못미치기 때문이다. 부동산 투자의 가장 큰 장점은 높은 안정성과 수익이다. 각 투자처에는 보편적인 장단점이 있다. 은행의 예금은 환금성이 좋고 안정성이 높은 대신 수익이 낮다. 주식은 환금성과 수익이 높지만, 안정성이 낮다. 그래서 노후에 은퇴 자금으로 가장 많이 투자하는 곳은 부동산이다.

　　부동산 투자자들 중에는 성향에 따라 '샀다 팔았다'를 반복하며 시세 차익을 좋아하는 투자자들이 있는 반면, "평생 가지고 있다가 자식들에게 물려줘야지"라고 생각하는 사람들도 있다. 그런데 부동산 투자에서는 시세 차익을 남기든, 평생 동안 가지고 있든 꼭 알아두어야 할 것이 있다. 내가 살 부동산이 생산수단인 부동산이냐, 소비수단인 부동산이냐 하는 것이다. 생산수단이 되는 부동산을 산다면 차분히 기다렸다가 시세가 올랐을 때 부동산을 팔 수 있고, 평생 가지고 있어도 문제가 없다. 하지만 소비수단이 되는 부동산을 사서 평생 동안 가지고 있다면 더 이상 굴러가지 않는 차를 보유하고 있는 것과 다름없다. 시간이 지나면 더 이상 사용할 수 없게 된다는 이야기다. 생산재가 아닌 소비재의 특성이다.

자본주의의 생산 3대 요소는 토지, 노동, 자본이다. 이 중 노동을 제외한 토지와 자본은 생산수단이 된다. 생산수단에서 나오는 수입이 생활비의 수준을 넘어가게 되면 더 이상 노동을 할 필요가 없어진다. 기업의 회장이나 건물주들을 생각해보라. 그들은 일을 하지 않아도, 심지어는 잠을 자는 동안에도 그들을 위해 일하는 건물(토지)과 기업(자본)이 있다.

토지란 우리가 흔히 말하는 부동산의 본질이다. 모든 건물은 토지 위에 지어지기 때문이다. 우리가 부동산에 투자하려는 가장 큰 이유는 '생산수단'을 점유하고 싶기 때문인데, 많은 투자자들이 이를 인지하지 못하는 경우가 많다. 소비수단인 부동산을 사고, 자신이 생산수단을 가지고 있다고 착각한다.

'나는 부동산을 가지고 있는데 왜 자꾸 소비수단을 가지고 있다고 하지?'라고 생각한다면 생산수단의 필수요건을 생각해 볼 필요가 있다.

첫 번째, 기본적으로 생산수단은 썩지 않는 불멸성을 가지고 있어야 한다. 오래될수록 썩고, 재생이 불가능한 것은 생산수단이 아니다.

두 번째, 내재적 가치를 지니고 있어야 한다. 생산수단을 점유한 자에게 수확물을 주어야 한다는 것이다. 현대사회에서는 예금 이자가 될 수 있고, 월세가 될 수 있고, 주식의 배당이 될 수 있다.

이제 생산수단에 대해 조금 이해가 되었을 것이다. 이번에는 이 문제에 대해 생각해보자.

"내가 살고 있는 아파트(혹은 빌라)는 생산재인가 소비재인가?"

"내가 가지고 있는 상가는 생산재인가 소비재인가?"

부동산이 온전한 생산수단이 되려면 건물이 오래되어 도저히 사용하기가 불편해졌을 때 재건축, 리모델링, 재개발이 추진되어야 한다. 재생되지 않는 건물은 소비재와 다름없다. 상가도 마찬가지다. 통건물이 아닌 구분 상가 하나를 가지고 있다면, 상가가 오래되어 사용이 불가능해지기 전에 재건축이나 리모델링할 수 있어야 한다. 그렇지 않다면 소비재에 불과하다.

구분하자면 '토지'는 불멸성을 띄고 있지만 '건물'은 불멸성을 띄고 있지 않다. 시간이 지나면 사용할 수 없게 되고, 다시 지어야 재사용이 가능하다.

일본처럼 늙은 아파트가 쌓여간다

　부산 중구 ○○동에는 1969년 지어진 A 아파트가 있다. 지난 21일 찾은 이곳엔 각 동 출입구마다 '재난위험시설(D등급) 지정 안내'라고 적힌 노란 표지판이 붙어 있었다. 복도 창문은 창틀이 어그러져 닫히지 않았고, 복도 끝구석은 곳곳에 금이 가 '출입 금지'라고 쓴 노란 테이프로 통행을 못 하게 막아놓았다. 천장이 내려앉을까 녹슨 쇠파이프를 지지대 삼아 받쳐놓았지만 언제 무너질지 모르는 위태로운 모습이었다…(중략)…부동산 거래는 전혀 없고, 주민들은 전세 1,000만 원 또는 월세 7만 원을 내고 이곳에 기거한다. 40년째 이곳에 산다는 79세 한 할머니는 "주민이 세상을 떠나거나 이사하면 그대로 빈집이 된다"며 "갈 데가 없어 살긴 하지만 언제 무너질지 몰라 하루하루가 불안하다"고 말했다.

　전국 노후 아파트가 '슬럼화'할 조짐을 보이고 있다. 서울 강남 등 일부 지역의 노후 아파트는 재건축 사업이 진행되면서 아파트값이 고공행진을 하고 있지만, 사업성이 낮은 지역에선 안전 진단에서 '위험' 판정을 받고도 방치된 단지가 대부분이다.

　부산 ○○동 A 아파트 역시 노후 주택이 밀집한 '달동네' 꼭대기에 있어 건설사들이 재건축 사업지로 거들떠보지도 않는다. 부산 중구청 담당자는 "40~50년 된 노후 아파트 주민들은 재건축 조합을 만들어도 건설사들이 관심이 없고, 이사를 하고 싶어도 돈이 없어 못 가는 저소득층이 대부분"이라고 말했다.

○○일보 2017. 3. 29.

아파트는 보통 40년 정도가 지나면 수명이 다했다고 본다. 근데 기사에 따르면 40년이 지난 노후아파트가 조합을 만들어도 아무도 재건축 사업에 뛰어들려고 하지 않는다고 한다. 왜일까? 건설사들은 이익이 있어야 재건축에 착수한다. 그런데 이 아파트는 사업성이 없어 재건축을 해도 건설사에 이익이 없다. 그러니 아무리 조합원들이 의기투합을 해도 의미가 없는 것이다.

재건축 사업성은 어떻게 책정이 되는가? 정부의 규제 등 여러 요인이 있지만 가장 핵심은 용적률과 가격이다. 예를 들어 5층짜리 아파트를 15층 아파트로 재건축한다면, 불어난 10층만큼의 일반 분양을 할 수 있다. 이 돈으로 재건축 비용에 쓰고, 건설사의 이익도 챙길 수 있으니 분양만 된다는 확신이 있으면 사업성이 나온다.

만약 아파트 가격의 오름세가 가파른 곳이라면 용적률이 남지 않아도 재건축이 가능할 수 있다. 평당 가격이 1,000만 원이었던 아파트가 2,000만 원이 되었다면 1,000만 원의 여유 금액이 있으니, 일반 분양 없이도 여유 금액으로 재건축이 가능하다.

건설회사의 입장에서는 수요가 넘치는 지역이 아니라면 사업성이 있더라도 분양이 되지 않기 때문에 리스크가 크다. 때문에 수요가 넘치고 사업성이 명확하지 않은 이상 굳이 손을 델 필요가 없다. 그렇기에 투자자 입장에서는 오래된 아파트에 섣불리 투자하는 것은 매우 위험하다. 아파트는 재건축이 되지 않는 순간 바로 소비재가 되기 때문이다. 구분 상가와 빌라도 마찬가지다.

그나마 5층 이하의 저층 아파트를 재건축한 경우는 곳곳에서 찾아볼 수 있다. 그러나 10층 이상의 중층 아파트라면 얘기가 완전히 달라진다. E 아파트, 잠실 주공○단지, 압구정 H 아파트 등의 부촌의 대단지 아파트를 제외하고는 재건축 자체가 힘들다. 그마저도 최근에는 초과이익환수제, 분양가 상한제 등 정부의 강력한 재건축 규제에 따라 난항을 겪고 있는 것이 현실이다. 다음 뉴스를 보자.

재건축 '주춤'…10년 미만 새 아파트 '인기'

국토교통부가 '민간택지 분양가 상한제' 적용을 위한 세부안을 다음 주에 발표하기로 했습니다. "일본과의 분쟁으로 부동산 대책도 미뤄지는 것 아니냐"는 세간의 우려를 일축한 겁니다.

지난 6월 민간택지 분양가 상한제 이슈가 수면 위로 올라온 이후, 부동산 시장은 빠르게 반응하고 있습니다. 시장의 예측대로 재건축 단지 인기는 시들합니다. 분양가 제한으로 재건축 예상 수익이 낮아지면서, 재건축 사업 일정도 무기한 미뤄질 것이란 분석 때문입니다. 실제 강남권 재건축 단지의 호가는 분양가 상한제 이슈가 나온 이후 크게 낮아졌습니다.

(E 아파트: 20억 원(6월 말) →19억 원(7월 말), 잠실 주공 ○단지: 20억 원 →19억 2천만 원)

○○경제TV 2019 .8. 7.

이미 재건축이 될 것이라고 확정되다시피 했던 서울의 핵심 지역 아파트들도 재건축이 힘든 상황에서, '그래도 우리 아파트는 재건축될 거야'라며 안심하고 있는 것은 정말 한 치 앞을 내다보지 못하는 생각이다.

서울의 가장 핵심 부촌에 있는 대단지 아파트들도 재건축에 난항을 겪고 있는데, 수도권이나 지방은 어떨까?

건설사들은 재건축, 재개발보다 신도시의 빈 땅에 새로 짓는 것을 선호한다. 이익을 조합원들과 나눌 필요도 없고 그 과정에서 싸울 일도 없기 때문이다. 그리고 지방의 재건축 아파트와 신도시의 새 아파트 중 사람들은 어느 곳을 선택할까?

당연히 신도시의 새 아파트를 선택한다. 이 사실을 건설 회사들도 너무나 잘 알고 있기 때문에 굳이 지방의 구도심에 있는 아파트를 재건축하지 않는 것이다. 따라서 지방과 수도권의 아파트들은 앞으로도 재건축이 안 될 확률이 높다.

이쯤에서 우리는 부동산에 대해 다시 생각할 필요가 있다. 모든 부동산은 과연 생산수단의 역할을 하는가? 그렇지 않다. 재건축이 되지 않는 부동산은 소비재이고, 결국 노후 되어 사용이 불가능해진다.

그렇다면 평생 동안 생산수단의 역할을 할 수 있는 부동산은 어디에 있는가? 재건축이나 재개발이 가능한 지역의 아파트, 빌라, 상가여야 한다. 결론적으로 서울의 역세권밖에 없다. 수요가 넘쳐 흘러야 비로소 재건축이 가능한데, 대한민국의 전체 인구가 줄어드는 상황에도 사람이 끊임없이 몰릴 곳은 서울의 역세권 밖에 없기 때문이다. 부동산 시장에서 가능한 최악의 시나리오를 감안하더라도 끝까지 살아남을 수 있는 곳은 결국 서울의 핵심 지역들이 될 것이다.

강남 빌딩 소유주의 20퍼센트가
20~30대인 4가지 이유

앞에서 이미 말했듯이 투자의 영역은 복잡계이기 때문에 완벽한 예측이 불가능하다. 슈퍼예측가들과 투자의 전문가들은 어떤 방식으로 예측력을 높이는가?

이들은 운의 영역을 인정하고 끊임없이 정보를 수집하면서 예측을 업데이트한다. 완벽한 예측을 하기 위함이 아니라 테일 리스크를 피하기 위함이다. 한 번의 잘못된 투자가 최악의 결과를 낳을 수도 있기 때문이다.

부동산 투자에서 피해야 할 테일 리스크는 무엇인가? 소유하고 있는 부동산의 가격이 폭락하는 상황에서 급매로 팔아도 도저히 팔리지 않는 상황이 되는 것이다. 최악의 경우 평생 동안 모아왔던 투자금을 전부 잃고, 마이너스가 되는 상황이 오기도 한다. 테일 리스크를 피하기 위해서는 어떤 부동산에 투자해야 하는가? 최대한 도심의 역세권에 투자하는 게 맞다. 그중에서도 재건축이 될 확률이 높은 핵심 지역을 골라야 한다. 가장 핵심적인 기준은 '소비재가 아닌 생산수단의 부동산'이어야 한다. 건물의 수명 연한이 다 되더라도 재건축·재개발·리모델링을 통해 끊임없는 재생이 가능해야 한다. 그렇지 않으면 모두 테일 리스크를 안고 투자하는 셈이 되기 때문이다. 생산수단의 부동산 중개인이 투자할 수 있는 아래 세 가지 유형을 추천한다.

- 서울 역세권에 있는 토지 및 단독 주택, 다가구 주택, 상가 주택, 상가 건물 등의 중소형 빌딩
- 서울 역세권에 있는 재건축, 재개발이 가능한 입지의 아파트와 빌라
- 서울의 핵심 상권에 있는 구분 상가

기본적으로 서울의 역세권에 있어야 한다. 사람들이 점점 몰릴 것이기 때문이다. 인구가 줄고, 전체적인 부동산의 가격이 내려갈수록 부동산의 양극화는 심화될 것이다.

토지, 단독 주택, 다가구 주택, 상가 주택, 상가 건물의 공통점은 무엇인가? 조합을 만들 필요도 없이 소유주가 원할 때 직접 돈을 들여 건축 및 재건축 또는 리모델링이 가능하다는 것이다. 대신 어느 정도 규모 이상의 자산이 있어야 접근이 가능하다.

재개발 아파트와 빌라는 생산수단으로서의 역할은 하겠지만, 재생 여부는 본인이 선택할 수 없다. 조합원들과의 협의해야 하고, 건설회사의 사업성이 나와야 하며, 정부 규제의 영향을 많이 받는 편이다. 또한 이미 투자자들에게 인기 상품으로 각광받으며 빌딩보다는 아니지만 엄청나게 높은 가격을 띄고 있다. 재건축이 되기만 하면 로또 당첨과 같기 때문이다. 분양 경쟁률은 치솟고, 큰 액수의 프리미엄이 붙게 된다. 다음 기사를 보자.

"강남 분양 막차 될라"… 서초 ○○○○…최고 경쟁률 711대 1 달해

서울 강남권 재건축이 후분양으로 돌아설 움직임을 보이는 가운데, 상반기 마지막 강남 재건축 분양 아파트였던 GS건설의 '서초 ○○○○' 청약이 높은 경쟁률로 마감됐다. 3일 금융결제원 아파트투유에 따르면 전날 진행된 서초○○○○ 1순위 청약 접수 결과 174가구 모집에 7,418명이 몰려 평균 42.63대 1의 경쟁률을 나타냈다.

최고 경쟁률은 전용 100㎡ B에서 나왔다. 1가구 모집에 711명이 몰리면서 711대 1의 경쟁률을 찍었다. 1가구만 모집한 타입에서는 줄줄이 높은 경쟁률이 나왔다. 전용 84㎡ B에서 586대 1, 100㎡ A에서 426대 1, 119㎡에서 409대 1을 각각 기록했다.

○○경제 2019. 7. 3.

기존 아파트를 재건축하는 서초○○○○는 가장 작은 면적인

59m²의 분양가조차 13억 원을 넘는다. 현금이 10억 원 이상 필요하지만 그럼에도 주변 시세에 비해 5~6억 원이 낮다. 그러니 여기에 당첨만 되면 복권에 당첨된 것이라는 말이 나올 수밖에 없다.

서울의 핵심 상권을 살펴보자. 핵심 상권에 있는 구분 상가는 재건축이 가능하다. 핵심 상권은 서울의 5대 상권(강남, 홍대, 건대입구, 신촌, 명동)정도를 이야기한다. 앞에서도 말했듯이 상가는 살아있는 생명 과도 같아서 상당히 예민하다. 상권은 끊임없이 바뀌고 시도 때도 없이 공실의 위험이 닥치기 때문이다. 따라서 구분 상가에 투자한다고 하면 서울의 5대 상권 이외에는 재건축이나 리모델링이 가능하다고 확신하기 어렵다.

이 세 가지 유형을 제외한 다른 부동산들은 완전한 생산수단으로 볼 수 없다. 예를 들어 재건축, 재개발, 리모델링이 불가능한 지역의 아파트, 빌라, 상가들은 적당한 시기에 매입해 시세가 올라가면 팔아서 차익을 남길 수 있지만 적당한 시기를 놓친다면 아예 팔리지 않을 수 있다. 이런 경우 자산이 묶이거나 원금을 손해 볼 위험이 있다.

이번에는 최근 주목을 받고 있는 수익형 부동산에 대해 알아보자. 오피스텔의 경우 안정적인 월세 수익을 얻을 수 있지만, 재건축이 거의 불가능하다. 통상적으로 용적률(전체 대지 면적에 대한 건물 연면적의 비율, : 용어정리 참조)이 높기 때문이다. 따라서 한 세대당 대지지분이 상당히 적다. 건물의 감가는 시간이 지날수록 커지고, 토지 가치 상승은 반영이 잘

되지 않는다. 따라서 임대 수익을 제외하고는 투자가치가 없다. 그러니 오피스텔과 구분 상가와 같은 수익형 부동산들은 매우 조심스 럽게 투자해야 한다.

부동산 개발을 할 때 개발회사들은 금융 기관에서 PF(Project Financing)를 받는다. 개발사업의 수익성을 담보로 돈을 빌리는 것이다. 빌리는 돈의 단위가 워낙 크다 보니 지은 건물의 조기 분양이 되지 않으면 난감한 상황에 처하게 된다. 당연히 분양을 위해 갖은 방법을 다 동원한다. 서울의 핵심 지역에 있는 오피스텔은 그래도 덜한 편이지만, 수도권이나 지방의 경우 분양이 쉽지 않다.

그렇다면 건설회사들은 분양을 위해 어떤 방법을 취할까? 수익형 부동산을 볼 때 흔히 보는 것이 수익률인데, 공실을 우려하는 투자자들을 위해 '선임대 수익률 보장형'이라는 전략을 적극적으로 활용한다. 하지만 투자자 입장에서 반드시 명심해야 할 것은 사람들이 몰리는 지역이라면 분양촉진을 할 필요가 없다.

황금알 낳는 상권이라더니…"1년 반 공짜로 사용하세요"

"1,200여 가구를 배후 수요로 둔 단지 내 상가 임대료가 1년간 '공짜'입니다" 지난해 9월 입주한 서울 영등포구 모 단지 내 상가 분양사인 S 건설은 파격적인 임대 조건을 내걸었다. 수개월째 공실로 방치되던 단지 내 상가에 입점하는 임차인에게 2년 계약 기간 중 1년분 임대료를 받지 않기로 한 것이다. 일정 기간 무료로 상가나 오피스를 빌려주는 이른바 '렌트 프리(무상 임대)' 방식이다. 무상 임대 기간이 끝나면 임차인은 계약서에 써진 임대료를 나머지 계약 기간만 내면 된다. 단지 내 P 공인 관계자는 "3월쯤 지하철 등에 렌트 프리 광고가 나가고 나서 한 달 만에 20~30개 점포가 임차계약을 맺었다"며 "임차인이 맞춰진 후 그동안 미분양됐던 물건들이 조금씩 해소되기 시작했다"고 현장 분위기를 전했다…(중략)

요즘 장기 미분양 상가들은 임차인을 먼저 들인 뒤 분양에 나서는 추세다. 이를 '선임대 후분양'이라고 부른다. 임차인이 없으면 수익률이 얼마나 나올지 확신할 수 없어 투자자들이 매입을 꺼린다. 반대로 임차인이 있으면 수익률이 계산이 가능해 매입에 나선다. 상가 공급업체 입장에선 적체된 미분양 물량을 빨리 털어내기 위해 울며 겨자 먹기로 임차인을 먼저 맞추는 이유다. 요즘은 보통 연 5퍼센트 전후로 수익률이 나도록 임차인을 맞춰 매각한다. 같은 상가 내에서도 입지 여건이 상대적으로 좋은 곳은 연 4.5퍼센트, 나쁜 곳은 연 5.5퍼센트까지 수익률을 맞춘다.

렌트 프리 조건을 내건 상가가 분양되면 무상임대 기간 중 임대료를 공급 업체가 대신 부담한다. 매입자는 적어도 렌트 프리로 들어온 임차인의 계약 기간 동안은 공실 위험을 덜 수 있다.

○○경제 2018. 5. 15.

수익형 부동산의 입지가 좋으면 건설회사에서 임차인들에게 렌트 프리를 내줄 필요가 없다. 또한 선임대 수익률 보장을 해주지 않더라도 자연스레 투자자들이 몰리기 마련이다. 심지어 상가공급업체들은 투자자들을 속이기 위해 가짜 임차인을 들이기도 한다. 점포 하나를 팔면 영업사원들에게 떨어지는 수수료가 수백에서 수천만 원까지 되기 때문에 수단과 방법을 가리지 않는다. 이 과정에서 피해자는 결국 잘 알아보지 못하고 투자한 수분양자가 될 수밖에 없다.

오피스텔이나 상가와 같은 수익형 부동산에 투자하는 이유가 무엇일까? 관리하기가 편하고, 수익률이 높은 데 비해 투자금액이 낮기 때문이다. 가장 큰 이유는 아파트나 빌라와 달리 매달 꼬박꼬박 나오는 월세이다.

부자들 빌딩 투자, 강남 뒷골목·강북 대로변으로 확장

빌사남에 따르면 2015년 약 12조 7,625억 원이었던 빌딩 실거래대금은 2017년 16조 610억 원까지 늘어났다. 2012년 이후 시중 유동성이 크게 증가한 가운데 마땅한 투자처를 찾지 못한 자금이 부동산 시장으로 유입되면서 빌딩 투자 역시 확대된 것으로 보인다. 특히 중소형 빌딩을 중심으로 거래가 늘어나며 시장이 성장하고 있는 모양새다. 올해 서울지역에서 거래된 빌딩 매물의 가격대를 살펴보면 30억 원 미만의 소형 빌딩이 1,046건으로 전체의 60퍼센트를 차지하고 있다. 부동산 규제로 아파트 등 주거용 물건의 매매가 줄어드는 것과 다른 양상을 보이고 있는 것이다. 올해 3월 26일 시행된 RTI, LTI 대출 규제로 서울지역 주거용 부동산 매매 건수는 눈에 띄게 줄었다. 이후 박원순 시장의 여의도·용산 통개발 계획을 발표하며 상승 기대감에 나와 있던 매물들도 급히 모습을 감췄다. 이러한 부동산 시장의 변화가 빌딩시장에도 영향을 미쳤다는 것이 전문가들의 평가다.

한편 단순 매입 후 임대수수료를 노리는 것이 아닌 적극적으로 노후 건물을 사들여 신축이나 리모델링을 노리는 투자자들도 급격하게 늘어났다. 소규모 빌딩 거래가 많았던 최근 3년(2015년~2017년)간 거래된 건물의 건축연도별 분포를 살펴보면 1990년대 지어진 건물이 30.4퍼센트로 가장 높은 비중을 차지했고, 1980년대에 지어진 건물이 28.6퍼센트, 1970년대 이전에 지어진 건물이 22.1퍼센트로 전체 거래량을 차지했다. 80퍼센트 이상이 건축 이후 20년 이상 경과한 노후 건물인 것으로 분석됐다…(하략)

○○경제 2018. 10. 2.

기사 내용에 따르면 자산가들은 이미 빌딩으로 투자처를 옮기고 있다. 우리가 주목해야 할 점은 신흥 부자들의 움직임이다. 모 부동산 관계자의 말에 따르면 최근의 빌딩 투자 연령층은 많이 낮아지고 있다.

"아파트 가격이 많이 오른 이유도 있지만, 대출을 활용해 아파트를 구입할 자금으로 충분히 빌딩 투자가 가능해졌다. 연예인은 물론 스타트업, 유명인사, 학원 강사, 쇼핑몰 대표, 스타트업 대표 등 투자연령층이 많이 낮아졌으며 실제 지난해 20~30대가 강남에 건물을 소유하고 있는 비중은 전체에서 약 20퍼센트를 차지했다."

왜 젊은 자산가들은 아파트가 아닌 빌딩에 투자를 할까? 이전에는 빌딩 투자에 대한 정보가 알려지지도 않았고, 금액대가 높아 쉽게 접근할 수 없다는 인식이 많았다. 자연히 기존에 빌딩을 가지고 있던 자산가들만 부의 세습을 거듭하고 있었다. 하지만 요즘은 정보의 공유가 활성화된 시대다. 빌딩 투자의 장점은 재건축, 재개발 아파트 또는 빌라, 수익형 부동산의 모든 장점을 흡수한다. 신흥 부자 들은 바로 이점을 노리고 빌딩을 매입한다. 다만, 빌딩의 경우 다른 부동산 투자보다 꼼꼼히 따져야 할 점들이 많고, 큰돈이 움직이다 보니 시장에 흔히 말하는 '업자'들이 많은 것이 단점이다.

이번에는 다른 부동산 유형과 비교해 빌딩 투자의 장단점이 무엇인지 구체적으로 알아보자.

-빌딩 투자의 장점-

1. 소유주가 원할 때 재건축 및 리모델링을 할 수 있다. 완벽한 생산수단이다.

2. 대지를 지분이 아닌 100퍼센트 소유하게 된다. 지가 상승의 이득을 나눌 필요가 없다.

3. 시세 차익뿐만 아니라 임대 수익을 얻을 수 있다. 상권에 따라 평생 보유하며, 부의 세습이 가능하다.

-빌딩 투자의 단점-

1. 시중에 정보가 많이 나와 있기는 하나, 대부분의 정보는 실제 투자자가 아닌 중개업자, 컨설턴트에게서 나오는 정보가 많다. 빌딩을 가진 사람이 흔치 않기 때문이다. 이러한 이유로 양질

의 정보를 습득하기가 어렵다.

2. 다른 부동산에 비해 투자금액의 규모가 큰 만큼 잘못된 투자를 했을 경우 큰 손실을 입을 우려가 있다.

빌딩 투자는 다른 부동산들의 모든 장점을 흡수하고 있다. 그러나 아직 빌딩 투자에 대한 사례들이 다른 부동산 투자 성공 사례에 비해 턱없이 부족한 것이 사실이다. 객관적인 정보를 습득하기가 어려워 접근하기에 어렵기 때문이다.

2장에서는 부동산 투자에 있어서 반드시 피해야 할 테일 리스크가 무엇이고, 어떤 곳에 투자해야 하는지 알아보았다. 정리하자면 재건축, 재개발이 가능한 지역의 부동산이어야만 생산수단의 역할을 할 수 있다. 생산수단이 아닌 부동산은 소비재가 되어 사용할 수 없게 된다. 이는 투자자에게 치명적인 피해를 입힐 수 있다. 재건축이 가능한 아파트와 빌라는 높은 차익을 거둘 수 있고 안정적인 투자처이다. 그러나 현재는 극히 일부의 지역에만 재건축이 진행되고 있을뿐더러 그마저도 정부의 정책 때문에 난항을 겪고 있다. 수익형 부동산 또한 서울의 핵심 상권이 아닌 이상 공실의 불안감을 항상 떠안고 있어야 하며, 재건축이 될지 여부도 확신할 수 없다.

이런 모든 상황을 고려하면서도 신흥 부자들이 부를 쌓는 투자처는 어디인가? 빌딩 투자이다. 대출을 최대한 활용하면서 아파트를 구매

할 자금으로 빌딩에 투자를 하고 있다. 재건축과 리모델링을 직접 할 수 있다는 점을 무기 삼아 공격적인 투자로 부를 증폭시킨다.

핵심 정리

생산수단의 역할을 온전히 수행하지 못하는 부동산을 구매하는 것은 위험하 다. 언제 터질지 모르는 폭탄을 안고 있는 것이기 때문이다. 따라서 재건축과 리모 델링이 되는 핵심 지역의 부동산을 구매해야 한다. 하지만 여러 사람들의 이해관계가 얽혀 있기 때문에 아파트나 빌라는 재건축과 리모델링에 난항을 겪고 있다. 그래서 최근 신흥 부자들은 빌딩에 투자를 하고 있다. 완전한 생산수단임과 동시에 본인이 원할 때 재건축과 리모델링이 가능하기 때문이다.

3장

한눈에 보는 빌딩 투자의 모든 것
: 기초편

고정적으로 임대료를 받으려면
어떤 빌딩을 사야 하는가

매달 적정 노후생활비 "부부 243만 원, 개인 153만 원 필요"

국민연금연구원이 25일 '중고령자의 경제생활 및 노후 준비 실태' 보고서를 통해 "2017년 기준으로 노후에 평범한 생활을 유지하려면 부부는 월 243만 4,000천 원, 개인은 월 153만 7,000천 원으로 조사됐다"고 발표했다. 연구팀이 2017년 4월부터 9월까지 6개월에 걸쳐 중고령자의 노후 준비 실태를 알아보고자 50세 이상 4,449 가구를 대상으로 조사했다. 재무와 여가, 대인 관계, 건강 등 항목에 걸쳐 국민노후보장패널 7차 조사를 한 결과다.

2018년 9월 현재 국민연금에 10~19년 가입한 수급자의 평균 연금액이 월 39만 7,219원에 불과했다. 20년 이상 가입자의 평균 급여액도 월 91만 882원에 그쳤다. 따라서 국민연금만으로는 50대 이상이 생각하는 개인 기준 최

국민연금연구원의 조사에 따르면 노후에 평범한 생활을 하기 위해 부부는 약 243만 원이 필요하다. 신한은행이 빅데이터를 활용해 분석한 서울 직장인 평균 월급 또한 약 223만 원이라고 하니 최소한의 생활을 이어갈 수 있는 금액 역시 비슷하다. 이 돈은 서울에서 넉넉한 생활이 아닌, 기본적인 생활을 간신히 영위할 수 있을 정도의 금액이다. 우리가 퇴직 후 노후를 준비하거나 더이상의 노동을 하지 않을 때 최소로 필요한 돈이라는 이야기이다. 다시 말해 일을 하지 않아도 매달 이정도의 돈이 들어온다면 일을 할 필요가 없다. 만약 건물주가 되어 매달 임대료를 받는다면 어떨까? 예상치 못한 소비까지 예상하여 약 300만원 정도의 돈이 매달 나온다고 생각해 보자. 생각만 해도 행복하지 않은 가? 그렇다면 구체적으로 얼마 정도의 투자금이 있어야 매달 300만 원의 수익이 나올 수 있는지 계산해 보자.

상가정보연구소가 서울 열린데이터광장 통계를 분석한 결과에 따르면, 서울시에서 수익률이 가장 높은 상권은 서울역 일대로 조사됐다. 약 5.56퍼센트의 소득 수익률이다. 강남의 도산대로, 논현역, 신사역 상권은 2.5~3.0퍼센트의 수익률에 그친다. 흔히 강남의 건물주를 최상의 목표로 삼는 경우가 많은데, 수익률이 너무 낮아 실망했을지 모르겠다.

이후에 강남의 수익률이 왜 이렇게 낮은지 설명할 것이다. 아직 실망하긴 이르다.

같은 상권에서도 건물별로 수익률 차이가 천차만별이지만, 평균적으로 상권에 따라 수익률의 차이가 있다. 때문에 매달 받기 원하는 월세를 산정하려면 내가 어떤 상권에 있는 건물을 살지 먼저 정해야 한다. 상가정보연구소의 상권별 수익률 데이터를 토대로 샘플 지역을 선정해보자. 서울역(5.56퍼센트), 홍대·합정(4.74퍼센트), 신촌(3.8퍼센트), 도산대로(2.63퍼센트) 4개의 상권이 있다. 각 상권마다 300만 원의 임대 수익을 받기 위한 건물 가격이 모두 다르다. 매월 300만 원을 연간 소득으로 하면 3,600만 원이다.

서울역 : 3,600만 원 / 5.56퍼센트 = 약 6억 5천만 원

홍대·합정 : 3,600만 원 / 4.74퍼센트 = 약 7억 6천만 원원

신촌 : 3,600만 원 / 3.8퍼센트 = 약 9억 5천만 원

도산대로 : 3,600만 원 / 2.63퍼센트 = 약 13억 7천만 원

위의 계산은 세금과 소유권 이전 비용(중개 수수료 등) 등 기타 사항을 모두 배제하고 단순하게 수익률과 임대료만 감안하여 산출한 투자 금액이다. 취득세, 부가 가치세, 중개 수수료 등을 포함하게 되면 약 5퍼센트 이상의 비용이 추가 된다.

이번에는 목표를 좀 더 높게 잡아보자. 기본적인 생활이 아닌, 대기

업 연봉정도로 말이다. 한국경제연구원(한경연)에 따르면, 고용노동부의 '고용형태별 근로실태조사' 자료를 바탕으로 근로자 1,519만 명의 지난해 연봉을 분석한 결과 대기업 정규직 평균 연봉은 6,460만 원으로 밝혀졌다. 이를 토대로 대기업 평균 연봉정도를 받기 위해서는 어느 정도 금액의 건물을 사야하는지 알아보자.

서울역 : 6,460만 원 / 5.56퍼센트 = 약 11억 6천만 원

홍대·합정 : 6,460만 원 / 4.74퍼센트 = 약 13억 6천만 원

신촌 : 6,460만 원 / 3.8퍼센트 = 약 17억

도산대로 : 6,460만 원 / 2.63퍼센트 = 약 24억 6천만 원

임대 수익만으로 풍족한 생활을 하기 위해서는 매월 어느 정도가 필요할까? 노벨경제학상 수상자인 미국 프린스턴대학교의 앵거스 디턴 교수Angus Steuart Deaton와 대니얼 카너먼 교수가 '돈과 행복의 상관관계'에 대한 연구를 진행했다. 결과는 어땠을까? 2010년 당시 미국에서 연봉 7만 5천 달러(8,500만 원) 이상이면 크게 행복과 연봉의 액수가 비례하지 않는다는 결과가 나왔다. 연봉 8,500만 원 이하일 때는 행복과 연봉의 액수가 비례하지만 그 이후에는 그렇지 않다는 것이다. 물가 상승률 등을 고려했을 때, 현재 기준으로 한 달에 1,000만 원 정도의 수익이면 돈에 크게 구애 받지 않는 생활이 가능하지 않을까 싶다. 매달 1,000만 원의 수익을 얻기 위해서는 어느 정도 금액의 빌딩을 매입해야 할까? 다시 한 번 계산해 보자. 매달 1,000만 원일 경우 연간 수익은 1억 2천만 원

이 된다.

서울역 : 1억 2,000만 원 / 5.56퍼센트 = 약 21억 6천만 원

홍대·합정 : 1억 2,000만 원 / 4.74퍼센트 = 약 25억 3천만 원

신촌 : 1억 2,000만 원 / 3.8퍼센트 = 약 31억 6천만 원

도산대로 : 1억 2,000만 원 / 2.63퍼센트 = 약 45억 6천만 원

투자에는 다양한 변수가 존재한다. 5퍼센트 이상의 소유권 이전 비용과, 공실률을 감안했을 때 예상되는 투자금액에서 10퍼센트 정도의 여유자금을 잡고 접근하는 것이 좋다. 실제 계약을 진행하다 보면 추가적으로 들어가는 돈이 생기기 마련이다. 그 때 가서 자금을 마금하려면 좋은 물건을 놓칠 수 있다.

이번에는 대출을 받아 투자를 하는 경우를 생각해 보자. 저금리시대에서 부동산 투자를 할 때에는 대출이 선택이 아닌 필수가 되었다. 대출을 받지 않으면 수익률은 떨어지고, 자산의 안정성도 낮아지기 때문이다. 일반적으로 대출을 약 50퍼센트까지 받는다고 할 때, 같은 월세를 받으려면 건물의 가격과 실투자금은 어떻게 달라질까? 대출 금리를 약 3퍼센트라고 감안하고, 월세 1,000만 원을 받을 수 있는 건물을 생각해 보자. 대출을 감안하게 되면 공식이 어려워지기 때문에 직접 계산해보는 연습을 해보면 좋다.

1억 2,000만 원 / [(건물 수익률 / 대출 비율) - (대출 금리)] × 대출 비율 = 건물 매입 가격

* 대출 비율 : 대출 금액 / 건물 매입 가격

서울역의 상업용 건물의 평균 수익률은 5.56퍼센트이다. 대출 비율은 50퍼센트, 금리는 3퍼센트로 가정해보자. 한 달에 1,000만 원을 받기위해서는 어느 정도 금액의 건물을 사야하고, 실투자금은 얼마일까? (계산 시 참고 : 5.56퍼센트 = 0.00556, 50퍼센트 = 0.5, 3퍼센트 = 0.03)

건물가격 = 1억 2,000만 원 / [(5.56퍼센트/50퍼센트) - 3퍼센트]
× 50퍼센트 = 약 29억 6천만 원

실투자금 = 약 29억 6천만 원 × 50퍼센트 = 약 14억 8천만 원

위에서 계산해 보았듯이, 대출 없이 서울역 인근의 건물을 매입하여 매달 1,000만 원의 수익을 얻기 위해서는 약 21억 6천만 원의 건물을 현금으로 매입해야 한다. 금리 3퍼센트의 대출을 50퍼센트 받았을 때는 어떤 변화가 있는가? 실투자금은 약 7억 원 가량 줄어들고, 매입한 건물의 가격은 8억 원이 더 높다. 부동산 투자에 대해 공부하고 있다면, 여기에서 깨닫는 점이 있어야 한다. 투자를 할 때 대출을 받아 건물을 매입하면 수익률이 오름과 동시에 더 좋은 입지의 건물을 살 수 있다. 건물의 가격이 상대적으로 높다는 것은 곧 입지가 더 좋다는 뜻이다. 임대수익은 그대로인데 실투자금이 더 적게 들어간다는 것은 수익률이 올라

간다는 뜻이다. 이러니 대출을 받지 않을 수가 없다.

반복적인 연습을 위해 이번에는 도산대로에 위치한 건물을 동일한 대출 조건으로 투자한다고 가정해 보자. 도산대로의 상업용 건물 평균 수익률은 2.63퍼센트로, 대출 금리 3퍼센트보다 낮다.

건물가격 : 1억 2,000만 원 / [(2.63퍼센트/50퍼센트) − 3퍼센트] × 50퍼센트 = 약 106억 2천만 원

실투자금 : 약 106억 2천만 원 × 50퍼센트 = 약 53억 1천만 원

수익률이 대출 금리보다 낮을 경우에는 대출 비율을 높일수록 건물 가격이 크게 오르게 된다. 이뿐만 아니라 실투자금 또한 높아진다. 임대 수익은 동일하게 1,000만 원인데 실투자금이 높아진다는 것은 수익률이 낮아진다는 말이다. 그렇다면 수익률이 낮아지니까 대출을 받지 말아야 할까? 이것 또한 상황에 따라 다를 수 있다. 빌딩 투자에는 임대 수익만 있는 것이 아니다. 시세 차익까지 동시에 생각해야 한다. 어떤 지역의 시세가 전체적으로 올랐다고 할 때, 50억 원짜리 빌딩의 상승폭과 100억 원짜리 빌딩의 상승폭은 확연한 차이가 난다. 때문에 지가 상승의 여지가 확실히 있는 지역은 수익률이 낮아지더라도 대출을 받는 것이 이득일 수 있다. 이와 관련된 내용은 뒤에서 좀 더 다루도록 하겠다.

사업이나 투자를 할 때에는 항상 구체적으로 수익성 계산을 해보

아야 하는 연습을 해야 한다. 많은 투자자들이 컨설턴트 혹은 중개인의 말만 믿고 계약서에 싸인을 한 뒤 후회한다. 예상했던 수익률과 매입 후 실제로 받는 금액이 다르기 때문이다. 큰돈을 들여 투자하는 만큼 힘들더라도 직접 수익률을 계산해 봐야 한다.

아직 모은 금액이 자신이 원하는 정도의 빌딩을 사기에 턱없이 부족할 수 있다. 하지만 뚜렷한 목표가 있는 상태로 투자금을 모으는 것과, 막연한 상태에서 '일단 많이 모으면 되겠지'하고 모으는 것은 분명한 차이가 있다. 막연히 건물주를 부러워만 하지 말고, 매달 얼마를 벌고 싶은지, 어느 지역의 건물을 사고 싶은지, 그러기 위해서는 얼마를 모아야 하는지 구체적으로 계획하기 바란다.

핵심 정리

각 지역마다 평균 수익률은 다르기 때문에, 투자자가 원하는 임대료를 받기 위한 건물 값은 지역마다 다르다. 따라서 원하는 지역을 정하고 희망하는 임대 수익에 맞춰 건물가격을 대략 산정해 보아야 한다. 또한 대출은 얼마나 받을 것인지, 그럴 경우 빌딩의 금액과 수익률이 어떻게 달라지는지에 대해서도 확인이 필요하다.

강남 빌딩, **임대 수익**이 낮은데도
가격이 비싼 이유가 있다

　　부동산 시장의 가격 형성에 대해 잘 모르는 사람들은 강남에 있는 건물의 가격을 보고 놀라는 경우가 많다. 비싸다고는 들었지만 이렇게까지 비싼지 몰랐기 때문이다. 강남의 건물주가 되고 싶었던 꿈이 와장창 깨지는 순간이다. 게다가 실제로 건물을 보러 가보면, 수십억 대의 건물이라고는 도저히 이해가 되지 않을 정도로 볼품 없다. 서울의 다른 지역에서는 같은 금액으로 나름 괜찮은 외관의 건물을 살 수 있는데 말이다. 강남대로나 신사동 가로수길 등 핫플레이스는 어떻게 이해해 보려고 해도 청담동은 왜 이렇게 비쌀까? 왜 나와 있는 매물이 없고, 연예인들은 청담동에 건물을 사지 못해 안달일까. 이런 현상은 자본주의의 경제논리를 제대로 알지 못하면 절대 이해할 수가 없다. '역시 강남의 부동산이 거품이 껴있다더니…' 하며 다른 곳을 알아보게 되는 것이다.

투자자라면 이런 실수는 저지르지 말아야 한다. 이런 현상을 이해하기 위해 다음 기사를 한 번 보자.

테슬라 7분기 연속 적자에도 주가 상승

  미국 전기자동차 업체 테슬라가 7분기 연속 적자를 기록했다. 하지만 주가는 1일(현지시각) 실적발표 직후 시간 외 거래에서 4.4퍼센트 상승했다. 테슬라가 2018년 2분기에 보급형 전기차 '모델3' 생산 목표를 달성한데다 올해 하반기 사상 첫 수익을 낼 수 있다고 자신했기 때문이다. 테슬라는 1일 2분기 7억 1,750만 달러의 손실을 기록했다고 발표했다. 이는 분기 기준 최대 규모 적자며 2017년 2분기보다 2.1배 늘어난 수치다. 2분기 매출은 40억 223만 달러로 1년 전보다 44퍼센트 늘었다.

○○일보 2018 . 8 . 2..

  테슬라는 끊임없이 엄청난 적자를 내고 있음에도 불구하고 주가가 상승하고 있다. 상식적으로는 말이 되지 않는다. 왜 이런 현상이 일어나는가? 강남의 건물들은 다른 지역에 비해 수익률이 현저히 낮음에도 불구하고 왜 더 비싼 가격에 팔릴까?

  여기에 대한 정답은 미래 가치에 있다. 자본주의에서 모든 상품들은 현재 가치와 미래 가치를 동시에 감안하여 가격이 측정된다. 우리가 흔히 일상생활에서 사용하는 칫솔, 치약, 화장품 등은 실체가 있음에도 불구하고 왜 그렇게 가격이 저렴한가? 소비재이기 때문이다. 미래 가치가 없다. 시간이 지날수록 사용할수록 가치가 확연히 줄어든다. 때문에 현재 가치보다 미래 가치가 낮은 상품이다. 그렇기에 소비재는 대체로 가격이 저렴하다.

투자재는 어떠한가? 재건축이 될 아파트는 겉모습이 허름한데도 불구하고 신도시의 새 아파트보다 훨씬 비싸다. 미래 가치가 있기 때문이다. 시간이 지나 재건축이 되면 가격이 폭등한다는 것을 모두가 알고 있다. 강남의 건물도 이와 마찬가지이다. 지금 당장 허름해 보이고 가격이 비싸 보이지만 미래에는 지금보다 더 오를 것이라고 예상한다. 끊임없이 수요가 있고, 끊임없이 거래가 되며, 허름해 보이는 건물을 재건축하거나 리모델링하면 단기간에 큰 차익을 거둘 수 있다. 투자를 할 때 명심해야 할 것은, '가격 = 현재 가치 + 미래 가치' 라는 것이다.

서울 공시 지가 14.1퍼센트 상승 '12년 만에 최대'... 강남구는 23.9↑

7일 지방자치단체들에 따르면 올해 전국 표준지 공시 지가 평균 상승률은 9.5퍼센트로 예상된다. 시·도별로 서울이 14.1퍼센트에 달해 전국에서 가장 많이 오를 것으로 나타났다. 이는 지난해 상승폭(7퍼센트)의 두 배이며 15.4 퍼센트 올랐던 2007년 후 12년 만에 가장 큰 상승폭이다. 국토교통부는 중앙부동산가격심의위원회를 열어 지자체에 통보한 표준지 공시 지가를 최종 확정한 뒤 오는 13일 발표할 예정이다.

서울에서도 상권이 발달한 지역의 공시 지가가 특히 많이 오를 것으로 예상된다. 강남구는 작년 대비 공시 지가가 23.9퍼센트 올라 서울 자치구 중

상승률이 가장 높았다. 주요 업무지구가 있는 중구(22퍼센트), 영등포구(19.9퍼센트), 서초구(14.3퍼센트), 종로구(13.8퍼센트), 등도 10퍼센트 이상 오른다. 서울숲 일대 상권 활성화가 뚜렷한 성동구 공시 지가 상승률은 16.1 퍼센트에 달한다…(하략)

○○경제 2019. 2. 7.

강남은 서울 내의 다른 지역보다도 지가 상승폭이 가장 높다. 특히, 가로수길 상권은 2009년부터 2018년까지 지가가 약 3.5배 정도 상승했다. 연평균 38퍼센트의 지가 상승률이다. 건물주라고 하면 흔히 임대 수익을 먼저 떠올리지만 사실 부동산 투자를 통해 진짜 부를 일궈낸 사람들은 시세 차익을 얻은 사람들이다. 투자의 총 수익률은 소득(임대) 수익률 + 자본 수익률로 구성된다. 지방의 경우 임대 수익률이 10퍼센트까지 오른 경우도 찾아볼 수 있는데, 자본 수익률이 거의 제로에 가깝다. 지가 상승이 전혀되고 있지 않기 때문에 수익률이 높은 것이다. 임대 수익률에 혹해서는 안된다.

투자(종합) 수익률 = 소득(운영) 수익률 + 자본 수익률

소득 수익률(퍼센트) = 순영업 소득 / 자산 가격 × 100

자본 수익률(퍼센트) = (매각 가격 - 매입 가격) / 매입 가격 × 100

위의 식을 대입해서 지방의 10퍼센트 소득 수익률, 5퍼센트 자본 수익률과 강남의 2퍼센트 소득 수익률, 20퍼센트 자본 수익률을 비교해보자. 동일하게 50억 원 건물을 매입한 사례이다.

(예시)
지방의 연간 투자(종합) 수익률 = 10퍼센트 + 5퍼센트 = 15퍼센트
강남의 연간 투자(종합) 수익률 = 2퍼센트 + 20퍼센트 = 22퍼센트

위의 수익률은 대략적인 예시이다. 예시에서 지방과 강남의 1년 동안 수익률의 차이는 7퍼센트이지만, 시간이 지날수록 점점 더벌어질 것이다. 지가 상승이 안 되는 지방의 건물은 건물이 감가가 되어 임대 수익이 낮아질 수밖에 없다. 반면 강남은 건물이 감가가 되더라도, 재건축이나 리모델링을 하여 더 높은 임대 수익률을 얻을 가능성도 있다. 지가 상승 외에도 가치를 높일 방법이 많다. 우리는 어떤 건물에 투자해야 할까?

강남은 전국에서 지가 상승률이 가장 높은 지역이다. 예전에도 그랬고, 현재도 그렇고, 미래에도 그럴 확률이 가장 높다. 사람들이 점점 더 강남으로 몰리고 있기 때문이다. 강남지역의 지가가 폭등하고 있다는 사실은 지역별 수익률을 보면 알 수 있다. 임대 수익은 고정되어 있는데 건물 가격이 폭등하면 수익률은 어떻게 되는가? 점점 떨어질 수밖에 없다.

상가정보연구소의 분석에 따르면, 도산대로(2.63퍼센트), 논현역(2.81퍼센트), 신사역(2.96퍼센트) 등 강남 상권들은 강남대로를 제외하고 모두 연소득 수익률이 2퍼센트 대에 그치고 있다. 임대료가 다른 지역보다 낮기 때문일까? 오히려 그 반대이다. 임대료 또한 다른 지역에 비해 훨씬 높지만 초기에 들어가는 매입 비용이 워낙 크다. 현재 반영되어 있는 가격에 현재 가치보다 미래 가치가 더 많이 포함되어 있다는 뜻이다. 테슬라가 매년 적자를 내고 있음에도 주가가 계속 오른다는 것을 생각하라.

이번에는 강남의 건물 가격이 압도적으로 비싼 두 번째 이유를 보자. 다음의 그래프는 부동산솔루션 전문 기업 리얼티코리아의 '19년 2/4분기 서울시 구별 거래건수 분포 현황'이다.

강남은 서울 내의 다른 지역보다 거래량이 압도적으로 많다. 이는 환금성이 가장 좋은 지역임을 의미한다. 앞에서도 말했지만, 투자를 할 때 핵심적으로 고려해야 하는 3가지 요소는 수익성, 환금성, 안정성이다. 부동산의 장점은 수익성이 은행보다 높고 실물 자산이기 때문에 안정성이 높다는 점이다. 대신에 거래 과정이 주식이나 예금과는 달리 복잡하고 어렵기 때문에 환금성은 좋지 않은 편이다. 그러나 강남의 건물

국내 투자 자산별 누적 수익률 비교

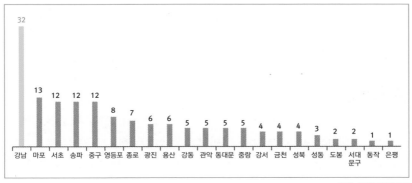

출처: 리얼티코리아

들은 환금성이 좋다. 다른 지역들과는 달리 거래가 활발하기 때문이다.

때문에 사람들은 수익률이 조금 낮더라도 강남의 부동산을 선호한다. 아무리 지금 보유하고 있는 부동산의 가치가 올라도 사려는 사람이 없다면 그 금액은 허수에 불과하다. 50억 원짜리 건물이 100억 원에 내놨는데 아무도 사지 않으면 어떻게 되는가? 환금성이 낮은 건물은 시세가 100억 원이더라도 온전히 100억 원짜리라고 보기 어렵다. 투자의 끝은 부동산을 판매하여 현금이 들어오는 순간이다. 강남의 건물은 가격이 떨어질 때도, 가격이 오를 때도 가장 많은 거래 수를 자랑한다.

자본주의에서 모든 물건의 가격은 '현재 가치+ 미래 가치'로 책정된다. 강남의 수익률이 낮은 이유는 미래 가치가 높기 때문에 현재의 가격이 현재 가치보다 높게 책정되어 있는 것이다. 게다가 환금성까지 좋으니 현금이 필요한 상황에 적절히 팔기도 좋다. 다시 말하면 다른 지역에 비해 압도적으로 비싼 것이 아니라 비싸지 않을 이유가 없는 것이 바로 강남의 건물이다.

핵심 정리

강남의 건물이 압도적으로 비싼 이유는 현재 가치보다 미래 가치가 더 높게 반영되어 있기 때문이다. 강남은 지가 상승률이 임대 수익 상승률보다 높기 때문에 임대 수익률이 다른 지역에 비해 낮아 보일 수 있다. 테슬라의 영업이익이 마이너스지만 주가는 끊임없이 올라간다는 원리를 기억하라.

호재가 많은 곳의 빌딩을 살까? VS
이미 오른 곳의 빌딩을 살까?

　어떤 영역의 부동산에 투자를 하던 고민되는 것이 있다. 아직은 발전 되지 않았지만 발전될 곳을 찾아 투자할 것인가, 아니면 이미 발전된 곳이 더 상승하기를 바랄 것인가. 미래에 발전될 만한 곳은 어떻게 알 수 있을까? 대표적인 것이 정부 주도 개발에 의한 호재이다. 정부에서 내놓는 계획이니 신뢰성이 높아 투자자들은 기대에 부풀고 호재가 있는 지역의 가격은 천정부지로 치솟게 된다.

　호재가 있는 지역은 개발이 진척될 때마다 계단식으로 부동산 가격이 상승한다는 인식이 있다. 그래서 이미 오른 가격에도 불구하고, 호재가 진행되면서 더 오를 것이라는 기대감을 가지고 산다. 그런데 이런 상황에서 호재의 진행 여부가 불투명해지거나 취소된다면 어떻게 될까?

　부동산 가격이 다시 내려가거나 높은 가격을 유지한 상태로 매매가 되지 않는다. 투자자들이 손해를 보지 않기 위해 가격을 내려서 팔지 않고, 수요는 없어지기 때문이다. 때문에 투자자들은 어쩔 수 없이 손해를 보게 된다. 대표적인 사례로 동남권 신공항 추진 호재가 있다.

호재의 최초 발단은 2003년 당시 노무현 전 대통령이 부산 지역 경제인들에게 '신공항'을 언급하면서 시작되었다. 김해 공항이 늘어나는 수요를 감당할 수 없다는 이유에서였다. 이어 2006년 12월, '동남권 신공항'에 대한 공식적인 검토가 이루어졌다.

본격적인 문제는 2013년부터 시작되었다. 2013년 1월 동남권 신공항을 재추진하면서 가덕도와 밀양을 부지 후보로 선정한 것이다. 이로 인해 발 빠른 투자자들은 가덕도와 밀양에 있는 토지를 매입하기 시작했다. 토지의 가격이 치솟을수록 투자자들의 기대는 점점 더 커져갔다. 그러나 안타깝게도 신공항의 최종 결정은 김해 공항의 확장이었다. 정부가 평가와 결정을 위탁했던 ADPI(프랑스 파리 공항 공단 엔지니어링)는 입지와 경제성 등의 요소를 고려했을 때 김해 신공항 추진이 더 합리적이라는 판단을 내렸기 때문이다. 당연히 가덕도와 밀양의 토지를 매입했던 투자자들은 공황에 빠졌다.

'신공항 희비' 김해, 부산 부동산 수혜 기대…밀양은 '한숨'만

한국감정원 부동산 통계 정보에 따르면 가덕도와 밀양은 지방인데다 신공항 외에 특별한 개발호재가 없었음에도 불구하고 지난 2013년 말부터 지난 해까지 토지가격이 각각 7.76퍼센트, 5.00퍼센트씩 상승했다. 같은 기간 전국 지가 상승률이 5.59퍼센트(경남 5.80퍼센트)였던 점을 고려하면 가덕도와 밀양의 부동산 시장도 대도심 못지 않은 투자수요가 유입된 것으로 풀이 된다. 이○○ 부동산개발협회 사무국장은 "신공항 들어선단 소식에 밀양이나 가덕도는 땅값이 이전보다 2~3배 뛰었을 것"이라며 "그동안 땅을 사겠단 사람은 있었어도 팔겠단 사람은 거의 없었다"고 말했다…(중략) 실제로 밀양 부동산 시장은 이미 침체 분위기다. 신공항 예정지로 거론됐던 하남읍 일대는 급격한 땅값 하락이 예상된다. 농지 3.3㎡당 가격이 기존 12만 원 선에서 30만 원대로 뛰었기 때문이다…(하략)

○○일보 2016. 6. 23.

기사에 따르면 기존에 후보지로 거론되었던 가덕도와 밀양의 토지 가격은 약 2~3배 올랐다고 한다. 신공항이 아니면 다른 개발호재가 전혀 없는 지역이기 때문에 당연히 원래의 가격으로 돌아가게 될 것이고, 뒤늦게 뛰어든 투자자들은 막대한 손해를 입을 수밖에 없다. 또한 원래의 가격이라고 해도 매매가 될지는 의문이다. 대부분의 투자자들은 투자금을 통째로 잃었을 확률이 매우 높다. 큰 피해를 입은 가덕도와 밀양과는 달리 부산과 김해 지역의 부동산 시장은 투자자들이 몰리기 시작했다. 이제 김해는 후보지가 아니라, 신공항 추진이 거의 확실시 된 상황이었기 때문이다. 실제로 김해 공항과 인접한 부산 북구, 강서구와 김해 관동동, 장유동의 시세가 올랐으며 분양권 시장까지 활성화되었다. 신공항 호재는 이렇게 일단락된 것일까?

> ### 김해 신공항, 국무총리실에서 검증한다.
> ### 국토교통부 장관과 부·울·경 단체장 합의
>
> 김해 신공항 건설계획의 문제점을 국무총리실에서 검증하기로 결정됐다. 국토교통부 장관과 부산 시장, 울산 시장, 경남 지사는 20일 오후 4시 국토부 서울 용산사무소에서 만나 이같이 합의했다. 부·울·경 단체장은 그동안 김해 신공항 문제점을 설명하고 이를 총리실에서 검증해 달라고 거듭 촉구했다. 양 측은 '동남권 관문공항으로서 김해 신공항의 적정성에 대해 총리실에서 논의하기로 하고, 그 검토 결과에 따르기로 한다'고 합의했다. 또 '검토의 시기, 방법 등 세부사항은 총리실 주재로 국토교통부, 부·울·경이 함께 논의하여 정하기로 한다'고 결정했다.
>
> ○○일보 2019. 6 . 20.

2019년 6월 20일, 김해신공항 건설계획은 국무총리실에서 재검증하기로 했지만 아직까지도 결정이 안 된 상태다. 신공항 호재의 영향을 받았던 부동산 가격은 어떻게 되었을까? 부산과 김해는 밀양처럼 심각한 상황은 아니겠지만 여파를 받을 수밖에 없다. 우리는 이쯤에서 호재에 대한 인식을 달리할 필요가 있다. 특히 정부 주도의 개발사업은 국민의 세금으로 진행되기 때문에 수많은 이익 집단과 시민 단체, 언론, 정치권의 대립 등 변수가 존재한다. 언제든 바뀔 수 있다는 말이다.

물론 지하철역이 생기는 호재는 신공항과 상황이 다르다. 반대 지하철역 건설의 경우 여론도 거의 없고 비교적 빠른 시간 안에 실현되는 경우가 많기 때문이다. 그러나 이런 곳에 투자할 때는 명심할 것이 있다.

실현될 확률이 높은 호재 근처는 이미 미래 가치가 반영이 되어 있다는 사실이다. 이미 올랐다고 해도 계단 형태로 더 오를 것이라고 기대할 수 있다. 하지만 모든 부동산 가격이 호재와 계단식의 상관관계가 있는 것은 아니다. 대부분의 호재 근처 부동산 가격이 계단식으로 올랐다고 해서 앞으로도 그럴 거라는 기대를 할 수는 없다. 예전과는 달리 호재 근처의 땅값이 계단식으로 오른다는 사실을 알고 있는 투자자들이 많아졌고, 이로 인해 수많은 변수가 생길 것이기 때문이다.

지금까지는 호재의 성사 여부가 불투명할 수 있다는 리스크에 대해 살펴보았다. 하지만 우리가 호재에 대해 경계해봐야 할 것은 이것뿐만이 아니다. 호재와 부동산 가격 상승의 연관성에 대해서도 깊이 생각해 보아야 한다.

예를 들어 "GTX 개발호재가 있기 때문에 상권이 성장할 것입니다. 지하철역이 들어서기 때문에 유동 인구가 많아질 것입니다"와 같이 말이다. 얼핏 들으면 맞는 말처럼 들리지만 이는 상황에 따라 다르다. 강남과 같이 이미 상권이 활성화되고, 사람들이 많은 곳들은 추가로 지하철이 개통되는 경우 빨대효과(교통이 좋아질수록 큰상권이 작은 상권의 유동 인구까지 빨대처럼 흡수한다는 뜻)로 더 흥하겠지만, 작은 상권일 경우 오히려 유동 인구를 빼앗길 수 있다. 교통이 좋아지는 경우 주택가격에는 분명히 긍정적인 효과를 끼치지만, 상권의 경우 그 반대가 될 수 있다. 이처럼 우리는 남들이 말하는 호재를 그대로 받아들이지 않고, 이게 정말 내가 투자하려는 부동산에 호재로 작용할 것인가를 한 번 더 생각해 보아야 한다.

또한 정말 호재로 작용할 만한 정보라도, 상가 건물일 경우 유의해야 할 점이 있다. 이전에도 말했듯이 상권은 살아있는 것과도 같다. 호재가 있어도 반드시 상권의 부흥으로 이어지리란 보장이 없다. 계획대 로만 된다면 좋겠지만, 이미 잘되고 있는 상권들도 가지각색의 요인들로 떠오른지 얼마 지나지 않아 사람들의 발길이 끊기는 경우가 많다. 상권의 흥망성쇠에 대한 섣부른 예측은 금물이다.

세종시 상가 투자, 소액 투자 가능해 일반 투자자들 관심

세종시는 올해 말까지 9부 2처 2청 등 총 36개 중앙행정기관과 국책연구기관(16개 기관)이 이전을 앞두고 있어 상가 투자뿐 아니라 부동산 투자에 따른 각종 호재가 기대되는 지역이다. 특히 중심상업지 비율이 타 도시에 비해 현저히 낮은 세종시는 상가 투자의 적절한 요건을 갖추고 있는 것으로 평가 받고 있다.

H ○시티는 세종시 중심지에 위치해 시내 어디에서든 20분 안에 도착할 수 있는 교통접근성을 자랑하고 있다. 또한 배후로 현대, 포스코, 롯데, 신동아, 대우, 현대엠코, 현대산업개발, 계룡건설, 금성백조 등 브랜드 아파트 2만여 세대를 끼고 있어 추가상권까지 기대할 수 있는 투자상품이다.

지하 4층, 지상 8층 규모의 H ○시티는 도시형 생활주택 145세대와 상가,

오피스가 적절하게 구성된 복합 수익형 부동산의 대표 건축물로 전세대에 발코니 확장, 붙박이장 설치 등의 옵션이 추가돼 있다. 또한 여러 형태의 가구가 거주할 수 있도록 2인 침대 배치가 가능한 짜임새 있는 실내를 갖추고 있다.

○○신문 2014. 6. 10.

정부의 행정수도 이전 호재, 중심상업지 비율 낮음, 교통접근성, 풍부한 배후수요가 가득한 세종시의 도시형 생활주택을 마케팅하고 있는 전형적인 홍보 기사다. 아무것도 모르는 투자자들은 언론의 공신력을 믿고, 호재의 현실화를 기대하면서 투자를 한다. 투자에 있어서 자신의 철저한 분석이 아닌 다른 사람의 분석을 맹신하거나, 막연한 기대가 어떤 결과를 불러일으킬 수 있는지 보자.

다음은 포털 사이트에 '세종시 상가 투자'라고 검색했을 때 나오는 기사의 제목들이다.

<세종 신도시 공실 상가, 경영난 못버텨 '줄도산' 우려 - ○데일리>
<세종시 상가 3곳 중 1곳 빈 점포, 대책은 있나 - ○○일보>
<상가 투자 '세종시의 배신'… 월세 1년 새 250만 → 150만 원 - ○○ 일보>
<세종시 상가 경기 전국 최저 수준 - ○○일보>…

투자자라면 이 내용을 보고 느끼는 점이 있어야 한다. 결론을 내보자.

많은 투자자들이 쉽게 '호재가 있는 곳에 투자해야 한다'라고 생각하지만 정말 그 호재가 100퍼센트 실현될 것인지, 실현될 경우 정말 호재로 작용할 지, 호재의 출처는 객관적인 공신력이 있는가에 대해서는 깊게 생각하지 않는 경우가 많다.

어떤 전문가도 투자의 피해를 책임져 주지 않는다. 호재를 보고 투자할 때는 정말 자신 스스로 분석하고 확신할 수 있을 때, 최악의 시나리오를 대비할 수 있을 때 해야 한다. 그럴 자신이 없으면, 이미 활성화된 상권에 투자를 하는 것이 수익성과 안정성두 마리 토끼를 잡는 선택이 될 것이다.

핵심 정리

앞으로 확실히 오를 지역은 가격에 이미 미래 가치가 반영되어 있다. 가격에 반영되어 있지 않은 호재는 오히려 의심해야 한다. 정부 정책에 의한 호재들도 변수가 많으므로 항상 신중히 접근해야 한다. 아무리 남들이 호재라고 해도 진짜 그 호재가 내가 투자할 건물에 적용되는지는 스스로 판단해야 한다. 호재를 분석할 자신이 없으면, 이미 확실하게 활성화 된 곳에 투자하는 것이 오히려 안전하다.

상가 건물, 다가구 주택,
상가 주택의 모든것

　건물에 투자를 하기로 마음먹었다면 어떤 유형의 건물들이 있고 나에게 맞는 형태의 건물이 무엇인지 알고 있어야 한다. 건물에는 어떠한 종류들이 있을까?

　크게 3가지로 나누었을 때 상가 건물, 다가구 주택, 상가 주택으로 구분 지을 수 있다. 책의 전반적인 내용은 상가 건물과 상권에 대한 설명이므로, 이번에는 다가구 주택과 상가 주택이 일반 상가 건물과는 어떤 차이점이 있는지 초점을 맞춰보도록 하자.

　흔히 다가구 주택과 다세대 주택을 헷갈리는 경우가 많다. 이 기준은 여러 가지가 있지만, 우리가 책의 두 번째 장에서 말했던 재건축, 재개발, 리모델링 문제에 대해 생각해 보자. 조합원들과의 합의를 거치지 않고 자신이 스스로 건물의 재생을 이뤄내기 위해서는 1인이 건물을 소유해야 한다. 다가구 주택과 다세대 주택의 가장 큰 명확한 차이는 여기서 드러난다. 다가구 주택은 단독 주택으로, 건물 전체를 1인이 소유하는 형태이다. 반대로 다세대 주택은 각 방이 따로 등기가 되어 있다. 집합 건물이다.

다가구 주택은 건축법상 세 가지 제약이 있다. 먼저 첫 번째, 주택이 있는 층이 3개 층 이하로 지어져야 한다. 예를 들어 1층부터 바로 주택이 있어서 1~3층이 모두 방으로 이루어졌다고 한다면 4층 이상의 건물을 지을 수가 없다. 만약 건물 임장 시 다가구 주택이 4개 층 이상으로 지어져 있다면 건축물 대장을 필히 확인해보아야 한다. 불법건축물로 확인될 시 다가구 주택의 1가구 1주택 세제효과를 제대로 받지 못하거나, 이행 강제금(불법 건축물을 철거할 때까지 주기적으로 내야 하는 벌금)을 내야 할 수도 있기 때문이다.

다만 다가구 주택이 4개 층 이상으로 된 경우도 있는데 이런 경우는 3개 층 이하의 다가구 주택과 다른 층은 주택 외의 용도로 사용되고 있을 수 있다. 예를 들어 1~2층을 상가로 활용하고 3~5층은 다가구 주택으로 되어 있는 형태이다. 또한 1층을 필로티 구조의 주차장으로 만들어 놓고 2~4층을 다가구 주택으로 하고 있는 경우도 많다. 많은 다가구 주택들이 4층 이상으로 되어 있는 것처럼 보이는 이유이다.

다가구 주택의 두 번째 제약은 연면적 660m²(약 200평) 이하로 지어져야 한다는 것이다. 연면적은 건물의 총 면적을 말하는 것으로, 4층 짜리 건물이라고 하면 건물의 층당 면적이 약 50평 이하가 되어야 한다. 3층짜리 건물이라면 층당 최대로 약 66평 정도가 된다.

다가구 주택은 보통 지적도상 일반 주거지역에 지어지는 경우가 많은데 서울의 경우 약 50~60퍼센트의 건폐율로 설정이 되어 있다. 따라서 가지고 있는 대지의 면적이 100평 정도라고 하면 건물로 지을 수 있는 면적이 50~60평 정도가 된다. 대지 면적이 100평 이상인 다가구 주택이 크게 의미 없는 이유다.

마지막으로 다가구 주택의 주택 수는 19가구 이하까지만 건축이 가능하다. 20가구 이상으로 지어질 경우 명백한 불법으로 적발시 이행강제금을 내야 한다. 건물주들이 임의로 옥탑방을 만들어 세를 주거나, 방을 쪼개서 가구 수를 늘리는 경우가 많은데 이런 경우도 동일하게 벌금을 내야 한다.

이런 다가구 주택의 여러 규제들 때문에 우리가 자주 볼 수 있는 다가구 주택의 대부분 형태는 원룸이나 투룸 건물이다. 3개 층 이하 연면적 200평 이하, 주택 수 19가구 이하로 최대한의 효율을 내려면 이외의 특별한 대안이 없기 때문이기도 하다.

다음은 상가 주택에 대해서 알아보자. 상가 주택은 다가구 주택 중에서도 상가와 주택으로 같이 이루어져 있는 건물을 말한다. 정식 명칭은 '점포 겸용 단독 주택'이다. 예를 들어보자면 1~2층을 상가로 활용하고, 3~5층을 주택으로 활용하는 경우를 상가 주택이라고 말한다. 상가의 면적과 주택의 면적의 비율을 측정하여 비율에 따라 그냥 상가로 불리느냐, 상가 주택으로 불리느냐 기준을 정하기도 하는데 이는 법적으로 정해놓은 기준이 아니기 때문에 큰 의미가 없다. 따라서 이 책에서는 주택이 1개 층이라도 있다면 상가 주택으로 표현하기로 한다.

상가 주택이 생기게 된 이유는 무엇일까? 1층의 경우 사람들이 많이 지나다니는 골목에 있다면 사는 사람들의 프라이버시를 보장받기가 힘들다. 아파트나 빌라 등 주거용 건물의 1층이 가장 저렴하게 나오는 이유이다. 반면 상가는 어떨까?

상가는 노출이 잘 되면 잘 될수록 좋다. 주요 상권에서는 1층과 2층의 임대료 차이가 적게는 2배에서 그 이상으로 나기도 한다. 따라서 상가 주택은 층별로 가장 효율이 날 수 있도록 설계한 형태이다. 1층(혹은 2층까지)을 상가로 만들어서 임대료를 받고, 2층 이상부터는 주택으로 해서 건물 전체의 운영을 안정적으로 하기 위함이다. 상가와 주택의 임대가 모두 이루어진다면 수익이 안정적이고 효율적으로 발생해, 노후의 은퇴 자금으로 투자하곤 한다.

다가구 주택과 상가 주택에 대해 간략히 알아보았다.

이번에는 상가 건물과 다가구 주택, 상가 주택의 각각 장단점을 알아보자. 먼저 다가구 주택의 경우 상가 건물과는 달리 맨 꼭대기 층이 주인세대로 형성되어 있는 경우가 많다. 실거주와 임대 소득을 동시에 실현 가능하다. 때문에 만약 자신이 한 개의 다가구 주택 이외 다른 주택을 소유하고 있지 않다면 1가구 1주택에 해당되어 9억 원까지 양도세나 비과세 혜택을 누릴 수 있다. 이는 노후 자금으로 다가구 주택을 매입 하는 가장 큰 이유 중 하나다. 노후에 수입이 끊긴 이후, 임대료로 생활비를 하면서 실거주까지 가능하기 때문이다. 또한 상가의 경우 핵심 상권이 아니라면 공실의 위험이 상당히 큰 반면, 다가구 주택은 상대적으로 공실의 위험이 덜한 편이다. 주거 수요는 항상 있기 때문에 최악의 경우 약간의 임대료 조정으로 공실을 메꿀 수 있다.

반면 다가구 주택의 단점은 상가와 달리 건물 관리에 손이 많이 간다는 것이다. 특히 20년 이상 노후된 건물의 경우 전기, 수도, 배관, 보일러 등 꼼꼼한 관리가 필요해진다. 상가와는 달리 세입자가 수시로 바뀌는데 복도 청소, 도배, 장판 수리 등 건물주가 직접 유지보수 비용을 지불해야 한다. 이 과정에서 세입자들과 잦은 마찰이 생기기도 한다. 이 외에도 간혹 세입자들 중에는 건물주를 A/S센터 정도로 생각하는 경우도 있다. 언론에서는 흔히 건물주의 갑질이 논란되지만, 실제로는 반대의 경우도 빈번히 일어난다.

상가는 시간이 지날수록 상권의 발달 정도에 따라 임대료를 올리는 경우가 대부분이다. 반면에 원룸의 경우는 몇 년간 임대료가 동결되기도 한다. 시간이 지나도 임대료가 높아지지 않는다는 것은 그만큼 시세 차익을 보기 어렵다는 뜻이기도 하다. 물론 지가 상승에 따라 전체적인 건물의 값은 올라가지만 건물 노후화에 따른 감가가 큰 편이고, 상가에 비교해서 시세 차익을 보기 어렵다는 뜻이다. 원룸의 수요자는 대부분 젊은 사람들이다. 때문에 건물의 외형 트렌드에 민감하고, 임대료와 직결되는 경우가 많다. 따라서 리모델링을 주기적으로 해주어야 하며, 외장재의 훼손 여부에 신경을 써야 한다.

마지막으로 다가구 주택에 투자를 망설이는 이유 중 하나는 대출 때문이다. 용도가 주택인 건물은 세입자가 살고 있는 각 방마다 2019년 기준으로 서울시 3,400만 원, 이외 지역은 1,700만 원의 최우선 변제 금액이 설정되어 있다. 세입자를 보호하기 위한 주택임대차보호법의 일환으로, 해당 건물이 경매에 넘어갔을 때 은행보다 세입자에게 보증금을 먼저 돌려줘야한다는 내용이다. 따라서 전세로 살고 있는 세입자가 많을수록, 다가구 주택 매입 시 은행에서 받을 수 있는 대출 금액이 현저히 적어진다.

상가 주택의 단점은 무엇일까? 얼핏 생각하면 완벽한 효율을 낼 수 있을 것 같지만 그렇게 쉽지만은 않다. 건물 전체가 한가지 용도로 통일되어 있지 않다는 것은 일반적으로 주거지역에 상가 주택이 있다는 뜻이다. 따라서 상권 형성이 되어있지 않다면 1층이라 하더라도 상가로써의 활용도가 현저히 낮을 수 있다. 주택의 경우 상가만큼 위치의 영향을 크게 받지는 않기 때문에 상가 주택의 가치는 1층 상가의 수익률로 판단되는 경우가 많다. 따라서 상가 주택의 1층이 공실이거나, 임대료가 턱없이 낮다면 건물 전체의 가치를 떨어뜨리는 사유가 된다. 그래서 상가 주택의 위치는 완전한 주거지역보다는 사람이 적당히 모여드는 곳이 좋다. 재래시장이나 대단지 아파트의 입구와 같이 적당히 상권이 형성된 곳도 좋다. 반대로 상권이 너무 활발한 곳에 상가 주택이 있다면, 건물전체의 활용도가 상가 건물보다 비효율적일 수 있고, 주거 측면에 서도 소음이 많아 좋지 않다. 상가 주택은 건물 자체의 효용성은 좋지만 입지적으로 상가와 주택의 역할을 동시에 충족시켜 주어야 한다.

이제 투자자의 입장에서 다가구 주택, 상가 주택, 상가 건물 중 어떤 유형이 나에게 맞을지 한번 생각해 보자. 다가구 주택은 같은 건물에서 실거주까지 해결하면서(세제혜택), 대출을 많이 받지 않아도 되고, 안정적인 임대료를 원하며, 건물과 세입자 관리에 시간을 쓸 수 있는 사람이 투자하는 것이 좋다.

상가 주택은 다가구 주택의 장점을 그대로 가져오면서, 상가의 수익까지 생각하는 투자자들이 투자하기에 좋다. 실거주시 상가와 주택의 비율에 따라 세제혜택을 누릴 수 있으며, 주택을 통해 공실의 위험성을 낮추면서 상가의 수익률까지 활용할 수 있다. 또한 매매 시 상가의 수익률에 따라 다가구 주택보다는 높은 시세 차익을 거둘 수 있다.

상가 건물은 대출을 가장 많이 받을 수 있고, 매매 차익을 가장 크게 거둘 수 있으며, 공실만 없다면 임차인들이 유지 관리를 알아서 한다.

임차인들이 영업을 위해 건물의 관리를 하기 때문에 다가구 주택에 비해 건물의 감가상각이 덜하다. 노후화가 되어도 수익률이 잘 나오고, 상권의 위치만 좋다면 건물의 감가 여부는 크게 상관이 없는 편이다. 역시 가장 큰 단점은 공실이다. 공실이 채워지지 않고, 위치가 떨어진다면 순식간에 황금알을 낳는 거위에서 애물단지로 전락하기도 한다.

핵심 정리

구 분	상가 건물	상가 주택	다가구 주택
건물 구성	상가	상가+주택	주택
실거주 가능 여부	불가능	가능	가능
1가구 1주택 세제효과	불가능	상가보다 주택의 총 면적이 클 경우 가능	가능
위치	중심상권	주거지+상권	주거지역
공실 위험	높음	낮음	낮음
대출 비율	높음	보통	낮음
임대 수익	보통	보통	높음
지가 상승	높음	보통	낮음
건물감가	낮음	보통	높음
건물 관리 비용/ 시간	낮음	보통	높음

각기 다른 **호가 가격,**
정확한 시세를 알 수 있는 방법

　건물의 가장 큰 특성은 개별성이다. 물론 모든 부동산은 개별성이 있다. 예를 들어 같은 아파트라고 하더라도 저층부와 고층부, 남향과 북향, 한강뷰와 도심뷰 등 일부 가격의 차이가 있다. 하지만 같은 브랜드, 같은 위치의 같은 평수를 가진 아파트 가격의 차이가 예상 범위를 벗어나는 정도로 차이가 나기는 어렵다. 동일한 평수의 아파트 2층이 5억 5천만 원에 매물로 나와 있다고 한다면, 한강이 보이는 20층의 가격은 어떨까? 10억 원이 넘어갈까? 그렇지 않다. 높아봐야 6억 원대에 그칠 확률이 높고, 정말 비싸봐야 7억 원 이내일 것이다.

　이처럼 아파트는 가격의 비교 대상이 꽤나 명확한 반면, 건물은 바로 옆에 있는 건물이라고 해도 가격 비교가 쉽지 않다. 토지의 용도, 크기, 입지(대로변, 코너, 메인상권, 서브상권 여부 등)부터 해서 건물의 연식, 리모델링 여부, 관리 상태, 층수, 주차장, 엘리베이터 여부, 임차인 업종, 공실 여부, 수익률 등 수많은 고려 요소들이 존재한다. 토지의 용도는 보통 중소형 빌딩의 경우 제2종 일반 주거지역이나 제3종 일반 주거지역이 많다. 준주거지역과 일반 상업지역의 경우 용적률이 높아 지가가 더 높은 편이다. 반대로 제1종 일반 주거지역이나 전용 주거지역, 공업지역 등의 경우는 허용 용적률과 건폐율이 낮아 지가가 낮다. 또한 대지 면적의 크기가 너무 작으면 빌딩의 활용도가 떨어진다. 용적률이 높은 땅이어도 면적이 작아 엘리베이터 설치가 힘들기 때문이다. 이렇게 되면 사람들이 접근하기 힘들기 때문에 수익성이 떨어진다.

임차인의 업종은 주로 대형 프랜차이즈 같은 우량 임차인을 선호하는 편이다. 우량 임차인을 통해 건물의 전체 가치가 높아지기도 한다. 이런 사항들은 정말 기본적인 내용이며 실제 투자에서는 더 많은 예외가 존재한다.

때문에 빌딩에 처음 투자하려는 사람들뿐만 아니라, 전문가들 또한 꼼꼼하게 산출해보지 않으면 건물의 가격을 잘못 책정하곤 한다. 그야말로 부르는 게 값인 곳이 빌딩 매매 시장이다 보니 업자들이 초보 투자자들을 대상으로 가격을 높게 부르는 경우가 많고, 실제로 그 가격에 매매가 되기도 한다. 특히 연예인들은 직접 거래를 하지 않고 대리인이나 매니저를 통해 거래하기 때문에 주요 상권들에 있는 가장 최고가 거래액은 연예인 건물인 경우가 대다수다. 돈은 많으나 제대로 건물의 가격을 알아보지 못해 시세보다 높게 사는 것이다.

우리는 연예인들처럼 현금이 많지도 않고, 많다고 하더라도 시세보다 높게 사는 일은 없어야 한다. 그렇다면 어떻게 해야 건물의 시세를 제대로 파악하고, 업자들에게 당하지 않을 수 있을까? 이번에는 빌딩의 가격을 산출하는 연습을 해보자.

일단 부동산의 가격이 시장에서 어떻게 형성되는지를 이해해야 한다. 앞에서도 말했듯이 자본주의에서 가격이 정해지는 원리는 현재 가치 + 미래 가치를 반영하는 것이다. 현재의 수익률에 비해 부동산의 가격이 터무니없이 높게 느껴진다면, 미래 가치가 높게 반영되었다는 뜻이다. 물론 예외가 존재하기에 100퍼센트 그렇다고는 말할 수 없지만 일반적인 상황에서는 그렇다. 아파트나 상가를 분양할 때도 신축 후 처음의 분양가는 미리 정해져서 공급되지만, 얼마 지나지 않아 프리미엄이 붙던지 마이너스 프리미엄이 붙어서 시장의 수요에 따라 자연스레 가격 조정이 이루어진다.

현재 가치 + 미래 가치로 이루어진 것이 현재의 가격이고, 미래 가치를 알 수 있는 것은 사람들의 수요이다. 사람들은 미래에 내가 어떤 것을 얻을 수 있느냐에 따라 부동산을 선택한다. 투자자들의 입장에서는 매매 차익과 임대 수익을 생각할 것이고, 실수요자의 입장에서는 자신이 직접 거주하거나 사업을 할 생각으로 부동산을 매입할 것이다. 부동산의 가격은 절대 한 개인의 희망으로 형성되지 않는다. 우리가 부동산의 시세를 파악할 때, 건물주가 팔기 원하는 가격인 '호가'를 보지 않고 실제 매매되었던 사례를 보는 이유다.

부동산을 평가할 때 대표적인 방법으로는 원가법, 비교사례법, 수익 환원법 3가지가 있다.

원가법이란 가격 조사 시점에서 대상 부동산의 재조달 원가에 감가 수정을 하여 대상 물건이 가지는 현재의 가격을 산출하는 것이다. 빌딩을 예로 든다면 이미 지어져 있는 건물을 다시 신축한다고 했을 때 얼마가 들지를 계산하고(재조달 원가), 그 금액에서 감가 수정액을 빼는 것이다. 재조달 원가가 30억 원이고 현재 지어져 있는 건물을 40년 사용할 수 있다고 가정해 보자,

30억 원÷40년=7억 5천만 원
따라서 매년 7억 5천만 원이 감가된다.

만약 건물이 지은지 10년이 되었다면 건물의 가치는
30억 원(재조달 원가)-7억 5천만 원(감가 수정액)=22억 5천만 원이다.

여기서 의문이 들 수 있다. 건물의 경우는 시간이 지날수록 감가가 되지만, 토지는 오히려 반대이기 때문이다. 땅은 시간이 지난다고 해서 썩거나 부패하지 않는다. 불멸성을 가지고 있기 때문에 좋은 위치일수록 가격이 더 오르기 마련이다.

따라서 빌딩의 가격을 매길 때 가장 흔히 쓰는 방법은 건물의 가격을 원가법으로 산정하고 토지의 가격은 비교사례법으로 산정하는 것이

다. 주변에 비슷한 조건의 토지가 어느 정도의 시세에 매매가 되었는지 파악하여 토지 가격을 산출한 후 현재 건물을 원가법으로 계산하여 합친 금액이 건물의 최종 가격이 된다. 부동산에서 가장 중요한 것은 모든 기간이 되는 토지이기 때문에, 건물보다는 토지의 입지가 가장 큰 영역을 차지한다. 2006년 한국부동산연구원에서 진행한 '서울시 매장용 빌딩의 임대료 결정 요인에 관한 연구'에 따르면 건물의 노후도 보다는 입지가 건물과 임대료의 가격 형성에 더 높은 영향력을 보이는 것을 확인했다.

실제 현장에서 매매가 진행되는 모습을 보아도, 노후된 건물의 경우는 건물의 비중을 아예 생각하지 않고 땅에 대한 가격만 책정되어 매매되는 경우가 많다. 중·소형 꼬마 빌딩의 경우는 기본적으로 연식이 20년 이상 된 경우가 많고, 건물의 크기도 크지 않다. 신축 건물이거나 최근에 리모델링을 해서 누가 봐도 크게 손볼 곳이 없다고 하면 건물의 가격을 책정하긴 하지만 대부분은 토지의 가격만으로 건물을 거래한다.

가장 중요한 것은 결국 땅의 가치, 입지라는 말이다.

부동산 투자, 빌딩 투자에 관한 수많은 책들에서 땅의 가치를 끊임없이 강조하는 이유가 바로 이것이다. 한국부동산분석학회에서 2014년에 발표한 '중·소형 빌딩의 매매 가격 형성 요인에 관한 연구'에서는 입지가 주요 상권에 속하는지, 코너에 있는지, 전면도로 폭은 얼마나 되는지, 지하철과의 거리가 얼마나 되는지가 건물의 가격과 유의미한 관계가 있다고 설명한다.

이 사실은 학술적인 연구가 아니더라도 너무나 당연한 결과다. 코너에 있고 대로변에 있고, 주요 상권에 있고, 지하철과 가까운 땅의 가치가 높다는 것을 모르는 사람은 없다.

우리가 알고 싶은 것은 '좋은 입지의 땅은 가격이 비싸다'라는 당연한 사실이 아니라 그 좋은 땅의 정확한 가격이다. 아무리 좋은 땅이라고 해도 평당 5천만 원짜리 땅을 6천만 원에 살 수는 없지 않은가. 예전에는 빌딩 매매에 대한 정보가 굉장히 폐쇄적이었다. 그 지역의 부동산에 가보지 않으면 실제로 거래되고 있는 시세가 얼마인지 알기가 어려웠다. 때문에 부동산에 속는 경우도 많고, 시세보다 낮게 팔거나 높게 사는 경우가 허다했다. 아직까지도 건물주들이 부동산의 말을 잘 신뢰하지 못하는 이유이다. 하지만 컴퓨터 하나만 있으면 어떤 지역 이든 실제 매매 가격을 확인해볼 수 있다. 여러 사이트가 있지만 그중에 서도 빌딩의 매매 사례를 확인하기 가장 좋은 '밸류맵'을 추천한다.

건물의 가격을 원가법으로 산출하고, 땅의 가치를 비교사례법으로 산출했다면 수익 환원법은 쓸모가 없을까? 우리가 부동산에 투자를 하는 이유는 수익 때문이다. 다만 건물의 형태가 워낙 개별성이 강하다보니 단순하게 수익법으로 계산하다 보면 오류가 생기는 경우가 많다. 예를 들자면 강남에서 수익률이 4퍼센트가 나온다면 평균보다 꽤 높게 나오는 편이다.

그렇다면 50억 원짜리 건물을 매입해서 한 달에 2,000만 원의 임대료가 나온다면 무조건 좋은 투자일까? 무조건 그렇지만은 않다. 현재의 임대료에는 여러 가지 변수가 존재한다. 만약 가로수길의 중간에 위치하고, 건물의 가격이 시세에 맞춰 적당하며 임차인들도 오랫동안 영업을 해 와서 크게 변동이 없을 경우 좋은 건물이 될 수도 있다. 그러나 임차인이 자주 바뀌고 주요 상권에서 꽤 벗어난 위치일 경우 언제든 공실의 위험이 있을 수 있다. 따라서 원가법과 비교사례법을 통해 건물의 가치를 측정하고, 수익 률을 통해 향후 창출할 수 있는 가치를 확인해보는 것이 가장 좋다. 건물의 가격 자체는 시세 대비 괜찮은데, 수익률이 너무 낮아 투자를 고민 하고 있는 경우 주변의 임대 시세를 확인하여 재임대를 줄 수도 있다. 혹은 리모델링이나 재건축을 통해 건물의 가치를 상승시켜 임차인을 다시 맞출 수도 있다. 건물 자체의 가치를 올리는 것이다. 이 경우에는 지가 상승 이외에도 추가적인 매매 차익을 거둘 수 있다.

마지막으로 정리하자면 건물의 시세를 책정하는 방법은 크게 3가지가 있다. 원가법, 비교사례법, 수익 환원법. 기본적으로 가장 중요한 것은 땅의 가격을 비교사례를 통해 파악하는 것이며, 건물의 가격을 원가법(재조달 원가-감가 수정액)으로 책정하여 더한다. 이후 수익률을 확인하여 지금보다 가치를 높일 수 있는 방법이 있는지 확인하고 투자에 임하는 것이 좋은 방법이다.

핵심 정리

건물은 아파트나 빌라와 달리 정확한 시세를 파악하기가 어렵다. 모든 건물이 개별성을 띄고 있기 때문이다. 중요한 것은 '좋은 건물'보다 '좋은 입지'를 찾기 위해 노력해야 한다는 점이다. 좋은 입지에 노후된 건물은 향후에 가치를 상승시킬 여지가 있다. 땅의 가격은 다양한 사이트들을 통해 비교사례 법으로 확인해 볼 수 있다.

좋은 빌딩 컨설턴트를
선별하는 방법

혼자 힘으로 투자의 모든 것을 총괄하리란 어려운 일이다. 어떤 위치와 상권에 있는 건물을 살지, 시세가 어느 정도 할지 생각은 해볼 수 있겠지만 정확히 어떤 건물을 살 수 있을지는 파악할 수가 없다. 무슨 건물이 지금 판매 중인 건물인지, 얼마에 팔고 있는지 전혀 정보가 없기 때문이다. 이때 필요한 것이 부동산 공인중개사이다.

요즘에는 어떤 상권이든, 어떤 주거지역이든 공인중개사무소를 쉽게 찾아볼 수 있다. 서울시가 발표한 '2019년 2분기 개업공인중개사 현황'에 따르면 서울에 등록된 개업 공인중개사만 해도 2만 5천명에 이른다. 국토부에 따르면 전국의 공인중개사 수는 2017년에 10만 명을 넘었다. 이 수치는 소속 공인중개사와 중개 보조원은 제외한, 순수 개업 공인

중개사의 수이다. 모든 중개인들을 포함한 숫자는 어느 정도일지 예상할 수가 없다.

우리나라에서 부동산 중개인들에 대한 보편적인 인식은 어떨까? 인터넷과 부동산 거래 앱에는 허위 매물이 넘쳐난다. 올해 2분기 전국 부동산 허위 매물 신고는 무려 2만 건에 달한다. 허위 매물은 본인이 사기를 당해서 돈을 잃은 것이 아니기 때문에 웬만해서는 신고를 하지 않는다는 점을 감안하면 실제로는 훨씬 더 많을 것이다. 한국 소비자원에 따르면 성인 1,200여 명을 대상으로 한 부동산 정보 앱 품질 설문 조사에서 3명 중 1명이 허위·미끼 매물을 경험한 것으로 나타났다. 무려 3분의 1이다. 지난해 같은 분기 주택 거래량은 오히려 17퍼센트 줄어든 반면, 허위 매물은 오히려 16퍼센트가량 늘었다. 이런 상황에서 소비자들, 투자자들이 중개인들을 신뢰할 수 있을까? 허위 매물만 해도 신뢰도가 떨어지는데 그게 다가 아니다. 다음 기사를 보자.

부동산 가격 부풀려 수억 가로챈 공인중개사·경찰관 징역 4년

최 씨 등은 서울 동대문구 ○○1재정비촉진구역에서 부동산 매매를 중개하면서 부동산 매수자에게 실제 가격보다 많은 돈을 받아 차액을 가로채는 수법으로 2013~2018년까지 11회에 걸쳐 총 3억 8,600여만 원을 가로챈 혐의로 구속기소 돼 재판에 넘겨졌다.

최씨에게 피해자들을 알선한 혐의로 기소된 부동산 전문가 윤 모 씨는 징역

물론 건물을 파는 사람이 내놓은 가격이 시세보다 낮다면 중개인은 그보다 높여서 팔고 합법적인 선에서 수수료를 더 받을 수 있다. 매도인은 빨리 팔고 싶어 가격을 낮춰서 내놓았고, 매수인은 자신이 원하는 건물을 시세에 맞춰서 사고 싶다면 각자의 니즈만 충족시켜주면 되기 때문이다. 이런 건 불법이 아니다. 중개인의 능력이므로 존중받아 마땅하다. 그러나 투자자들을 속여서 높은 돈을 받아내는 것은 문제가 된다. 특히 기사에도 나와 있듯이 TV를 포함한 각종 언론에 나오는 사람들은 다른 사람들에게 공신력을 얻게 된다. TV에 출연했다는 이유로 전문가로 인정받는 것이다. 이런 사람들은 더더욱 사기를 치기가 쉽다. 그들의 말을 사람들이 더 쉽게 신뢰하기 때문에 무슨 말을 해도 대부분 수긍하는 것이다. 이런 사람들의 심리를 활용하여 요즘에는 TV에 나가기 위해 돈을 내는 사람들이 많아졌다.

책을 출간하고 강연하는 것도 마찬가지이다. 대부분의 빌딩 투자 책은 '좋은 컨설턴트나 중개인과 친해져라. 관계를 맺어야 한다'라고 하지만 그에 대한 기준은 명확하게 하지 않는다. 그들이 말하는 좋은 컨설턴트는 누구인가? 결국 저자 본인에게 오라는 이야기이다. 진짜 전문가들도 많지만, 그만큼 꾼도 많은 것이 부동산 투자 시장이다.

일단 가장 먼저 알아두어야 할 것은 중개업자나 컨설턴트는 중개업의 전문가이지 투자의 전문가가 아님을 명심해야 한다. 물론 중개업을 하면서 많은 거래 사례를 지켜보고, 어떤 부동산이 오르고 내리는지를 체감하면서 전문가에 가까워질 수도 있다. 또 중개업 이외에도 본인이 직접 투자를 해보고 끊임없이 공부와 연구를 거듭하면서 전문가가된 경우도 있다. 그러나 과감히 말하건대 대다수의 중개업자, 컨설턴트 들은 전문가의 축에도 끼지 못한다. 그들의 목적은 건물을 파는 사람과 사는 사람을 연결해 주고 중개 수수료를 받는 것이다. 우리는 여기서 두가지 교훈을 얻을 수 있다. 세계에서 가장 유명한 사상가이자 월가의 현자라고 불리는 나심 탈레브Nassim Nicholas Taleb의 말을 들어보자. 그는 저서 《스킨 인 더 게임Skin in the Game》에서 이렇게 말한다.

"나의 상황에 대한 판단력은 독서나 철학, 과학적 고찰을 통해 얻은 것도, 지적 호기심을 통해 얻은 것도 아니다. 직접 큰돈을 걸고 투자에 뛰어들어 얻은 것이다."

이이 말에서 느끼는 점이 있어야 한다. 빌딩을 중개하는 자칭 전문가들 중에 직접 빌딩에 투자해본 사람은 몇이나 될까? 이전에 우리나라에서 규모가 꽤 큰 빌딩 매매 전문 중개법인에서 일을 했던 적이 있다. 매주 시중에 나온 빌딩 매물을 가지고 가치를 평가하는 자리가 있었는데 경력이 꽤 오래된 분들 중에서도 가치를 평가하는 과정에서 실력 차이가 드러났다. 실제로 자신이 번 돈으로 빌딩을 투자해 본 숙련된 컨설턴트들은 말에 확신과 책임이 담겨있었다.

회의장에서 대부분의 컨설턴트들은 다른 컨설턴트들의 질책이 무서워서 '가격이 비싸서…', '이게 어떻고 저게 어때서 못 살 것 같다' 라고 말하고 있었다. 확신이 안 서는 상황에서 괜찮다고 말했다가는 당장에 '그럼 돈 있으면 네가 살래?' 라는 질문이 들어오기 때문이다.

그런 상황에서 "저 건물 저 정도 가격이면 괜찮은데? 요즘 시장에 저 정도 괜찮은 물건 없어. 내가 지금 현금 있으면 산다"라고 말했던 사람은 100명의 컨설턴트들 중 단 한 명이었다. 그 분은 빌딩을 매입해본 경험이 있었고, 다른 투자자들을 통해 간접적으로 경험한 것이 아니라 직접 투자 시장에 뛰어들어서 경험한 분이었다.

나는 그 컨설턴트를 제외하고도 다른 100명의 컨설턴트들이 모두 다 일반 투자자들에게는 물건을 거침없이 소개한다는 사실을 안다. 같은 컨설턴트 사이에서는 자신이 없어 못했던 말을 일반 투자자들은 자신보다 모른다고 생각하기 때문에 자신감 있게 말할 수 있는 것이다. 이런 사람들을 과연 전문가라고 말할 수 있을까? 나심 탈레브는 책에서 이 말을 강조한다.

"당신에게 좋은 일이면 그에게도 좋은 일이다. 하지만 당신에게는 손실이 생기고 그에게는 아무런 영향도 끼치지 않는 행동을 취하라고 말하는 이의 말은 경계해야 한다."

만약 빌딩에 투자를 했다가 손해가 날 경우 중개인에게 손실이 가는가? 아무 손실이 없다. 중개 수수료는 계약 시에 이미 지불이 끝나기 때문이다. 계약 후 건물의 가격이 오르든지 내리든지 수수료에는 지장이 없다. 그렇다면 우리는 투자를 할 때 컨설턴트와 중개인의 말을 완전히 무시하고 경계하며 내 주장만 펼쳐야 할까? 당연히 그렇지 않다. 나는 중개인과 투자자 사이에 불신을 조장하려는 게 아니다. 다만 우리는 중개인의 역할과 투자자의 역할을 명확히 구분하여 서로 존중하는 태도를 갖춰야 한다는 말이다. 물론 서로 마냥 존중하기에는 괴리가 있는 것이 맞지만, 그럼에도 불구하고 우리는 서로의 이익이 어디에서 나는지 이해하고 존중해 주어야 한다.

중개사는 중개업무에 있어서 우리보다 훨씬 뛰어난 전문가이다. 만약 내가 서울숲 상권에 있는 건물을 사고 싶다고 하면 어떤 건물들이 매물로 나와 있는지 알 수가 없다. 내가 아무리 투자할 물건에 대해 분석을 잘 한다고 해도, 어떤 물건이 살 수 있는 물건인지, 얼마에 나와 있는지 정보가 없다면 전혀 의미가 없다. 그렇기 때문에 중개사가 필요한 것이다. 중개사의 주요 업무는 매번 새로 나온 매물을 체크하고 정보를 업데이트하는 것이다. 때문에 그들은 주변의 건물 시세와, 호재, 임대료 등의 정보에 대해 훤히 꿰고 있다. 우리가 제공하는 중개 수수료는 이런 정보에 대한 가치와 법적 서류 처리에 대한 대가로 제공하는 것이다. 컨설턴트 비용이 아니다. 중개법인에서는 법정 수수료 0.9퍼센트 이외에 법적으로 인정되는 컨설팅 비용을 1.1퍼센트까지 추가로 받기도 한다. 중개 수수료에는 컨설팅 비용이 포함되지 않는다.

그래서 기본적으로 좋은 중개사는 투자자에게 양질의 정보를 많이 제공할 수 있어야 한다. 투자에 있어서 양질의 정보는 무엇인가? 이제 상권의 시세나 호재 등은 인터넷으로 순식간에 파악이 가능하다. 중개사에게만 얻을 수 있는 귀한 정보는 매물에 관한 직접적인 정보다. '어떤 건물이 나와 있는지, 얼마에 나와 있는지, 주변의 임대료 시세에 비해 수익률이 어떠한지'를 상세히 브리핑해주는 중개사가 진짜 그 일에 관한 전문가라고 본다. 이 일은 중개사에게는 굉장히 귀찮고 시간이 많이 드는 일이다. 이처럼 중개사가 열심히 수집하고 정리한 정보를 요청할 때에는 최대한 예의를 갖추는 것이 맞다. 많은 투자자들이 자신이 갑이고 중개사가 을인 것처럼 안하무인으로 행동하는 경우가 많은데, 꼭 그렇지만은 않다. 다짜고짜 '좋은 물건 있으면 좀 보여줘'라는 태도를 보이는 투자자에게 누가 좋은 물건을 보여주겠는가?

투자를 할 때에는 양질의 선택안이 많이 필요하다. 중요한 의사 결정에 있어서 선택안의 개수가 중요하다는 사실은 이미 많은 연구로 밝혀진 사실이다.

누가 빌딩 투자에서 물건을 한 개만 보고 결정해? 라고 생각한다면 큰 착각이다. 이 의사 결정은 최종 의사 결정을 이야기하는 것이다. 건물 10개를 보아도 마음에 드는 게 하나도 없을 수도 있고 하나만 있을 수도 있다. 최종적으로 심사숙고해야 할 투자 물건이 최소 2개 이상이어야 한다는 것이다. 실제로 투자를 하려고 하다보면 마음에 드는 건물이 하나도 없을 때가 많지 마음에 드는 여러 개의 물건 중에서 고민하게 되는 경우는 거의 없다. 때문에 '좋은 매물'을 많이 제공해 줄 수 있는 중개사는 정말 전문가로 인정받아 마땅하다.

그러나 좋은 중개사, 컨설턴트를 만나기 위해서는 투자자 또한 공부를 해야 한다. 보통 투자자와 미팅을 하다보면, 1시간 이상 컨설팅을 진행하게 된다. 물론 대부분의 빌딩 투자자들은 부동산에 대한 기본적인 지식을 갖추고 있는 경우가 많다. 그러나 빌딩 투자에 대해서는 문외한이다. 그렇기 때문에 아무리 좋은 매물을 많이 소개해 주어도 왜 좋은지 잘 이해하지 못한다. 그저 고개만 끄덕이거나, '이런 건물이 왜 이렇게 비싸요?' 라고 말할 뿐이다. 대표적으로 좋은 입지에 있는 노후된 건물들을 보면서 '이 돈으로 저런 건물밖에 못 사면 안 사고 말죠.' 라고 말하는 경우다.

이렇게 떠난 투자자들은 다른 컨설턴트와 좀 더 크고 멀쩡해 보이는 건물을 계약한다. 동일한 가격으로 어떻게 그럴 수 있을까? 내가 보여주었던 매물들은 시세 대비 너무 비싸고 오래된 물건이고, 다른 컨설턴트는 같은 금액의 좋은 매물을 보여주었을까?

이렇게 멀쩡해 보이는 건물들의 대부분은 향후 미래 가치가 없는 입지에 위치해 있다. 그 건물은 언젠가 노후될 것이고, 좋지 않은 입지에 있기 때문에 아무도 거들떠보지 않을 것이다. 지금 당장은 공실이 없고 안정적으로 임대료가 나오겠지만 전형적인 소비재이다. 그렇다면 그 투자자와 계약을 성사시킨 컨설턴트는 과연 이 사실을 몰랐을까? 모르는 경우도 있겠지만 알면서도 신경 쓰지 않는 경우가 다반사이다. 나중에 건물이 노후되어 가격이 떨어지고 팔리지 않는다고 해도 컨설턴트에게는 전혀 피해가 없기 때문이다.

때문에 내가 컨설팅을 진행할 때마다 고객들과 논쟁이 벌어지곤 한다. '그것에 대해서는 예측이 불가능하다', '가능성은 높지만 꼭 그런 것은 아니다' 라는 말을 많이 하기 때문이다. 이 말들이 때로는 투자 자들로 하여금 나에 대한 신뢰도를 낮춘다는 사실을 알고 있다. 실제로 '전문가이시면 확실하게 말씀해 주셔야죠'라고 말하는 투자자도 있다. 그럼 에도 불구하고 내가 이렇게 말을 한 이유는 무엇일까?

컨설턴트는 신이 아니기 때문에 모든 것을 예측할 수 없다. 나는 어떤 지역이 오르고, 어떤 지역이 떨어질지 확신하며 특정 매물을 추천하는 컨설턴트는 무조건 걸러야 한다고 본다. 투자자가 컨설팅을 받을 때에는 컨설턴트의 말을 참고하되 휩쓸리지 않아야 한다. 그러려면 투자자가 투자의 주도권을 계속 쥐고 있어야 한다.

많은 컨설턴트들이 컨설팅을 할 때 투자자들에게 주도권을 뺏기기 싫어한다. 투자자가 주도권을 가지게 된다는 뜻은, 그만큼 빌딩에 대해 아는 것이 많아져서 날카로운 질문을 할 수 있다는 뜻이다. 대부분의 컨설턴트들은 그런 날카로운 질문들에 대해 제대로 된 답변을 할 능력이 안 된다. 자신의 얕은 지식을 들키기 싫어하는 것이다. 때문에 투자자들에게 제대로 된 정보와 지식을 전달하지 않는다. 그냥 매물에 대한 정보만 소개할 뿐이다. 투자자들이 자신보다 더 많이 알면 여러모로 곤란해지기 때문이다.

마무리하자면 투자자 본인의 상황과 투자 성향은 본인이 가장 잘 알고 있다. 때문에 투자자 본인이 그만큼 공부해야 하고, 좋은 빌딩에 대한 판단이 서야 한다. 투자에 있어서 주도권은 컨설턴트가 아닌 투자자가 끝까지 쥐고 있어야 한다. '누가 컨설턴트의 말만 믿고 투자를 해?'라고 생각할 수 있지만, 실제로 그런 투자자들이 많다. 좋은 매물을 알아볼 수 있고, 좋은 컨설턴트를 만나기 위한 방법은 한가지 밖에 없다. 치열한 공부를 통해 비판적 사고를 키워야 한다.

핵심 정리

수많은 컨설턴트들과 중개사들이 자신이 전문가인 것처럼 말하지만 실상은 절대 그렇지 않다. 그들이 이익을 보는 부분과, 투자자가 이익을 보는 부분은 전혀 겹치지 않는다. 투자에 대한 모든 책임은 투자자에게 있으며, 계약 성사 여부에 대한 책임만이 컨설턴트에게 있다. 따라서 좋은 매물과 좋은 컨설턴트를 알아 보기 위해서는 반드시 투자자 본인이 공부를 해야 한다. 빌딩을 최종 선택할 때는 투자자가 반드시 주도권을 가지고 있어야 한다.

빌딩 투자 시 공적장부에서
확인해야 할 부분

빌딩을 매입할 때 각종 '공적장부'를 확인하는 것은 기본 중에 기본이다. 수십억 이상의 자산을 매입하는데 외형만 보고 내실을 확인하지 않는 것은 매우 위험한 일이다. 평생을 함께할 배우자를 선택할 때 외모만 보고 결혼하는 것과 다름없다.

공적장부의 종류로는 등기부 등본, 건축물 관리 대장, 토지이용계획 확인서, 지적(임야)도, 토지(임야)대장, 개별 공시 지가 확인서 등이 있다. 세금과 마찬가지로 처음 서류를 보는 사람은 머리가 아프겠지만, 지금 당장이 아니라도 꼭 숙지해야 할 부분이다. 모든 공적장부에 대해 당장 하나하나 살펴보기에는 무리가 있으므로 빌딩을 매입할 때 최소한으로 알아야 할 서류인 **등기부 등본, 건축물 관리 대장, 토지이용계획 확인서**에 대해 살펴보자.

공부서류	발급처	확인 가능한 내용
등기사항전부증명서 (등기부 등본)	관할 등기소, 대법원 인터넷등기소 (www.iros.go.kr)	건물등기사항 전부증명서 (건물의 주인, 건물과 소유권과 엮인 이해관계 확인)
		토지등기사항 전부증명서(토지의 주인, 토지와 소유권과 엮인 이해관계 확인)
2. 건축물 대장	구청이나 군청, 정부민원포털 정부24 (www.gov.kr)	건물의 면적, 층수, 구조 등
3. 토지이용 계획확인서	구청이나 군청, 토지 이용규제정보서비스 (luris.molit.go.kr) 정부민원포털 정부24 (www.gov.kr)	토지를 원하는 대로 이용할 수 있는지 확인(용도)

빌딩 투자 시 등기사항전부증명서(등기부 등본)에서 유심히 봐야 할 점을 알아보자.

등기부동본은 관할 등기소나 대법원 인터넷 등기소 사이트(www.iros.go.kr)에서 발급받을 수 있으며, 내용은 크게 표제부, 갑구, 을구로 나누어진다. 표제부는 집의 면적, 층수, 주소 등 부동산에 대한 기본 정보를 알 수 있는 부분이다. 갑구는 내가 사려는 건물의 소유자가 누구인지, 이후에 소유권을 빼앗기게 될 여지가 있는지 확인하는 곳이다. 만약 소유권이전청구권, 가등기, 소유권이전금지 가처분, 환매등기 등의 권리가 기록되어 있다면 거래하지 않는 것이 좋다. 을구는 집을 담보로 진 빚이 얼마인지 등을 확인할 수 있다.

전체적인 내용을 볼 줄 알아야 하겠지만 가장 유심히 봐야할 것은 갑구의 내용이다. 건물주가 아닌 사람이 자신이 건물주인 것처럼 속일 수 있기 때문이다. 실제로 등기부 등본을 제대로 확인하지 않고 계약금 혹은 전세금을 주었다가 사기를 당하는 경우가 꽤나 빈번하다. 추가로 실제 소유주 여부를 확실히 하기 위해서는 건물 소유주의 주민 등록증까지 확인하는 것이 좋다.

이때 주민 등록증이 위조되었는지 알 수 있는 방법은 무엇이 있을까? ARS 전화 '1382'에 전화해서 음성에 따라 주민 등록 번호와 발급일자를 입력하면 된다. 인터넷이나 스마트폰으로 정부24 홈페이지(www.gov.kr)에 들어가 '주민 등록증 진위 확인'을 누르면 된다. 홈페이지 아이디 또는 공인인증서로 로그인하여 조회하고자 하는 사람의 성명, 주민 등록번 호, 발급일자를 입력하면 손쉽게 조회가 가능하다. 만일 주민 등록증이 아닌 운전면허증이라면, 도로교통공단 e-운전면호 홈페이지(dls.koroad.or.kr)에서 진위 여부를 확인할 수 있다.

계약을 집주인과 직접 하는 것이 아니라 대리인과 진행하는 상황이 있을 수도 있다. 특히 빌딩 거래의 금액 단위가 크다 보니, 소유주가 유명인이거나 바쁜 경우가 많다. 대리인과 계약할 때는 집주인의 인감증명, 위임장은 당연히 챙겨 와야 한다. 여기에서 추가로 소유주의 주민 등록증도 함께 가지고 오게 하는 것이 좋고, 여의치 않을 때에는 소유주 전화 통화를 해서 내용을 직접 확인해봐야 한다. 정말 부득이한 사정이 아닌 이상, 계약 자리에는 소유주가 직접 못나오더라도 계약금과 잔금을 치르기 전에는 반드시 소유주를 직접 한 번은 만나보는 것이 좋다.

이번에는 건축물 대장에 대해 알아보도록 하자. 건축물 대장은 정부 24 사이트에서 발급 받아도 되고, 가까운 주민센터에 가서 민원을 신청해도 된다. 시청이나 구청에 비치된 자동발급기를 이용할 수도 있다.

건축물 대장의 종류는 크게 2가지인데, 단독 주택, 다가구 주택, 상가 주택의 경우에는 일반 건축물 대장을 확인해야 하고, 아파트, 연립, 다세대(빌라)의 경우에는 집합 건축물 대장을 확인해야 한다. 빌딩 투자자들은 일반 건축물 대장으로 선택하면 된다.

등기부 등본에도 부동산의 기본 정보가 적혀 있는데, 굳이 건축물 대장을 따로 열람해서 봐야하는 이유는 무엇일까? 등기부 등본에 기록된 기본 정보들의 출처는 모두 '건축물 대장'이다. 건축물 대장의 내용을 토대로 등기부 등본을 업데이트하기 때문에 간혹 적혀있는 기본 정보가 다를 때가 있다. 등기부 등본만 믿고 덜컥 계약금을 넣었다가 손해를 볼 수도 있다.

예를 들어 건축물 대장에 있는 건물의 면적이 등기부 등본에 적혀 있는 면적보다 작다고 생각해보자. 실제 면적은 건축물 대장과 동일할 것이기 때문에 본인이 생각했던 것보다 적은 면적의 건물을 높은 값에 매입한 꼴이 된다.

빌딩 투자자들이 봐야할 일반 건축물 대장은 크게 대지 위치와 지번 등의 기본 정보, 건축물 현황, 소유자 현황, 허가일자, 건축물 에너지 소비정보 및 그 밖의 인증정보, 변동사항의 6가지 파트로 나누어 진다.

　이 중 특히 유심히 봐야 할 것은 기본 정보와 건축물 현황, 그리고 변동사항이다. 기본 정보에서 '지역', '지구', '구역'은 땅의 가치를 정하는 중요한 부분이다. 각각 어떤 용도인지에 따라 건물을 지을 수 있는 층수가 달라지고, 건축허가 여부가 판가름 나기 때문이다. 내 땅이라고 해서 내가 원하는 크기의 건물을 지을 수 있는 것은 아니다. 이외에도 대지 면적, 연면적, 건축 면적, 층수, 건폐율, 용적률 등 꼼꼼한 확인이 필요하다.

　다음으로 건축물 현황은 건물의 층별 구조와 용도, 면적이 기입되어 있는 곳이다. 만약 건축물 현황에 5층까지 밖에 없는데 실제 건물은 6층이라면 위법건축물일 가능성이 높다. 대장상에는 옥탑방이 없는데, 실제로 옥탑방이 있는 경우도 마찬가지이다. 층수뿐만 아니라 용도도 유심히 봐야 한다. 건축물 대장에는 용도가 근린생활시설로 되어 있는데, 실제로 여러 개의 원룸으로 되어 있다면 위법건축물을 의심해야 한다. 이런 경우 세입자들이 전입신고를 할 수 없어 세입자들을 구하기도 힘들다.

　이외에도 건축물 대장과 실제의 건물 모습이 다른 점이 있다면 최대한 섬세하게 따져보아야 한다. 큰 걱정 없이 건물을 매입했다가 이후 위법건축물을 철거하는 비용이나 이행 강제금을 내야 하는 경우가 생길 수 있다.

　변동사항은 건물의 용도나 면적 등의 변동 여부에 대해 적혀 있는 구간이다. 위법건축물 여부가 적혀 있으므로 만약 위법건축물이 등록되어 있다면 소유주에게 이행 강제금을 어느 정도 내고 있는지, 철거비용은 얼마나 되는지 물어볼 필요가 있다.

　마지막으로 토지이용계획 확인서를 보는 방법에 대해 알아보자.

　부동산에 대해 잘 모르는 사람들은 토지를 사면 원하는 만큼 건물을 짓고 뭐든지 할 수 있을 거라고 착각하기 쉽다. 하지만 토지는 각각의 목적과 용도가 정해져있어서 토지의 용도에 대해 잘 알지 못하고 섣불리 샀다가는 큰 낭패를 볼 수 있다. 예를 들어 땅을 구매한 후, 10층짜리 건물을 짓고 임차인들을 구해서 월세 받을 생각에 부풀어 있었다고 가정해 보자. 그러나 그 땅에는 건물을 4층까지 지을 수 없다는 사실을 안다면 얼마나 황당할까? 이런 일이 없으려면 토지를 매입하기 전에 그 용도를 이해하고 있어야 한다. 이 때문에 토지이용계획 확인서를 꼭 확인해야 하는 것이다. 토지이용계획 확인서는 구청이나 군청 또는 토지이용규제정보서비스(luris.molit.go.kr), 또는 정부24에서 확인할 수 있다.

　토지이용계획 확인서는 앞면, 뒷면으로 이루어져 있는데 앞면에서 유심히 봐야할 부분은 '지역, 지구 등 지정 여부'에 대한 내용이다. 지역과 지구가 어떻게 지정되어 있느냐에 따라 건물을 신축하거나 재건축할 때의 제약이 정해져 있다.

　예를 들어 옆의 땅과 공동개발로 지정이 되어 있어서 단독개발이 불가능할 수도 있다. 이외에도 여러 가지 변수가 존재하는데, 재개발구역일 경우 땅이 수용될 수도 있고, 지구단위구역일 경우 층수이나 용적률에 제한을 받을 수 있다. 이 부분은 서류만 확인하지 말고 토지이용계획 확인서에 기재되어 있는 내용을 토대로 담당 공무원에게 상세한 제한사항을 물어보는 것이 확실하다. '이 주소의 땅에 어떤 건물을 신축하려고 하는데 특별한 제한사항이 있는지' 물어보고 확답을 들어야 한다.

건물의 가치는 결국 땅이 절대적으로 큰 영역을 차지하기 때문에 아무리 화려하고 멋진 건물이라고 하더라도 땅의 가치가 낮다면 투자를 심사숙고하는 것이 좋다.

다시 한 번 정리해 보자. 등기부 등본에서는 갑구에서 소유권에 대한 내용을 중점으로 파악하고, 계약 시에는 반드시 건물의 소유주 주민등록증 검증을 통해 실제 소유주 여부를 확인해야 한다. 건축물 대장에서는 위법건축물이나 불법용도 변경의 여부에 대해 확인하고, 토지이용계획 확인서에서는 토지의 용도를 검토해야 한다. 만약 검토하고 있는 건물이 많아서 일일이 서류를 떼보기가 너무 버겁다면 효율적인 방법이 있다.

이전에는 부동산의 전체적인 내용을 파악하기 위해서는 모든 공적 장부 서류들을 일일이 발급받아야 했지만, 현재는 국토교통부가 2016년부터 시행한 '부동산종합증명서'를 통해 부동산에 관한 정보를 한눈에 확인할 수 있다. 일사편리(kras.go.kr:444) 홈페이지에서 부동산종합증명서를 발급받아 토지의 지목, 건물의 층수, 구조, 소유자 등을 한 눈에 볼 수 있다. 온라인으로 발급받는 경우 약 1,000원의 수수료가 들어가지만 열람만 하는 경우는 무료이다. 구체적인 내용을 확인하기 위해서는 각각의 서류를 열람하여 꼼꼼히 체크해야만 한다. 하지만 투자하려는 건물의 내역을 간단히 확인할 때는 부동산종합증명서를 보는 것이 더 효율적이다.

핵심 정리

빌딩 투자에서 중점적으로 봐야 할 공적장부는 등기부 등본, 건축물 대장, 토지이용 계획 확인원이다. 등기부 등본과 주민 등록증을 통해 건물의 실제 소유주를 명확히 파악하고, 건축물 대장을 통해 위법건축물 여부 등을 검토해야 한다. 또한 토지이용 계획 확인원을 통해 향후 건물의 개발 시 토지이용에 제한이 있는지 따져 보아야 한다. 해당 부동산의 전체적인 내용을 한눈에 보고 싶다면 '부동산종합증명서'가 효율적이다.

공실 가능성이 적은
빌딩은 분명히 있다

상가나 건물을 가진 투자자들이 가장 걱정되는 것이 무엇일까? 공실이다. 특히나 요즘에는 대출을 50퍼센트 이상 받아 빌딩을 매입하는 경우가 대다수이기 때문에 공실이 많이 나오면 당장 대출 이자를 감당하기 어려워진다. 그렇다면 건물의 공실률을 최대한 줄이는 방법은 무엇일까?

시장의 입지분석과 전문가의 조언, 자신이 알고 있는 지식 통해 공실이 안 나올만한 건물을 구매하는 것이다. 공실률을 줄이기 위한 더 좋은 방법은 없다. 공실이 안 나올만한 상권, 입지를 찾는 방법은 무엇일까? 앞에서도 계속 말해왔듯이 이미 비싼 상권이다.

이미 오랫동안 핵심 상권의 역할을 해왔고, 사람들의 발길이 끊이지 않는 곳이다. 접근성이 좋고, 사람들이 모여 문화가 형성되어 있으며, 이미 임대료가 많이 올랐음에도, 젠트리피케이션을 이겨낼 정도로 끊임없이 임차인들이 들어서는 곳이어야 한다.

사람들은 오래된 상권일수록 개성을 잃고 사람들의 발길이 끊길 것이라고 생각하지만 그렇지 않다. 그런 상권들은 오래돼서 망하는 것이 아니다. 우리는 어떠한 상권을 갈 때 개성을 찾기 위해 가지 않는다. 원하는 것이 그곳에 있다는 신뢰감으로 가는 것이다.

투자자들이 건물을 매입할 때 가장 크게 위험을 간과하는 것은 오래된 상권의 건물을 매입하는 것이 아니라, 반대로 반짝 떠오르는 상권의 건물을 섣불리 매입하는 것이다. 지금 당장의 상권이 엄청 활성화되어 보이기 때문이다. 이처럼 위험한 행동은 다시 한 번 생각해야 한다. 앞서 말했듯이 상권의 유행은 잠깐이다. 안정적인 투자의 핵심은 '오래된 상권일수록 더 오래갈 확률이 높다'라는 것이다.

혹시 '린디 효과'라는 말을 들어본 적 있는가? 뉴욕 브로드웨이 인근에 있는 '린디'라는 치즈케이크로 유명한 가게에서 나온 단어이다.

브로드웨이 인근에 위치한 가게의 위치 때문에 그 곳에는 배우들이 많이 방문하곤 한다. 배우들의 주된 대화 화제는 무엇인가. '어떤 공연이 오랫동안 지속될 것인가?'이다. 그들의 생계와 직결된 문제이기 때문이다. 수년 동안 브로드웨이에서 공연을 했던 배우들의 결론에 의하면 '오랫동안 해왔던 공연일수록 앞으로 더 지속될 가능성이 높다'라는 것이었다.

예를 들어 첫 번째 공연 이후 100일 동안 공연이 지속되었다면, 뒤이어 100일 동안 공연이 더 지속될 가능성이 높고, 200일 동안 상연되었다면 이후 200일 동안 더 이어질 확률이 높다는 것이다. 이를 통계적으로 연구한 것이 바로 '린디 효과'이다.

린디 효과는 특히 정답이 없는 분야에서 강한 힘을 발휘한다. 비즈니스의 영역, 투자의 영역 등 복잡계의 영역에서 가장 신뢰가 높다. 생존에 관한 문제이기 때문에 학자들이 해왔던 어떤 연구보다 실전에 가깝기 때문이다. '여태까지 어떠한 것이 오랫동안 생존해왔다. 그러니 앞으로도 어떠한 조건을 갖추면 오랫동안 생존할 확률이 높다.' 따위의 사후 분석 편향적 연구가 아니다. '여태까지 오래 생존해왔으니 앞으로도 오래 생존할 확률이 높다.'라는 실전적 연구 결과이다. 끊임없이 무너질 수 있는 위험에 노출되었는데도 살아남은 것들은 그만한 이유가 있다.

물론 린디 효과가 적용되지 않는 분야도 있다. 인간과 동물의 생명처럼 노화가 되는 것들이다. 시간이 지나면 수명이 다해 생존이 끝날 수밖에 없다. 태어난 지 1년이 된 아기는 80세가 된 노인보다 오래 생존할 확률이 높다. 린디 효과가 제약 없이 적용되는 대상은 불멸의 속성을 지닌 것들이다. 사상, 책, 기술, 절차, 기관, 법, 정치 체계 등 말이다. 우리는 토지의 특성 중 불멸성이 있다는 사실을 알고 있다.

그렇다면 우리나라에서 린디 효과를 감안했을 때 안정적인 핵심 상권들은 어디일까? 우리가 익히 들어 유명한 상권들이 오래된 상권들이다. 오래됐기 때문에 우린 직관적으로 어떤 곳들이 핫플레이스인지 알고 있다. 홍대입구, 건대입구, 신촌, 강남, 이태원, 명동, 성신여대 등 우리가 알고 있는 유명한 상권들은 대부분 오래 지속되어 온 곳이다.

명동, 강남역, 홍대… '핵심 상권'도 비어간다.

외국인 관광객 감소에 최저 임금 인상, 주52시간 근무, 내수경기 침체 등이 겹치면서 서울 핵심 상권마저 빠른 속도로 위축되고 있다. 웬만한 불황에는 끄떡없는 명동과 강남역 상권에서조차 통째로 빈 건물이나 1층 공실이 늘어나고, 권리금이 수억 원씩 급락하고 있다.

22일 찾은 명동 이면도로에선 통째로 빈 4~5층짜리 건물을 쉽게 찾아볼 수 있었다. 명동○길 4층 건물은 한 달 전 폐업한 뒤 통째로 비어 있었다. 패션 브랜드 B사를 영업하던 곳이다. 인근 A공인 대표는 "기존 임차인이 나간 뒤 임대료를 20퍼센트 낮췄지만 아직 새 임차인이 나타나지 않았다"고 말했다. 이 건물 바로 옆 건물 1층에도 영어로 '임대(for lease)'라는 문구가 붙어 있었다. 인근 K공인 대표는 "6개월 전부터 비어 있었다"며 "작년부터 시작된 상권 침체가 최저 임금이 오른 올해 더 뚜렷해졌다"고 말했다.

서울 강남 상권에서도 1층 공실이 심심치 않게 눈에 띄었다. 강남G타워 길 건너 1층 상가는 1년 이상 공실 상태다. S은행이 있던 자리다.

아웃도어 브랜드 머렐과 여성의류 리스트가 입점해 있던 인근 1층 상가 점포도 올 초부터 비어 있다. 인근 L공인 대표는 "유커로 호황을 누리던 시절의 월 임대료 1,600만~1,700만 원을 고집하다 보니 새 임차인을 구하지 못하고 있다"고 말했다.

○○경제 2018. 7. 22

물론 이런 뉴스나 기사들을 보면서 걱정이 '핵심 상권이라고 해서 영원한 건 아니구나'라는 생각을 할 수도 있다. 하지만 투자자라면 언론의 가벼운 기사들에 쉽게 현혹돼서는 안 된다.

언론에서는 엄청나게 활성화되어 있는 것처럼 말하는 신도시에 가보면 사람들이 거의 없고 황량할 수도 있다. 투자자는 뉴스나 기사만 믿으면 안 된다. 직접 가보고 통계를 쪼개면서 분석해야 한다.

물론 위의 기사가 사실일 수도 있다. 명동은 우리나라에서 땅값이 가장 비싼 곳이다. 그럼에도 불구하고 경제가 힘들면 공실이 평소보다는 늘어날 지도 모른다. 그러나 아래의 기사를 보면 꼭 그렇지만은 아닌 듯하다.

1분기 서울시 소규모 상가 평균 공실률 2.9퍼센트

수익형 부동산 전문기업 상가정보연구소는 10일 한국감정원 통계를 분석한 결과 2019년 1분기 서울시 소규모 상가 평균 공실률은 2.9퍼센트라고 밝혔다. 이는 중대형 상가의 평균 공실률 7.5퍼센트, 오피스 평균 공실률 11퍼센트 등을 봤을 때 비교적 낮은 공실률이다. 소규모 상가는 건축물 대장상의 주용도가 상가(제1,2종 근린생활시설, 판매시설, 운동시설, 위락시설)이고 건축 연면적이 50퍼센트 이상이 임대되고 있으며 2층 이하이고 연면330㎡ 이하인 일반 건축물이다.

서울시에서 소규모 상가 공실률은 타 상가에 비해 매우 낮은 편이다. 심지어 공실률이 0퍼센트로 조사된 지역도 있었다. 공실률이 0퍼센트로 조사

현재 국내 경제 상황과 세계 경제 상황, 정부의 정책 등에 대한 영향으로 시장이 많이 힘들어진 것은 사실이다. 전국적으로 공실률이 늘어나고 있다. 기사들은 대부분 핵심 상권의 몰락, 공실률 폭등에 대한 기사를 쓰기 위해 안달이 되어있다.

핵심 상권들이 무너지고 있다는 진짜 증거를 확인하기 위한 가장 좋은 방법은, 소유주들이 건물을 매물로 내놓기 시작하는지 여부이다. 공실이 많고, 실제로 자신의 건물이 있는 상권이 죽어가는 것을 가장 빨리 느끼는 것이 누굴까? 당연히 건물주다. 투자자들은 투자처를 찾기 위해 전국을 돌아다니지만, 건물주는 자신의 건물에 가장 큰 관심이 있다. 때문에 주변의 호재나, 악재, 상권의 흥망성쇠에 가장 민감하다. 핵심 상권들의 공실률이 올라간다면 시장에 팔기 위해 매물이 나와야 하는데, 빌딩 거래의 현장에 있는 입장으로서 현재는 전혀 그럴 기미가 없다. 오히려 현금이 있는 투자자들은 눈에 불을 켜고 핵심 상권에 있는 빌딩을 매입하기 위해 물건이 나오기만을 기다리고 있다. 반면 건물주들은 공실이 있던 말던 물건을 팔기 위해 내놓지 않는다. 왜 그럴까? 이러한 투자자들과 건물주들은 이미 과거의 투자 경험을 통해 온몸으로 느껴왔다. 잠시 경제가 좋지 않아 공실이 나올 수는 있어도, 핵심 상권은 절대 망하지 않는다는 사실을 말이다.

거제시 옥포 중대형 상가 수익률, 올해 첫 마이너스 기록

올해 2분기 전국 중대형 상가 투자 수익률은 작년 같은 분기 대비 0.19퍼센트 포인트 감소한 것으로 조사됐다. 30일 상가정보연구소가 한국감정원 통계를 분석한 결과, 올해 2분기 전국 중대형 상가 투자 수익률은 1.53퍼센트로 전년동기 1.72퍼센트 보다 낮게 나타났다.

2분기 중대형 상가 투자 수익률이 평균 이상이었던 지역은 서울(1.88퍼센트), 인천(1.78퍼센트), 경기(1.77퍼센트), 광주(1.71퍼센트), 부산(1.62퍼센트) 등지였고 1퍼센트대 이하 낮은 수익률을 보인 지역은 제주도(0.52퍼센트), 경남(0.84퍼센트)이었다. 경남에서는 마이너스 투자 수익률을 기록한 상권도 나왔다. 경남 거제시 옥포 상권의 2분기 중대형 상가 투자 수익률은 -0.67퍼센트로 올해 전국 첫 마이너스 수익률을 냈다.

○○경제 2019. 7. 30.

정리해보자. 공실률을 낮추기 위해서 우리가 생각해야 하는 것은 무엇인가? 애초에 공실이 낮은 곳을 선택해야 한다. 물론 상가 투자 관련 책들을 보면 가지각색의 조언들이 즐비하고 있다. 프랜차이즈 본점을 공략해서 자신의 건물에 입점 시키고, 각종 단체나 협회를 찾아서 홍보하고, 기타 홍보매체를 활용하고, 중개사무소에 수수료를 많이 주는 등의 방법을 말하면서 공실을 최소화 시킬 수 있다고 말한다. 이런 전략들은 애초에 상권이 형성되어 있고, 활성화되어 있을 때의 이야기다.

공실률을 낮추기 위한 가장 좋은 방법은 애초부터 공실이 나올 확률이 적은 빌딩을 매입하는 것이다. 그런 곳이 어디인가? 여러 가지 위험에도 오랫동안 견뎌온 서울의 핵심 상권들이다.

빌딩 투자 시 **기본적**으로
알아야 할 **용어정리**

빌딩 투자 시 알아두어야 할 필수용어에 대해 정리해 보자.

• **대지 면적** - 말 그대로 땅 전체의 면적이다.

• **연면적** - 땅 위에 지어져있는 건축물의 각층 바닥면적에 대한 총 합계이다.

• **건축 면적** - 건축 면적이란 건물이 지어진 바닥 면적이다. 즉, 건물 1층의 전체 면적을 뜻한다. 좀 더 자세히 말하자면, 건축물 외벽의 '중심선'으로 둘러싸인 부분의 수평 투영 면적을 의미한다.

• **건폐율** - 대지 면적에 대한 건축 면적의 비율이다.

(건축 면적/대지 면적 x 100 = 건폐율(%)

건폐율

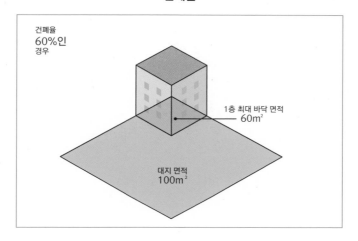

건폐율이 높을수록 해당 토지에 건물을 넓게 지을 수 있다. 대지 면적이 100m²이고, 건폐율이 60퍼센트일 경우, 1층 최대 바닥 면적은 60m²가 된다.

- **용적률** - 대지 면적에 대한 건축물의 연면적(지하층 제외) 비율이다.

(지상의 연면적 / 대지 면적 x 100 = 용적률(%))

용적률이 높을수록 해당 토지에 건물을 높게 지을 수 있다. 대지 면적이 100m²이고, 용적률이 200퍼센트인 경우, 연면적을 최대 200m²까지 지을 수 있다. 건물의 바닥면적이 층마다 동일하다고, 한 층의 면적이 50m²라고 가정할 때 최대 4층까지 지을 수 있다.

빌딩 투자에서 건폐율과 용적률이 특히 중요한 이유는, 모든 땅에는 용도가 있기 때문이다. 땅의 용도에 따라 법적으로 허용되는 건폐율과 용적률이 정해져 있다. 다음은 서울시의 건폐율 용적률 조례이다.

용적율

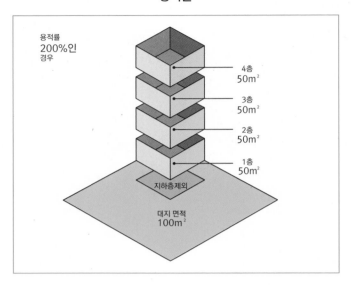

지역		용도지역	건폐율(%)	용적률(%)
도시지역	주거지역	제1종 전용 주거지역	50	100
		제2종 전용 주거지역	40	120
		제1종 일반 주거지역	60	150
		제2종 일반 주거지역	60	200
		제3종 일반 주거지역	50	250
		준주거지역	60	400
	상업지역	중심상업지역	60	1000(800)
		일반상업지역		800(600)
		근린상업지역		600(500)
		유통상업지역		600(500)

*상업지역 용적률의 () 부분은 서울지역 4대문 안 지역이다.

전용 주거지역은 단독 주택, 공동 주택 중심의 지역이다.

일반 주거지역은 종에 따라 저층, 중층, 중고층 주택 중심의 주거환경으로 조성되어 있다. 중소형 빌딩은 주로 2~3종 일반 주거지역에 있는 경우가 많다.

준주거지역은 주거기능에 상업, 업무기능을 보완한 지역이다.

상업지역은 도심에서도 핵심적인 업무기능을 담당하는 지역이다. 일반적으로 고층 빌딩이 몰려있는 곳이 상업지역이라고 보면 된다.

- **젠트리피케이션** - 낙후된 지역이 재생, 활성화되면서 중상류층과 투자자들이 진입하는 현상이다. 투자자들이 몰리고 건물의 가격이 오르면서 임대료도 같이 오르게 된다. 이 과정에서 원래 있던 상인들은 임대료를 감당하지 못하게 된다. 이런 현상을 젠트리피케이션이라고 한다. 흔히 골목상권에서 이런 일이 많이 발생한다.
- **렌트 프리** - 일정기간 동안 임대료를 받지 않고 무상으로 사용하도록 하는 것을 말한다. 렌트 프리는 임대인이 공실 나는 것을 피하기 위해 활용하는 하나의 마케팅 전략이다.

2년 계약에 6개월 렌트 프리를 준다고 하면, 1년 반만 임대료를 내면 된다. 렌트 프리는 주로 젠트리피케이션의 영향을 받은 상권에서 많이 일어난다. 임대료와 건물의 가격이 높아지면서 상인들이 떠나게 되면, 공실이 점점 늘어난다. 임대료를 다시 낮출 경우 건물의 가치가 떨어지게 되니, 건물주들은 절대 임대료를 낮추지 않는다. 임대료를 낮추지 않으니 공실이 늘어나게 되고, 결국 공실을 채우면서 형식적인 임대료를 낮추지 않는 방법인 렌트 프리를 선택하게 된 것이다.

- **명도** - 현재 토지나 건물 등을 더이상 점유할 권리가 없는 사람을 내

보내는 행위이다. 빌딩 투자 시 명도는 가장 많이 사용하게 되는 용어 중 하나다. 임대료를 높이기 위해 현재 임차인을 내보내고 다른 임차인을 구하거나, 리모델링 또는 재건축을 할 때 등 건물의 가치를 높이는 과정에서 반드시 명도를 거쳐야 하기 때문이다.

• **임장** - 사전적 의미는 '어떤 일이나 문제가 일어난 현장에 나옴'으로 되어있다. 부동산에서는 해당 건물이 있는 지역의 특성과 물건의 가치를 판단하고 향후 의사 결정에 활용하기 위한 현장 조사를 말한다.

• **레버리지 효과** - 차입(대출)한 돈을 지렛대 삼아 자기 자본이익률을 높이는 것을 말한다. 만약 빌딩 투자를 통해 얻을 수 있는 임대 수익률이 4퍼센트이고, 대출 금리가 3퍼센트라고 하면 대출을 많이 받아 실투자금을 낮출수록 수익률이 올라간다.

예를 들어 50억 원짜리 건물을 투자할 때 전액 현금으로 매입할 경우 임대 수익률이 4퍼센트이다. 만약 3퍼센트 이자의 대출을 40억 원 받고, 실투자금이 10억 원이라고 생각해 보자. 40억 원의 3퍼센트 이자는 연 1억 2천만 원이다. 50억 원의 4퍼센트는 2억 원이다. 따라서 이자를 상쇄하고도 8천만 원이 남는다. 실투자금 10억 원 대비 8천만 원이면 수익률은 8퍼센트에 달한다.

현재는 기준 금리가 1.5퍼센트이므로 저금리에 해당한다. 대출을 최대한 받을수록 실투자금 대비 임대 수익률은 올라간다. 이것을 레버리지 효과라고 한다.

50억 원 건물 100퍼센트 현금 투자 시 = 수익률 4퍼센트

50억 원 건물 80퍼센트 대출, 20퍼센트 현금 투자 시 = 수익률 8퍼센트

• **지구단위계획** - 해당 지역을 체계적이고 계획적으로 관리하기 위해 수립하는 도시관리계획이다. 빌딩 투자에서 지구단위계획이 중요한 이유 는, 재건축이나 리모델링 증축 등을 할 때 제한이 걸릴 수 있기 때문이다. 지구단위계획에 따라 용적률, 층수 제한이나 단독개발이 불가능한 경우도 있다. 만약 투자하려는 건물이 지구단위계획구역으로 되어 있다 면, 반드시 해당 구청의 담당 공무원에게 개발 제한 여부를 확인받아야 한다. 지구단위계획의 제한사항에 따라 건물의 가격이 크게 달라지기도 한다.

• **RTI(Rent To Interest)** - 임대사업자에게 해당되는 대출 규제이다. RTI란 임대사업자의 연간 임대 소득을 연간 이자 비용으로 나눈 비율이다. 현재 규제로는 주택은 1.25배, 비주택은 1.5배로 설정되어 있다. 예를 들어, 상가 건물의 임대 소득이 연간 1억 5천만 원이라면, 대출이자로 1억 이상이 나와서는 안 된다. 실제로 RTI 규제가 도입된 이후 대출 가능 비율이 현저히 낮아졌다. 따라서 현재에는 RTI규제를 피해 대출을 많이 받기 위해 법인 명의로 대출을 받아 빌딩을 매입하는 경우가 많아졌다.

투자한 **빌딩의 가치**를
높이는 3가지 방법

　　빌딩 투자 관련 서적들과 강의들을 접하다보면 가치가 낮게 평가된 노후된 건물을 매입해서 리모델링을 하거나 재건축을 하라고 말한다. 그렇게 하면 건물의 가치가 재평가되면서 큰 시세 차익을 얻을 수있다면서 말이다. 맞는 말이다. 노후된 건물은 당연히 시세보다 저렴하게 시장에 매물로 나오고, 손볼 곳이 없는 건물은 시세보다 비싸게 나오기 때문이다. 여기에서 관건은 리모델링과 재건축을 하는데 걸리는 시간과 노력에 비례해 수익성이 나와야 한다는 사실이다.

　　또한 수익성이 높다고 해도 노후된 건물을 새로 짓거나 수선하는 과정이 나의 성향과 맞지 않을 수도 있다. 이번 장에서는 크게 3가지 정도의 방법을 통해 기존 건물의 가치를 높이는 방법에 대해 설명할 것이다.

1. 기존 임차인들을 내보내고, 건물 이미지에 좋은 임차업종으로
   변경 및 임대료 인상(재임대)
2. 노후된 건물을 매입하여 리모델링
3. 노후된 건물 혹은 나대지를 매입하여 재건축 및 신축

일반적으로는 건물을 매입하고, 바로 임대료를 받는 것만 생각하기 쉽지만 그렇게 해서는 수익의 한계성이 너무나 명확하다. 여태까지 말해왔듯이 좋은 입지(핵심 지역)일수록 임대 수익률은 낮아지기 마련이다. 미래 가치가 높기 때문이다. 따라서 공격적인 성향의 투자자들에게는 수익률이 만족스럽지 못할 확률이 높다. 빌딩 매입 후 가치를 높이는 일련의 과정이 필요하다.

먼저 기존에 있는 임차인들을 내보내고 건물 이미지에 좋은 프랜차이즈 업종, 병원 업종 등의 임차인을 새로 구하는 방법이다. 시중에 나와 있는 매물을 보다보면 건물의 상태가 멀쩡한데도 불구하고 인근의 임대시세보다 저렴하게 임대를 주고 있는 건물들이 꽤 있다. 건물주가 해외에 있어 관리에 미흡하거나, 건물의 꼭대기 층에 거주하면서 임차 인들과 사이가 워낙 가깝다보니 임대료를 올리지 못 올릴 때도 있다. 건물의 문제가 아닌 건물주와 임차인 사이의 문제로 임대료를 저렴하게 내주고 있을 때에는 재임대를 통해 건물의 가치를 올릴 수 있다. 다만 명도가 가능한지 최초계약일을 확인해 보아야 한다. (2018년 10월부터 임차인의 계약 갱신 요구권 행사기간이 기존 5년에서 10년으로 늘어났다. 즉, 임차인이 2년 계약을 했어도 정당한 사유에 해당하지 않는 이상은 임차인이 계약 갱신요구를 할 경우

최초계약일로부터 10년까지 보장해야 하는 것이다. 법이 바뀌기 전부터 있던 임차인들은 해당사항이 되지 않는다.)

따라서 계약 갱신 요구권 기간이 끝난 임차인 중 임대료를 시세보다 낮게 내고 있는 경우가 있다면 재임대를 고려해볼 수 있다. 특히 유명 프랜차이즈와 같은 우량 임차인이 건물에 입점할 경우 건물의 가치 상승까지 이루어진다.

3년 만에 29억 원→46억 원… 건물 값 올려주는 세입자

서울지하철 4호선 성신여대입구역에서 성신여대 정문으로 가는 골목길에 있는 지상 3층짜리 상가는 이른바 '○○벅스 건물'로 불린다. ○○벅스는 2012년 이 건물을 통째로 리모델링한 후 전체를 임차해 쓰고 있다. 원래 보증금 2억 원, 월 임대료 900만 원이었던 건물에 보증금 3억 5,000만 원, 월 임대료 1,300만 원을 내고 입주했다. ○○벅스가 입주하면서 건물주는 소위 '대박'이 났다. 2011년 이 건물을 29억 원에 매입했는데 벅스가 들어온 후 2년만인 2014년 46억 6,000만 원에 팔았다. ○○벅스 덕에 건물 값이 3년 만에 17억 원이나 오른 것이다.

경기도 의왕시 ○○동의 지상 2층짜리 상가도 마찬가지다. 이 건물은 원래 보증금 1억 원, 월 임대료 800만 원에 가구점들이 입점해 있었다. 그런데 2010년 ○○리아, 2015년 다○○가 각각 들어오는 등 임차인이 바뀌면서 보증금이 3억 5,000만 원, 월 임대료가 1,300만 원으로 수직 상승했다. 2010년 20억 원 정도였던 건물 시세 역시 현재 40억 원 정도로 두 배 뛰었다.

○○일보 칼럼 2018. 7. 22.

재임대에서 기억해야 할 것은 시세보다 낮은 가격을 받고 있던 임차인을 내보내고 시세에 적당한 임대료를 받는 것이다. 시세보다 높은 가격을 받고 싶겠지만 과한 욕심은 장기간의 공실을 불러올 수 있으므로 오히려 건물의 이미지에 타격을 입힐 수 있다. 임대료를 시세에 맞추는 것만으로도 충분한 건물의 가치 상승을 기대할 수 있다. 재임대의 가장 큰 장점은 리모델링이나 재건축처럼 큰돈을 들이지 않고서도 건물의 가격을 단기간 내에 상승시킬 수 있다는 점이다.

이번에는 리모델링에 대해 알아보자. 기본적으로 건물이 노후되었다고 했을 때 떠오르는 해결방법은 재건축이 있다. 아파트, 빌라의 경우 재건축이 되는 경우를 주변에서 보았기 때문이다. 그러나 신축은 개인이 진행하기에는 절차가 복잡하고 여러 변수들이 많다. 투자자 입장에서는 돈과 시간적인 문제로 부담이 되는 것이 현실이다. 이에 따른 차선책이 바로 리모델링이다.

재건축을 하지 않고 리모델링을 선택하는 이유 중 하나는 토지 활용 제한과 건축 규정이 과거보다 강화되었기 때문이다. 건물을 아예 허물고 다시 지을 경우 새로운 규정의 영향을 그대로 다 받게 된다. 그러나 리모델링을 할 경우 기존에 허가받았던 건폐율과 용적률을 그대로 활용할 수 있으므로 더 넓은 공간을 활용할 수 있다. 시간과 비용적인 문제도 있다.

건물을 신축할 경우 신축 공사비는 연면적 기준으로 3.3m²(1평)당 약 450만 원 정도의 공사비가 들어간다. 하지만 리모델링을 할 경우 평당 250~300만 원으로 신축 공사비의 60~70퍼센트 내외로 가능하다. 공사 기간 또한 신축보다 리모델링이 더 짧다. 땅을 파는 토목, 콘크리트 구조체를 만드는 골조 공정을 생략하기 때문이다. 공사 기간이 짧다는 것은 건물주 입장에서 큰 장점이 될 수 있다. 건물이 빨리 지어질수록 빨리 임대료를 받을 수 있고, 이에 따라 대출 이자도 줄일 수 있기 때문이다. 이런 여러 가지 장점들 때문에 최근에는 재건축보다 리모델링을 선호하는 성향이 강하다. 투자 비용 대비 효율이 가장 높기 때문이다.

특히 엘리베이터가 없는 건물의 경우 리모델링을 하면서 엘리베이터를 설치했을 때 얻는 이익이 크다. 엘리베이터 설치를 통해 3층 이상의 임차인에게도 2층과 비슷하게 임대료를 받을 수 있기 때문이다.

승강기의 마법…가치 24억→40억으로 껑충

영등포로 30m대로에 접한 사례 빌딩은 1991년에 준공된 노후된 빌딩이다. 2012년에 자본소득 목적으로 손바꿈이 일어났고 현재 밸류업이 완료된 상태다. 사례 빌딩은 매입 당시 용적률 300퍼센트(준공업지역 법정 최대 400퍼센트)로 비교적 토지를 최유효 이용하고 있었다. 다만 건물이 노후되어 있고 엘리베이터가 없다 보니 주변에 비해 임대료가 저렴하고 상층부는 공실이 자주 발생했다. 건물 내외관과 승강기를 신설하는 밸류업을 계획하고 매입을 결정했고, 당시 임차인이 임대차보호법상 임대차계약 갱신 요구를 할 수 있는 기간이 초과돼 양도도 원만히 진행됐다…(중략)

개략적 공사 범위는 크게 (1) 엘리베이터 신설 (2) 계단실 구조 변경 (3) 각

층 배관 및 화장실 공사 (4) 건물내·외관 공사 (5) 구조 보강 등이다. 해당 빌딩을 약 5개월의 시간과 5억 원 정도의 비용을 들여 리모델링했다. 리모델링 공사 후 1층은 판매점, 상층부는 오피스로 임대했다. 총 임대료는 보증금 1억 5,000만원에 월 임대료 1,200만 원이다. 공사 비용을 크게 나누면 엘리베이터 공간 철거 및 신설에 1억원, 계단실 철거 및 신설에 1억 원, 그 외 내·외관 공사 및 구조 공사 등에 약 3억 원이 들어가면서 총 공사 비용 약 5억 원이 투입됐다.

해당 밸류업 사례를 상세히 분석해보면 매입 원가 + 리모델링 비용을 합하면 총 24억 원을 실투자했고 현재 가치는 40억 원이다. 보유 기간 중 공사 기간 5개월을 제외한 운영 수익과 자본 수익은 약 24억 5,000만 원으로 실투자 금액 대비 약 102퍼센트의 높은 수익을 얻었다.

○○경제 2019. 3 .8.

모든 건물을 리모델링한다고 해서 무조건적으로 높은 차익을 얻을 수 있는 것은 아니다. 20년이 넘은 건물도 리모델링을 해서 크게 차익을 얻지 못하는 경우도 있고, 10년도 안 된 건물인데 리모델링에 따라 높은 차익이 생길 수도 있다. 수익성 여부에 대해서는 빌딩을 매입하기 이전에 꼼꼼한 검토가 필요하다. 수익성 검토 절차에 대해서는 뒤에서 좀 더 자세히 다루도록 하겠다.

마지막으로 빌딩의 가치를 올리는 방법 중 가장 핵심인 재건축에 대해 살펴보자. 보통 재건축이라고 하면 이미 있는 건물을 완전히 허물고 다시 짓는다는 생각이 강하다. 맞는 말이지만, 재건축 용도의 건물을 매입한다는 것은 사실 '빌딩을 사서 재건축한다'보다는 도심의 땅을 산다는 의미로 생각하는 것이 맞다. 도심의 땅은 웬만해선 모두 개발이 되어 있는 상태이고, 신축할 나대지(건축이 가능한 빈 땅)는 없다고 봐도 무방하다. 그렇기 때문에 건물의 가치가 아예 없는 노후된 건물을 매입한다는 것은 신축용 땅을 사는 것이다. 대부분 오래된 단독 주택이거나 다가구 주택이 많다.

이러한 건물들은 대부분 관리가 잘 안되어 임대료가 주변에 비해 매우 낮은 상태이거나 공실로 방치되어 있는 경우가 많다. 이를 이용해서 최대한 시세보다 저렴한 값에 건물을 매입하고, 다시 짓는 것이 재건축이다.

따라서 재건축용으로 건물을 매입할 때 중점적으로 봐야 할 것은 딱 두 가지이다. 임차인의 명도가 가능해야 하고, 입지가 좋아서 신축 후 건물의 가치가 보장되는 곳이어야 한다. 오랜 시간과 노력, 큰돈을 들여서 건물을 새로 지었는데 가치를 제대로 인정받지 못한다면 의미가 없다. 리모델링과 마찬가지로 빌딩 매입 전 수익성 분석은 선택이 아닌 필수이다. 재건축의 수익성 분석에 대해서도 뒤에서 좀 더 자세히 다뤄보도록 하겠다.

빌딩의 가치를 올리는 3가지 방법에 대해 다시 한 번 정리해보자.

첫 번째는 건물에는 하자가 없으나 건물주와 임차인과의 관계 혹은 건물 관리 미흡으로 임대료를 시세보다 낮게 주는 경우이다. 이럴 때에는 기존의 임차인을 명도하고, 우량 임차인을 받아 시세에 맞춰 임대료를 받을 수 있다. 재건축이나 리모델링처럼 큰돈을 들이지 않고, 건물의 가치를 향상시킬 수 있다.

두 번째는 노후된 건물의 리모델링이다. 재건축보다 저렴한 금액과 짧은 시간 내에 건물의 가치를 향상시킬 수 있어 가장 효율적인 방법으로 꼽힌다. 특히 승강기가 없는 경우 리모델링을 통해 설치한다면 건물의 가치를 더 높일 수 있다.

세 번째는 노후된 건물의 재건축이다. 시간과 비용이 많이 들어가는 반면, 도심의 땅을 저렴하게 매입해서 내가 원하는 건물을 지을 수 있다는 장점이 있다. 입지와 수익성 분석이 따라준다면 높은 시세 차익이 가능하다.

핵심 정리

빌딩을 가치를 높이기 위해서는 크게 3가지 방법을 택할 수 있다.
1. 재임대를 통해 추가비용 없이 수익을 높이는 방법
2. 리모델링을 통해 효율적으로 건물의 가치를 높이는 방법
3. 노후된 단독 주택이나 다가구 주택을 매입하여 건물을 신축하는 방법

임차인들이 명도 문제, 임대료 문제로
속을 썩일 때는 어떻게 해야 할까?

투자를 끝낸 후 이제 한시름 놨다고 생각할 수 있겠지만, 사실은 이제부터 시작이다. 빌딩의 가치를 높이기 위해서는 기존의 임차인을 내보내고 재임대를 하거나, 리모델링을 하거나, 재건축을 해야 한다.

여기서 가장 중요한 첫 단추는 기존의 임차인을 내보내는 것이다.

뭐든지 시작이 어렵다고 했던가, 모든 절차 중에 명도는 가장 어려운 과정에 속한다. 때문에 가장 좋은 것은 빌딩 매입 전에 매도자가 명도를 해주는 조건으로 계약을 성사시키는 것이다.

하지만 대부분 매도자들은 세입자와의 오래된 정이 있어서 명도를 하기 꺼려하는 경우가 많다. 건물주 입장에서는 좋은 입지의 빌딩은 명도를 해주지 않아도 매수자가 나타나는데, 군이 나서서 명도를 해주겠다고 할 필요가 없다.

2014년 1월 1일 이후에 계약한 상가 임차인은 환산보증금에 상관없이 최초 계약일로부터 5년간 임대차 계약 갱신 청구권이 보장되고, 2019년 1월 1일 이후에 계약한 상가 임차인은 개정된 법에 의해 10년간의 계약 갱신 청구권을 보장해 주어야 한다. 따라서 2년간의 계약이 만기가 되어도 특별한 사유가 없는 이상 5년, 10년간은 명도에 한해서 임차 인이 칼을 쥐고 있게 된다.

명도는 실제 영업을 하고 있는 임차인들에게 생계가 달린 문제이다. 때문에 계약기간이 끝나서 법적으로도 나가야 하는 상황임에도 순순히 나가지 않는 임차인들이 있다. 그러다보니 명도하려는 건물주와 나가지 않으려는 세입자간의 법적 공방과 물리적 마찰이 사회적 논란이 되기도 한다.

'임대료 갈등' 서촌 ○○족발 사장, 건물주에 망치 휘둘러

가게 임대료 문제로 갈등을 빚으며 '젠트리피케이션'의 대표 사례로 지목된 '○○족발' 사장이 가게 건물주에게 망치를 휘둘러 경찰에 붙잡혔다. 임대차를 둘러싼 갈등이 둔기를 사용한 폭행사건으로까지 비화한 셈이다…
(중략)
김 씨는 2016년부터 이씨와 서울 종로구 서촌의 ○○족발 상가 임대료 인상을 둘러싸고 갈등을 빚었다. 2016년 1월 이 건물을 사들인 이 씨가 보증금 3,000만 원, 월 297만 원이었던 임대료를 보증금 1억 원, 월 1,200만 원으로 네 배 가까이 올리자 김 씨가 이에 반발한 것이다. 결국 이 씨는 명도 건물주 이 씨는 2016년에 서촌에 있는 건물을 매입하여 재임대를 주고자 했다. 주변 시세에 비해 터무니없는 보증금과 임대료를 받고 있기 때문이었다. 주변 시세에 맞춰 임대료를 인상하려 했으나 기존에 있던 임차인이 크게 반발을 일으켰다. 그의 입장에서는 오랫동안 저렴한 금액으로 임대를 해왔는데 갑자기 건물주가 바뀌어 임대료를 올리겠다고 통보를 해온 것이다.

결국 건물주 이 씨와 ○○족발의 사장인 김 씨는 합의점을 찾지 못했고, 건물주는 명도 소송을 걸어 승소했다. 강제 집행을 하는 동안 김 씨와 이 씨의 감정은 점점 격해졌고, 결국 김 씨는 건물주에게 망치를 휘두르기까지 했다.

이렇게 망치를 휘두르는 일까지는 흔하게 일어나진 않지만, 명도를 사이에 두고 건물주와 임차인의 감정이 고조되는 것은 빈번하게 일어난다. 서로의 이익과 손해가 반대영역에 있기 때문이다. 건물주는 대출을 받아 건물을 매입하기 때문에 빨리 명도를 하고 재임대를 하지 않으면 당장 손해를 입게 된다. 그러나 임차인의 입장에서는 오랫동안 장사를 해왔던 삶의 터전과 같은 곳이기 때문에 쉽게 그곳을 놓고 떠나지 못한다. 권리금뿐만 아니라 당장 먹고 살 수 있는 수입이 끊기기 때문이다.

당연한 말이지만 명도를 할 때에는 서로 큰 손해를 보지 않는 한에서 타협하는 것이 좋다. 결국 돈에 대한 이해관계는 돈으로 풀어야 한다.

건물주가 명도를 할 때, 나가는 임차인에게 이사 비용과 일정 금액(권리금 등)을 보상해 주고 빨리 정리하는 것이 좋을 수도 있다. 건물주 입장에 서는 '법적으로 돈을 줄 필요가 없는데 왜 줘야해?' 라고 생각할 수 있지만, 임차인이 안 좋은 마음을 먹고 끝까지 버티게 되면 결국 쌍방 손해다.

건물주는 당장 대출이자를 내야하고 재임대를 주지 못하기 때문이다. 마지막에는 법적 공방에서 건물주가 승소하고 임차인이 나가게 되겠지만, 그 과정에서 들인 돈과 시간은 무엇으로도 보상받을 수 없다. 주택 임차인의 경우 입주 시 인테리어 비용이 많이 들지 않기 때문에 이사 갈 곳을 같이 알아봐주고, 이사 비용 정도를 챙겨주면 나가는 경우가 많다.

상가 임차인의 경우는 법적으로 계약 기간이 말소되었음을 명확히 인지시키고, 어느 정도의 보상 금액과 새로운 점포를 알아볼 시간을 주어 합의하는 것이 좋다.

정리해 보면 명도 문제는 빌딩을 매입한 후가 아니라 이전에 이미 해결책을 강구해 놓아야 한다. 가장 좋은 것은 기존의 건물주에게 명도의 책임을 주고 매매가를 조금 더 높여서 거래를 체결하는 것이다. 매매 이후 명도에 들일 스트레스와 시간과 돈을 생각하면 이쪽이 가장 합리적이다. 만약 매도인이 절대 명도를 해줄 의향이 없다면 건물에 있는 임차인 들의 최초 계약일을 확인해야 한다. 임차인 계약 갱신 청구권이 언제까지 영향을 미치는지 알아야 하기 때문이다. 이후 갱신 청구권의 기간이 지났다면, 임차인과 적절하게 협의하여 이사 비용 정도를 지불하여 원만히 내보내는 것이 좋다. 만약 갱신 청구권의 기간이 지나지 않았다면, 명도 비용(권리금, 인테리어 비용 등)을 지불하는 조건으로 명도를 설득해야 한다.

이번에는 임차인과의 다른 문제에 대해 해결책을 알아보자.

만약 임대를 주었는데 임대료를 내지 않는다면 어떻게 해야 할까? 악성 임차인들의 경우는 월세를 상습적으로 연체할 수도 있다. 특히 불황이 지속되면서 사업이 잘 안 되는 임차인들이 대폭 늘어나고 있다. 고의로 임대료를 연체하는 것이 아니라, 수입이 없어 어쩔 수 없이 연체를 하기도 한다. 그러나 투자자 입장에서는 마냥 임차인의 상황만 봐줄 수는 없는 노릇이다. 미납된 임대료를 상환하겠다는 확고한 의지가 있는 임차인이면 적당히 협의를 봐줄 수는 있지만, 그렇지 않은 경우에는 법적 조치를 취해야 한다. 이런 경우에 대한 대비책과 해결책을 알아보자.

월세를 내지 않는다고 해서 임대인이 개인적으로 영업 방해를 하게 되면 업무방해로 손해 배상 청구를 당할 수도 있다. 따라서 감정적으로 대응하지 말고 적법한 절차를 밟는 것이 좋다.

일단 상가임대차법에 따르면 임차인이 임대료를 3개월 연체하는 경우 임대인은 계약을 해지할 수 있다. 보다 정확히 말하면 연체료의 총액이 월세 3개월분이 되는 경우이다.

예를 들어 월세 100만 원을 내야 하는데 3개월간 매달 50만 원씩만 냈다고 하면 총 월세 납입금은 150만 원이 된다. 이럴 때는 3개월이 해서 계약해지권이 생기지 않는다. 총 금액이 3개월 납입분인 300만 원이 되지 않기 때문이다. 조건은 기간이나 횟수에 상관없이 총액 기준이다. 또한 3개월이 지나고 자동으로 계약이 해지되는 것은 아니며, 임차인에게 계약을 해지하겠으며, 상가를 비워주지 않으면 법적 조치를 취하겠다는 의사를 밝혀야 한다.

이것을 '내용 증명'이라고 한다. 내용 증명은 별도의 양식이 없다. 우체국에서 발신자, 수신자, 해당 부동산을 명시하고 필요한 내용만 적어 보내면 된다. 우체국에서 내용 증명을 발송하면 어떤 내용을 누가 받았는지 확인이 가능하므로, 이후 임차인이 내용 증명을 받지 못했다는 주장을 할 수 없다.

내용 증명은 단순히 독촉, 고지의 역할을 할 뿐 강제로 임차인을 내보낼 수 있는 효력이 없다. 강제집행을 하기 위해서는 명도 소송을 제기해서 승소하고, 승소판결을 토대로 강제집행을 신청해야만 가능하다. 명도 소송을 진행한다는 것 자체만으로도 임차인에게 큰 심리적 부담을 줄 수 있다. 그러나 일반 민사 소송을 제기하는 경우 확정 판결문이 나오기까지 최소 1년이 걸린다는 점과, 변호사 수수료 등 비용이 지출 된다는 점을 고려했을 때 임대인 입장에서도 상당히 손해가 크다. 그렇다면 명도 소송을 진행하지 않고 보다 빠른 시간 내에 문제를 해결하는 방법은 없을까?

임대인의 입장에서 가장 좋은 대비책은 임대차 계약과 동시에 제소 전 화해를 받아놓는 것이다. 제소 전 화해란 어떤 문제나 사건으로 소송을 제기할 일이 발생할 경우 사전에 양측의 협의를 통해 소송 등을 거치지 않고 빠르게 해결하는 방법이다. 제소 전 화해가 성립하면 확정 판결과 동일한 효력이 생기게 된다. 예를 들어 임차인이 임대료를 장기간 연체하여 임대인에게 보증금 정산 혹은 연체료를 지급해야 하는 경우, 법정 다툼에 시간이 소요될 수 있다. 이에 대한 일정한 내용의 화해 문구를 미리 작성해서 판사의 확인을 받아 놓는 것이다. 사건이 생겼을 때 법적 공방이 필요 없이 제소 전 화해로 간단하게 정리가 된다.

제소 전 화해를 신청하기 위해서는 법원에 신청서를 내면 된다. 법정대리인을 통해 진행하기도 하고 당사자가 직접 하기도 한다. 하지만 임차인은 다소 꺼려하는 경향이 있다. 따라서 임대인이 임차인 측의 법정대리인을 선임해 주는 경우가 대부분이다. 대리인 선임 비용이 아깝기도 하고, '설마 이 사람이 임대료를 연체할까'라는 생각이 들 수도 있다. 그러나 제소 전 화해는 이후에 발생할 수 있는 명도 소송의 시간과 비용에 비하면 아주 작은 금액이다. 그러니 임대료에 대한 보험으로 생각하고 신청해놓는 것이 좋다.

마지막으로 정리해 보자면 임차인이 임대료를 3개월 분 이상 연체할 시 임대인에게는 계약 해지권이 생기게 된다. 법적 절차는 크게 나눴을 때 내용 증명과 명도 소송으로 진행되며, 이럴 경우 임대인에게도 시간과 비용의 피해가 가게 된다. 따라서 이런 일을 방지하기 위해 임대차 계약을 작성할 때 미리 제소 전 화해를 받아놓는 것이 도움이 된다. 항상 미리 발생한 일을 해결하려면 많은 시간과 비용이 드는 것이 당연하다. 예방할 수 있는 문제는 미리 대비책을 세워놓는 것이 현명하지 않을까?

핵심 정리

재임대, 리모델링, 재건축을 하기 위해서는 기존의 세입자들을 명도해야 한다. 따라서 빌딩을 매입하기 전에 반드시 명도 가능 여부를 확실히 하고 계약을 치러야 한다. 만약 법적으로 나가야 할 임차인이 나가지 않는다면 법적 절차를 밟아야 한다. 그러나 명도 소송 끝에 건물주가 승소하게 된다고 하더라도 시간과 비용이 들어가므로, 적당한 금액을 주고 협의하여 내보내는 것도 좋은 방법이다. 새로 임대를 줄 때에는 제소 전 화해를 받아 놓는 것이 현명하다.

4장

한눈에 보는 빌딩 투자의 모든 것
: 심화편

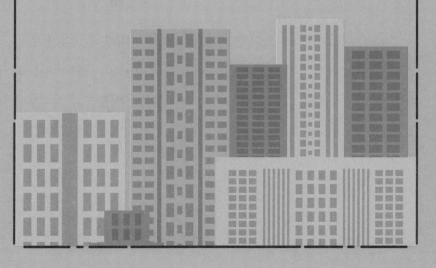

노후된 건물을
리모델링하는 과정

    대부분의 투자자들은 완벽한 건물을 찾는다. 공실도 없고, 임대료도 높고, 깔끔하고, 입지도 좋은 건물을 사고 싶다고 말한다. 솔직히 말하면, 나에게 이 말은 '시세보다 비싼 건물을 사고 싶다'라고 들린다. 누구나 그런 건물을 원한다.

    우리는 학교에서 수요와 공급의 경제논리에 대해 배웠다. 완벽한 건물은 적고, 완벽한 건물을 원하는 사람은 많기 때문에 가격이 당연히 올라갈 수밖에 없다. 따라서 완벽에 가까운 건물들은 무조건 시세보다 높게 매물로 나온다. 물론 가진 자산의 여유가 있다면 아무 문제가 없다. 빌딩을 산 이후 더 시간과 노력을 들이고 싶지도 않고, 자산 가치를 떨어뜨리지만 않는 투자에 만족한다면 이 또한 괜찮은 선택이 될 수 있다.

    하지만 대부분의 투자자들은 자신이 투자한 금액에 비해 높은 시세 차익과 임대료를 얻고 싶어 한다. 이런 경우는 어떤 건물을 투자해야 할까?

정답은 정해져있다. 대부분의 투자자들이 꺼려하는 건물을 매입해서, 투자자들이 원하는 건물로 만든 다음에 팔면 된다. 자본주의에서는 '사람들이 원하는 것을 제공하고, 그들의 문제를 해결해 주는 사람들'이 돈을 번다. 미국 카네기멜런대학교의 랜디 포시Randolph Frederick Pausch 교수가《마지막 강의The Last Lecture》에서 했던 말을 기억하라.

"삶에 장벽이 있어야 하는 이유가 있다. 벽은 단지 우리를 가로막는 것이 아니라 '얼마나 절실하게 원하는가'를 깨닫게 해주려는 것이다. 벽은 그 꿈에 진정성이 없는 이들을 막기위해 있는 것이다."

다른 사람들의 눈에는 허름하고 노후된 애물단지처럼 보이는 건물일지라도 우리는 그 벽을 넘어서서 진짜 원하는 것을 쟁취해야 한다. 투자자들의 목표는 무엇인가? 경제적인 자유를 얻고, 자아실현을 이루는 것이다.

자, 이제 하나씩 꿈을 이뤄나가 보도록 하자. 우리가 원하는 완벽한 건물의 조건은 앞서 말했듯이 '임대료가 높고, 입지가 좋고, 깔끔하 고, 공실도 없는' 건물이다. 이 중에서 입지는 우리가 해결할 수 있는 문제가 아니다. 애초에 입지가 좋은 건물을 사야 한다. 그러나 입지가 좋은 상태에서 임대료가 낮고, 더럽고, 공실이 많은 건물은 우리가 해결할 여지가 있다. 그 방법이 바로 리모델링 혹은 재건축이다. 이번에는 리모델링의 절차에 대해 구체적으로 알아보도록 하자.

리모델링과 재건축의 기본적인 큰 틀은 거의 동일하다. 가장 먼저 해야 할 것은 빌딩 매입 전에 건물의 상태에 대해 정밀진단을 하는 것이다. 건물의 가격이 왜 시세보다 낮게 나왔는지에 대한 고민이 필요하다.

크게 건물의 가치를 하락시키는 3가지 기준인 법률적 요인, 경제적 요인, 물리적 요인 중 무엇에 해당되는지를 알아야 한다. 그래야 이후 문제를 해결 가능한 건물인지, 수리 후 매각 시 비용 대비 효과가 나오는지 검토가 가능하다.

법률적 요인은 토지의 용도와 건물의 용도에 따라 크게 갈릴 수 있다. 건물이 있는 땅의 용적률이 남아있어서 증축이 가능한지, 층수제한이 없는지 알아야 한다. 또한 입점이 가능한 업종에 제한이 있는지, 단독 개발이 가능한지(지구단위계획 등), 건물의 평수와 구조가 엘리베이터를 설치하기에 적합한지 등의 법률적 요인을 미리 파악해야 한다.

경제적 요인으로는 투입한 시간과 비용에 비해 어느 정도의 수익 창출이 가능할지 대략적으로 예상을 해보아야 한다. 주변에 있는 리모델링, 신축 건물 시세가 평균 어느 정도 하는지, 평당 임대료는 얼마인지 등 세부적인 파악이 필요하다. 그래야 현재의 노후된 건물을 깔끔하게 리모델링했을 때 어느 정도의 임대료를 받을 수 있고 건물 가격이 어느 정도 산출될지 계산이 가능하다.

마지막으로 물리적 요인이 있다. 건물을 어느 정도로 리모델링할 것인지 결정해야 한다. 빌딩 외벽만 수리할 것인지, 계단, 화장실, 복도까지 할 것인지, 엘리베이터를 추가하기에 면적이 충분한지 등을 검토해야 한다. 이외에 층별 임대 공간을 확장 또는 축소하거나, 상하층 통로의 연결 또는 폐쇄, 휴게실과 로비 등 공용 공간의 변경 등을 하기도 한다. 내부 설비와 구조 보강, 누수 공사까지 꼼꼼히 체크해야 한다.

이렇게 1차적인 건물 상태 정밀 진단이 끝났다면 대략적인 리모델링 계획이 세워졌을 것이다. 여기까지는 개인적으로도 가능하지만 다음 단계부터는 리모델링을 위한 협력 업체를 찾아야 한다.

다음으로 해야 할 것은 리모델링 계획을 토대로 건물의 설계를 진행하는 것이다. 설계는 개인의 영역이 아니므로 건축사무소에 방문하여 전문가에게 의뢰를 해야 한다. 단순히 건물의 내·외장 공사에 대해 논하는 단계가 아니다. 건물과 토지의 용도에 맞춰서 전반적인 법규를 확인하고, 건축 인·허가가 가능한지 설계 단계에서 결정이 된다. 설계가 된 그대로 시공이 들어가기 때문에 매우 중요한 단계이다. 예를 들어 5층짜리 건물의 1~2층은 상가로 사용을 하고 3~4층은 주택으로 사용을 하고 싶다면, 설계 단계에서 충분히 법규를 반영한 도면을 작성한다. 만약 건물의 용도 변경이 필요한 경우 주차장의 면적이나 정화조 용량, 전기 용량 등을 고려하여 용도 변경 가능 여부를 판단한다.

만약 용도 변경을 하려 한다면 건물에 대한 안전 진단을 받아야 한다. 안전 진단이란 건축물의 내구성 저하와 구조적인 결함 여부, 유지관리 상태 등을 조사하여 설계 시 참고하기 위함이다. 보통 건축사무소에서 현장 육안조사, 비파괴장비 조사 등으로 구조 안전 진단을 한다.

기존의 건물 도면이 있거나, 상세한 내용이 있다면 보다 간단하게 안전 진단을 진행할 수도 있다. 이 부분에 대해서는 건물의 상황마다 다르므로 상의가 필요하다.

이렇게 안전 진단을 받으면 설계 측에서 안전 진단 결과를 토대로 리모델링 인허가 절차 진행을 하게 된다. 설계에서 건물의 용도 변경, 리모델링이 가능한지 판단을 한다. 이후 세부적인 구조 변경에 관해서는 안전 진단을 통해 확인해야 한다. 안전 진단이 끝나면 설계에서 안전 진단 결과를 토대로 행정법규에 맞춰서 구조 변경에 대한 부분들을 모두 반영한 설계도서를 작성한다.

이제 가장 중요한 시공사 선정이 남았다. 시공사 선정을 하기 전에 한 번 더 확인해야 할 것이 있다. 임차인의 명도 문제이다. 임차인의 명도 문제를 확실히 처리해야 한다. 시공사와 모든 계약을 끝내고 공사 일정까지 잡아놨는데 명도가 되지 않는다면 상황이 곤란해진다.

건물의 설계와 명도 모두 마무리가 지어지면 이제 좋은 시공사를 찾아야 한다. 시공 방법은 크게 두 가지가 있다. 시공사와 계약하여 전체적인 과정을 모두 맡기는 계약 공사와 건축주가 직접 시공 전체를 총괄하는 직영 공사로 나누어진다. 가장 큰 차이점은 비용과 책임이다.

계약 공사는 공사에 대한 책임을 시공사가 지게 된다. 따라서 전체적인 공사를 총괄하고 진행하게 된다. 공사 중 결함이 발생해도 시공사에서 문제를 처리해주니 든든하다. 대신 비용이 많이 들어간다. 또한 일부 시공사들은 공사 중간에 계속 추가 비용을 요청하기도 하고, 시공사의 전속 거래처가 아닌 건축주가 원하는 자재를 사용하게 될 경우 바가지를 씌우기도 한다. 시공사에서 책임을 지고 진행하는 공사인 만큼 건축주의 의견이 제한받을 수도 있다. 이에 대해서는 시공사와 처음 계약을 할 때 최대한 명확하게 짚고 넘어 가야 한다.

직영 공사는 계약 공사와 반대라고 생각하면 된다. 모든 공사의 책임은 건축주에게 있으며, 세부공정별 도급과 인력을 자체적으로 조달하며 진행해야 한다. 물론 비용의 절감과, 건축주가 원하는 대로 공정을 진행할 수 있다는 장점이 있다.

단점은 모든 공정의 책임이 건축주에게 있으므로 공부할 양이 막대하다는 것이다. 직장인이나 평범한 개인이 진행하기에는 무리가 있다. 섣불리 시도하다가는 중간에 공사가 멈출 수 있으며, 중간부터 이어서 진행해줄 시공사조차 찾기 어려워질 수 있다. 직영 공사를 진행해 본 지인의 도움을 받던지, 스스로 확신이 생길 정도로 공부한 뒤에 진행해야 한다.

때문에 자신이 전업 투자자도 아니고, 건축에 있어 전문가인 지인을 아는 것이 아니라면 직영 공사는 무리이다. 차라리 그 시간과 비용을 좋은 건축사를 찾기 위해 들이는 것이 올바른 판단이다. 시공사를 찾는 과정은 리모델링이나 재건축에서 가장 중요한 부분 이기 때문에 뒤에서 자세히 다루도록 하겠다.

기준에 적합한 시공사를 찾았다면, 설계된 도면을 가지고 구체적인 공사 비용과 기간을 받아야 한다. 들어가는 비용 대비 구체적인 예상이익을 계산해야 하기 때문이다. 리모델링에 들어가는 비용이 5억 원인데 리모델링 후 건물의 가격 상승분이 5억 원이라면 할 필요가 없다. 들어가는 시간과 노력을 생각하면 오히려 손해이기 때문이다. 시공에 들어가게 되면 예상치 못한 변수가 발생할 수 있고, 그럴 때마다 추가 비용이 발생한다. 최소한 리모델링에 들어가는 비용의 2배 정도는 수익성이 나와야 리모델링을 할 가치가 있다.

수익성을 계산하는 가장 정확한 방법은 주변 시세 분석이다. 내가 매입할 건물의 주변에 있는 건물들의 평당 임대료 시세를 사례별로 분석하는 것이다. 해당 건물의 리모델링 전 임대료를 가장 낮은 기준으로 보고, 주변 건물들의 평균 임대료를 중간 정도로 설정한다. 그리고 최근 주변 건물들 중에서 신축이나 리모델링한 건물의 임대료를 최고 수준으로 생각하면 된다. 항상 변수를 대비해야 하기 때문에, 중간에서 최고 수준 사이 정도의 임대료를 생각하고 수익성을 분석해보면 된다.

이제 시공사와 계약을 맺자. 공사 중간중간 현장에 가보고, 주기적으로 진행상황을 파악해야 한다. 시공사 측과의 대화도 중요하지만 현장에 가서 직접 확인하는 것도 중요하다. 시공사를 100퍼센트 신뢰해서는 안 된다. 아무리 계약 공사로 진행한다고 해도 건축주가 공사의 진행 사항을 모른다면 어떤 문제가 발생할지 모른다.

공사 진행이 좀 더뎌진다면 이유를 확실히 물어보고 대처해야 한다. 리모델링은 공사 기간 동안 무조건 재정적으로 마이너스가 된다. 때문에 공사 기간이 늘어난다는 것은 곧 수익성이 떨어지고 리스크가 커진다는 의미다.

우여곡절 끝에 리모델링이 완성되었다면 마지막 단계가 남았다. 이제 새로운 임차인으로 건물을 채워야 한다. 오랜 시간동안 리모델링을 하느라 임대료도 못 받고, 재정적으로도 힘들어졌을 수 있지만 급하게 임차인을 받는 것은 후회의 지름길이다.

리모델링을 하는 이유는 건물의 가치 상승이다. 임차인 또한 건물의 가치를 높여줄 수 있는 임차인을 받아야 한다. 되도록 우량 임차인이 가장 좋다. 그러나 우량 임차인이라고 해서 임대료를 할인 해주어서는 안 된다. 임대료는 건물의 가격과 직결되기 때문이다. 주변의 리모델링과 신축 건물들의 임대료 시세를 확인하고 적정한 가격에 맞춰서 임차인을 들여야 한다.

이제 리모델링의 모든 절차가 끝났다. 여기서부터는 어떻게 할지 본인의 선택을 따르면 된다. 기존보다 높은 임대료를 받으면서 임대 사업을 해도 되고, 적정 수익률에 건물을 매각하여 시세 차익을 보아도 된다.

핵심 정리

리모델링의 순서

1. 빌딩 매입 전, 빌딩 가치를 하락시키는 요인을 해결할 수 있는지에 대해 정밀 진단 하고, 수익성 분석을 한다.
2. 어느 정도로 리모델링 할지 구상하며 건설사를 찾는다.
3. 건설사에 안전 진단, 설계를 의뢰하고 리모델링 인·허가를 받는다.
4. 완성된 설계를 가지고 실제 리모델링 해줄 시공사를 찾고, 공사를 진행한다.
5. 공사가 끝나면 기존보다 높은 임대료로 재임대를 맞춘다.

노후된 건물을
재건축하는 과정

　사실 재건축 또한 기본적인 진행 과정은 앞에서 말했던 리모델링과 비슷하다. 그 대신 이번에는 재건축의 초점에 맞춰 좀 더 실제적이고 구체적으로 살펴보도록 하자.

　빌딩 투자 관련 책을 보면 "건축은 아무나 하는 것이 아니다. 건물 짓다가 10년 늙는다. 리모델링이 효율적이다"라는 말을 많다. 일부는 맞는 말이기도 하지만, 꼭 그렇게 부정적이지만은 않다. 리모델링이 효율적인 곳이 있고, 재건축을 해야만 하는 곳이 있다. 예를 들어 오래된 건물 중 건폐율·용적률 이득을 보고 지은 건물이 있으면 리모델링을 하는 것이 낫다. 허물고 다시 짓는 순간 현재의 규제를 적용받기 때문이다.

　허용 건폐율·용적률이 줄어들게 되므로 오히려 수익면에서 손해이다. 반면 오래된 단독 주택이나 다가구 주택의 경우는 허물고 다시 짓는 것이 낫다. 증축으로는 한계가 있기 때문에 용적률을 최대로 해서 다시 신축하는 것이 훨씬 효율적이다. 이처럼 자신의 성향과 건물의 상황에 맞는 것을 선택하면 된다. 투자에 정답은 없다.

이제 재건축의 과정에 대해 처음부터 끝까지 세세하게 들여다보자. 어떻게 진행되는지를 알아야 리모델링을 할지, 재건축을 할지 정할 수 있을 테니 말이다.

건축의 진행 과정은 크게 4단계로, 건축 계획 → 설계 → 시공 → 준공 순으로 진행된다.

가장 먼저해야 할 것은 건축 계획이다. 수익성 분석을 위해 주변 시세와 임대 내역을 확인하는 절차가 필요하다. 또한 어떤 업종이 선호하는 지역인지 파악해 놓고 설계 과정에서 반영 해도 좋다. 공실을 채우기가 쉬워지기 때문이다. 대략적인 건축 계획이 나왔다면 건축비가 얼마나 들지 얼추 생각해보아야 한다. 물론 마감 재료와 시공 방법 등 수많은 변수들로 인해 개인이 정확한 가격을 산출하기가 불가능한 것이 사실이다. 건축사에게 '신축 비용이 대략 얼마나 나올까요?'라고 물어보면 가격이 천차만별이라 답을 주기가 어렵다고 한다.

그러나 건축 계획에서는 정확한 가격을 요하는 것이 아니다. 대략 틀만 잡는다고 생각하면, 평당 400~500만 원(2019년 기준) 정도로 대략 건축 비용을 계산해 볼 수 있다. 예를 들어 연면적 100평의 상가 건물의 총 공사비를 추정해본다면 공사비는 약 5억 원이 나오는 것이다. 여기에 설계·감리 비용과 취·등록세(시공비의 3.16퍼센트), 시공예비비(시공비의

약 5퍼센트)까지 감안하면 예상 공사 비용에 10퍼센트 정도를 더하면 된다. 5억 5천만 원 정도의 총 공사 비용이 예상된다. 이 금액은 대략적인 비용이다. 건물의 규모, 대지 요건, 자재, 엘리베이터 설치 등 수많은 변수가 존재한다.

이렇게 건축 비용까지 대략 계산해 보았다면 이제 좋은 건축사를 찾아 설계를 의뢰해야 한다. 처음부터 바로 구체적인 설계에 들어가진 않는다. 디자인의 밑그림부터 그려나가는데 이것을 기본 설계라고 한다. 기본 설계 과정에서 공사비 추정이 이루어진다. 기본 설계를 시작하기 전 건축주가 미리 생각해두면 좋은 것들을 살펴보자.

실제 설계가 시작되면 건물 각 층의 층고, CCTV, 파라펫 설치, 베란다 등 서비스 면적 설치, 마감 자재, 에어컨 실외기 배관, 엘리베이터, 옥상 활용, 주차장, 화장실, 간판 위치 등 고려해야 할 것이 엄청나게 많다. 물론 설계사는 건축 주보다 경험이 많고 전문가일 것이다. 그러나 '알아서 해주세요' 라던지, '추천해주시는 대로 할게요'라며 전적으로 신뢰하는 것은 곤란하다. 건축주가 머릿속으로 그리고 있는 건물과, 설계사가 생각하는 이상적인 건물은 분명히 차이가 있기 때문이다. 또한 건물을 설계할 때 임대료와 직결되는 것들이 있는데, 그중 건축주가 꼭 알아두어야 할 것이 바로 주차장 면적과 조경 면적이다.

모든 건축주들은 건물을 최대한 높고 넓게 짓고 싶어 한다. 그러나 주차장법 때문에 제한이 걸리게 되면 황당함을 감추지 못한다. 보통 주차장은 1층에 만드는데 주차장 면적만큼 임대를 줄 수 있는 면적이 줄어든다. 게다가 1층은 임대료가 가장 높게 나오는 곳이니 속이 쓰릴 수밖에 없다. 지하 주차장을 지으면 되지 않을까? 비용을 생각해보면 효율적이지만은 않다. 주차장법에는 법정 주차 대수, 주차장의 넓이, 출입구 설치 기준 등이 명시되어 있다.

서울시 기준

위락시설은 시설 면적 67㎡ (약 20평)당 1대,

근린생활시설은 시설 면적 134m(약 40평)² 당 1대,

단독 주택은 시설 면적 50㎡ (약 15평) 초과 150㎡ (약 45평) 이하는 1대, 150㎡ 를 초과할 때는 150㎡ 이상의 면적에 한해 100㎡ (약 30평)당 1 대가 추가된다.

예를 들어 상가 건물은 연면적 40평 당 주차 면적 1대 분이 필요하다. 주차면적은 일반형 기준으로 너비 2.5m, 길이 5m를 충족해야 한다.

조경 면적 또한 주차장 면적과 같이 1층의 임대 면적에 영향을 끼친다. 건축법에 따르면 대지 면적이 200㎡ 이상일 경우 조경을 계획해야 한다. 면적에 따라 법이 다르지만 일반적으로 대지 면적의 5퍼센트 이상(대지 면적 200㎡ 이상 300㎡ 미만, 연면적 1,000㎡ 미만)을 조경 면적으로 활용해야 한다. 만약 옥상이 있다면 총 설치해야 하는 조경 면적의 50퍼센트 이하까지 1층이 아닌 옥상에 설치할 수 있다.

이제 다시 설계 과정에 대한 이야기로 돌아가자. 헤어 디자이너에게 머리카락을 자를 때도 어떤 스타일로 자를지, 어떻게 설명할지 생각

한다. 설계도 이와 비슷하다. 건물을 어떻게 지을지, 내가 생각하는 것을 어떻게 설계사에게 전달할지 생각해보아야 한다.

일반 건축주들은 전문 용어도 모르고, 짓고 싶은 스타일의 건물을 머릿속으로만 얼추 구상하고 있을 뿐 잘 설명하지 못한다. 가장 좋은 방법은 길거리를 돌아다니면서 내가 원하는 느낌과 최대한 비슷한 건물을 많이 찾는 것이다. 그리고 사진을 찍어두었다가 설계사에게 보여주면서 설명하면 서로에게 도움이 된다.

기본 설계가 완성되면 실제 시공을 위한 실시 설계에 들어가게 된다. 설계는 이후 시공사에 공사를 요청할 때 사용하는 실제 도면이다.

실시 설계까지 완성됐다고 바로 시공사와 공사를 진행하는 것은 아니다. 관할 지자체에 관련 서류를 제출하고, 건축 허가를 받아야 한다. 건축 허가란 건물을 신축하거나 리모델링할 때 관할 기관에게 건축 계획을 허가받는 것을 말한다. 대부분 설계를 진행하는 건축사에서 대행으로 처리해주므로 건축주는 크게 신경쓸 것이 없다.

여기까지가 설계 과정의 끝이다. 건축 허가까지 받았으면 시공사를 선정하고 공사에 들어가면 된다. 공사에 착수하게 되면 3일 이내에 시·군·구에 착공 신고를 해야 한다. 착공 신고는 건축 허가를 받은 후 1년 이내에 해야 하는데 보통 시공사에서 대행한다.

시공은 사실상 건축에서 가장 문제가 많이 발생하는 부분이기도 하다. 앞서 리모델링 과정에서 말했듯이 직영 공사보다 계약 공사를 우선으로 생각해두어야 한다. 이 경우 어떤 시공사를 선정하느냐에 따라 천국과 지옥을 오간다. 양심적인 시공사와 계약을 하게 되면 사실 공사 기간동안 건축주는 크게 신경 쓸것이 없게 된다. 그저 잘 지어지고 있는지 주기적으로 확인하면 된다. 하다. 반대로 시공사를 잘못 선택하면 공사 기간 내내 지옥에 있는 기분이 들게 된다. 시공사 선정 방법은 뒤에서 자세히 다루겠다.

시공은 기초 공사, 골조 공사, 내외장 마감 공사로 진행된다. 모든 공사가 끝나고 나면 7일 이내에 해당 행정 기관으로부터 사용 승인(준공 허가)서를 발급받아야 한다. 사용 승인서를 받은 후부터 입주와 인테리어가 가능하다. 이때부터 임대가 가능하다는 뜻이다. 이제 시공사로부터 건물을 인수하기만 하면 된다.

건물 인수인계는 '펀치리스트(일종의 체크리스트)'에 따라 진행된다. 보통은 감리가 펀치리스트를 작성한다. 리스트에 있는 내용을 하나씩 살펴보자.

첫 번째는 층별 출입구, 화장실, 관리실, 옥상 등의 열쇠이다.

두 번째는 준공도면이다. 처음 시공에 들어갈 때 활용했던 설계도면이 공사 중 일부가 변경될 확률이 높다. 따라서 최종 준공도면을 받아야 한다. 향후 임차인들이 인테리어를 할 때 요청하기도 하고, 건물 전체의 리모델링을 할 때도 필요하기 때문이다.

세 번째는 시공 업체와 자재 업체의 담당자 명단과 연락처이다.

네 번째는 건물을 짓고 남은 자재이다. 남은 자재를 가지고 있으면 이후 하자 보수가 훨씬 쉬워진다.

마지막은 가장 중요한 하자 보증 이행 증권이다. 신축 건물은 당연히 하자가 발생할 수 있다. 처음에는 괜찮은 것처럼 보이지만 시간이 갈수록 하나씩 나타난다. 처음 겪는 건축주라면 당황스러울 수 있다. 이럴 때를 대비해 시공사로부터 하자 보증 이행 증권을 받아놓아야 한다.

하자 보증 이행 증권이란 준공 후 건물의 하자에 대해 수리를 책임지겠다는 증권이다. 건설 산업 기본법에 있는 '건설공사의 종류별 하자 담보 책임 기간'에 따라 하자 보수를 받을 수 있다. 하자가 발생하는 경우 1차 책임자인 시공사에 먼저 하자 보수를 요청하고, 시공사에서 이행해주지 않는 경우는 다른 하자 보수 업체를 선정한 후 시공사에 하자 보수 청구금을 청구할 수 있다.

이렇게 모든 건축 절차가 완료되었다. 세금만 내면 된다. 건물을 신축한 후 납부해야 할 세금은 취·등록세이다. 취·등록세는 사용 승인서가 발급된 후 60일 이내에 납부해야 한다. 기한을 지키지 않으면 취득세의 20퍼센트를 신고 불성실 가산세로 물어야 하며, 1일당 3/10,000에 해당하는 납부 불성실 가산세를 내야 한다. 처음 건축 계획을 세울 때부터 취·등록세를 감안해두어야 한다. 준공 이후 자금 계획이 틀어지면 낭패이기 때문이다. 취·등록세는 총 건축 비용의 3.16퍼센트(취득세 2.8퍼센트, 농어촌특별세 0.2퍼센트, 지방교육세 0.16퍼센트)로 계산하면 된다. 사용 승인서가 발급된 뒤, 구청에 가서 취·등록세 신고 서류를 작성하고 증빙 서류를 제출하면 취득세 고지서를 발부한다. 취득세를 납부한 후 관할 등기소에 가서 관련 신축 건물 소유권 보존 등기를 신청하면 모든 긴 여정이 끝난다.

긴 재건축 과정을 정리해보자. 건축의 진행 과정은 크게 4단계로, 건축 계획 → 설계 → 시공 → 준공 순이다. 건물의 매입 전에 미리 재건축에 대한 사업성을 검토해야 하고, 신뢰할 만한 건축사를 찾아 설계를 의뢰해야 한다. 설계 과정에서 주차장 면적, 조경 면적 등 건축주가 고려해야 할 것들을 미리 생각해야 한다.

설계가 끝나면 관할 지자체로부터 건축 허가(건축사 대행)를 받고, 시공사를 선정한다. 공사에 착수하면 시군구에 착공 신고(시공사 대행)를 한다. 시공은 대부분 계약 공사로 이루어지며, 공사가 끝나면 7일 이내에 행정 기관으로부터 사용 승인서를 발급받아야 한다.

마지막으로 시공사와 하자 보증 이행 증권을 포함한 건물 인수인계를 진행하면 모든 건축 과정이 끝난다. 이렇게 모든 과정이 끝난 후에는 반드시 취·등록세를 내고, 등기소에 가서 신축 건물 소유권 보존 등기를 신청해야 한다.

핵심 정리

빌딩 건축 과정

1. 건물 매입 전 재건축에 대한 사업성 검토
2. 신뢰할 만한 건축사를 찾아 설계 의뢰(주차장, 조경 면적 등 확정) 후 건축허가 받기
3. 시공사 선정 후 공사 착수, 착공 신고
4. 공사가 끝난 후 사용 승인서 발급 및 건물 인수인계 진행
5. 신축건물 취·등록세 납부 및 등기 신청

제대로 된 **건축사, 시공사**를
선택하는 방법

전문가가 아니라는 이유로, 경험이 없다는 이유로 "저보다 잘 아시니까 알아서 해주세요"라고 말하는 건축주들이 있다. 앞에서도 끊임없이 말해왔지만, 투자를 할 때는 다른 사람에게 책임을 넘겨 서는 안 된다. 진짜 전문가든, 가짜 전문가든 말이다. 그 사람들은 실패에 대해 아무런 책임이 없다.

특히 지인 중에 건축사나 시공사를 하는 사람이 있으면 쉽게 '지인이니까 알아서 잘 해주겠지' 라는 믿음으로 맡기곤 한다. 이 또한 위험하다. 서로 해야 할 말을 못하고 삼키게 될 수 있다.

건축과 시공은 수많은 이해관계로 얽혀있는 일이기 때문에 정해진 금액을 무작정 낮추려고 노력하기보다는 완성도 있는 건물이 문제없이 계획된 기간 내에 지어지는 것에 초점을 두어야 한다.

리모델링, 재건축에 관해 말하면서 건축사와 시공사를 선택하는 방법에 대해 좀 더 자세히 알 필요가 있다고 했던 이유가 있다. 아무리 좋은 입지의 땅과 건물을 저렴한 금액에 매입하더라도 가치를 높이는 과정에서 시간과 비용이 많이 소모된다면 의미가 없다.

건축사와 시공사의 선택은 리모델링, 재건축 공사 기간 동안 건축주가 발을 뻗고 자느냐, 밤잠을 설치느냐에 큰 영향을 끼친다. 공사기간 내내 수익이 없고, 지출만 생기기 때문이다.

그렇다면 어떻게 해야 건축사와 시공사를 잘 선택할 수 있을까? 그전에 건축사의 역할과 시공사의 역할을 구분해보자. 건물을 짓기 위해서는 크게 설계, 감리, 시공의 3가지 파트가 필요하다.

설계란 건축법 및 도시계획법을 비롯한 각종 법규의 제약을 고려하여 설계도면을 작성하는 것이다. 감리란 시공사가 도면에 입각해서 건물을 짓고 있는지, 불량 자재를 사용하지는 않는지 감시하고 감독하는 업무를 수행하는 것이다.

시공은 설계도면에 따라 실제로 현장에서 건축물을 짓는 역할을 수행한다. 건축사는 이 3가지 파트 중에서 '설계와 감리' 역할을 하고 시공사는 현장에서 건축물을 짓는 '시공'에 대한 책임을 지는 회사이다.

간혹 설계, 감리, 시공 모두를 동일한 회사에서 진행하는 경우가 있다. 혹은 건축사가 추천한 시공사와 같이 진행하는 경우도 있다. 건축주가 건축에 대한 경험이 없어서 건축사에게 '제가 잘 모르니까 시공사를 좀 추천해주세요'라고 하는 상황이다.

물론 시공사 선정 과정에서 고민할 것도 없고 하니 건축주가 편할 수는 있겠지만 나중에 위험할 수 있다. 위에서 말했듯이 감리의 역할은 시공이 잘 되고 있는지 확인하는 것이다. 그런데 설계, 감리와 시공이 같은 회사거나 친밀한 관계라면 어떻게 될까? 건축주가 전문적인 지식이 없는 상태에서는 뒤통수를 맞을 수 있다. 짜고 치기가 쉽기 때문이다. 따라서 건축사와 시공사는 서로 연계되지 않게 직접 알아 보는 것을 추천한다.

건축사를 알아볼 때에는 최소 3군데 이상에 가설계를 요청해서 받아보고, 시공사를 선택할 때에도 최소 3군데 이상에 견적서를 받아보고 결정하는 것이 좋다. 회사 선정 후보는 보통 이렇게 정한다.

- 주변에 건물 지어본 지인들을 통해 소개를 받는다.
- 건축 현장 인근에 신축한 건물들이 있다면 잘 지은 것으로 보이는 건물의 시공사와 건축사에 연락해본다. 건물 인근 거주자나 상가에 인사차 방문해 물어보면 시공사 및 건물에 대한 평판을 알 수 있다.
- 건축사 협회(www.kira.or.kr)에서 건축사 정보를 찾는다.
- 대한건설협회(www.cak.or.kr)에서 시공 능력 평가 순위를 기준으로 시공사 정보를 찾는다.

건축사 후보를 정했는가? 이제는 건축 계획을 세운 내용과 벤치마킹할 건물들의 사진을 찍어서 각 후보들에게 설명해 주어야 한다. 여기에서 부터는 모든 상황이 건축사를 고르는 기준이 된다.

설계사에게 건축주가 원하는 스타일과 건물의 컨셉을 설명해줄 때 유심히 귀담아 듣고 질문에 대한 답변을 잘 해주는지가 중요하다. 이 때 반드시 건축사 사무실을 방문해야 한다. 사무실의 규모나 직원들이 일하는 분위기 등을 보면 최선은 아니더라도 최악의 건축사들은 1차적으로 거를 수 있기 때문이다.

건축 계획에 대한 상의가 어느 정도 끝났다면 건축사에서 설계 시안을 보여줄 것이다. 그쪽에서 제안하는 설계비와 설계 시안을 보고 최종적 으로 결정하면 된다. 시안을 만드는 것도 돈이 들기 때문에 규모가 작은 소형 빌딩을 꺼리는 업체도 다수 존재한다. 그런 경우 밑그림 수준으로라도 시안을 보여 달라고 하면 대부분은 들어준다.

여러 건축사에 설계 시안을 보여 달라하고, 금액을 비교하다보면 어느 정도의 금액이 적정선인지 감이 온다. 비용이 너무 비싼 것은 당연히 피해야겠지만 너무 싼 것도 의심해보아야 한다.

여러 시안 중 마음에 드는 것을 골랐다면 건축주의 의견도 적극적으로 피력할 필요가 있다. 반드시 그 시안 그대로 건물을 지을 필요는 없다. 건축주의 마음에 최대한 들도록 더 수정하고 보완하는 작업이 필요하다. 건축사만 전적으로 신뢰하지 말고 본인의 의견을 제대로 말해주어야 한다. 아무리 전문가라고 해도 좋은 설계의 기준은 사람마다 다르다.

마음에 드는 시안과 건축사를 골랐다면 이제 가장 중요한 시공사 선정이 남았다. 건축사에 지급해야 하는 설계·감리 비용은 시공사에 결재해야 하는 공사 비용에 비하면 아주 작은 금액이다. 물론 건축사, 시공사 둘 다 중요한 부분이지만 대부분의 문제는 공사 중간에 발생한다. 물론 사소한 변수들을 100퍼센트 없앤다는 것은 거의 불가능하다. 그러나 최대한 줄일 필요는 있다. 아래는 시공사로 인한 대표적인 고민거리들이다.

- **공사 중간에 추가 비용 요구**
- **건축주와 분쟁 발생 시 공사 중단**
- **시공 품질 저하**
- **설계도면 적용 미흡 등**

이런 리스크를 없애기 위해서는 시공사와 계약 전까지 단계별로 확인해야 할 것들이 존재한다.

가장 기본적으로 확인할 것들은 시공사의 건설면허 보유여부, 회사 매출규모, 시공 사례 점검이다. 특히 재무제표를 요청하면 시공사에서는 불쾌해 할 수도 있다. 항상 투자자의 안전이 최우선이기에 면허를 가지고 있고, 시공 사례가 많으며, 재무제표에도 문제가 없다면, 1차적으로 큰 분쟁이 발생할 확률이 적다고 생각할 수 있다.

추가로 대한건설협회(www.cak.or.kr)를 통해 시공사에 대한 자료를 확인할 수 있다. 시공사의 면허 보유 여부, 시공 능력 평가액(시공사의 공사실적, 경영상태, 기술능력 등을 종합적으로 평가하고 금액으로 환산하여 공시한 금액) 등을 볼 수 있으니 참고해 두면 좋다.

이제 기본적인 절차는 확인했으니 본격적으로 시공사에 대해 알아볼 차례이다. 회사는 대표 이사가 모든 책임과 권한을 가지고 있다. 처음 시공사와 미팅 시에는 영업 담당자와 협의하게 될 확률이 높은데, 가급적이면 건설사 사무실을 방문해 대표 이사와 인사를 나누는 것이 좋다. 모든 공사의 책임과 결정이 대표 이사를 통해 이뤄지기 때문이다.

다음으로는 시공사의 포트폴리오라고 할 수 있는 시공 사례의 건물에 직접 방문해보는 것이 도움이 된다. 가장 좋은 것은 해당 건물의 건물주와 만나서 시공사와의 경험을 직접 물어보는 것이다. 시공사는 계약을 따내기 위해 당연히 좋은 이야기만 할 것이다. 실제 고객의 이야기를 듣는 것만큼 큰 도움은 없다.

건축사에 가면 건설사의 소개서라고 할 수 있는 '지명원'을 준다. 지명원에 포함되는 내용은 회사의 연혁 및 신용평가등급, 조직표, 건설업 등록증 등 회사에 대한 기본적인 내용이 담겨져 있다. 회사에서 고객들에게 신뢰를 주기 위해 만든 자료이다. 따라서 지명원이 없다는 것은 회사가 생긴 지 얼마 안 되었거나 건설 면허가 없다는 뜻이기도 하다. 각 건설사의 지명원 또한 꼼꼼히 읽어보고 어떤 점에서 차이가 나는지 살펴보는 것이 좋다.

이런 식으로 후보 시공사들을 최소 3군데 이상 선정한 후, 견적서를 요청해야 한다. 견적서를 받기까지는 약 2주 정도의 시간이 소요된다. 견적서를 받아보면 각 시공사별로 상세히 비교할 수있다. 견적서의 구조는 견적 조건, 공사 원가 계산서, 총괄 집계표, 상세 내역서로 이루어져있다. 견적 조건은 설계도면을 기준으로 시공사에서 견적을 낼때, 명확히 해야 할 부분들을 별도 기술한 것이다.

예를 들어, 각종 분담금(전기, 정화조, 가스 등) 별도, 감리 비용 별도, 부가세 별도 등이다. 공사 원가 계산서는 전체 시공비를 재료비, 노무비, 경비, 일반 관리비, 이윤 등으로 한눈에 볼 수 있게 정리해놓은 표이다. 보통 각 비용의 비율은 재료비 40~50퍼센트, 노무비 20~30퍼센트, 경비 10~15퍼센트, 일반 관리비 5~10퍼센트, 이윤 5~10 퍼센트 정도로 책정된다. 총괄 집계표는 건축, 전기, 설비, 토목 4가지 공사를 기준으로 금액을 산출 한 것이다. 상세 내역서는 각 주요 공사별 세부 항목 각각의 비용들이 재료비, 노무비, 경비로 나누어서 기재되어 있다.

이렇게 견적서가 도착하면 각 시공사의 견적을 비교하고, 신뢰가 가는 업체를 선정하면 된다. 명심해야 할 것은 비용이 싸다고 반드시 좋은 시공사가 아니라는 것이다. 싸고 좋은 것은 어디에도 없다. 가장 좋은 시공사는 약속된 기한 내 하자 없는 건물을 도면대로 지어줄 수 있는 곳이다.

견적 가격을 비교했다면 다음으로는 견적서가 빠진 공사가 있는지 꼼꼼히 검토해야 한다. 간혹 견적서에 공사 내용을 일부 빠뜨리는 경우가 있는데 이런 업체는 신뢰도가 떨어진다. 견적서를 받은 후에 궁금한 점이 있으면 반드시 시공사의 대표, 담당임원, 현장소장 후보 등에게 질문을 해보아야 한다. 질문에 얼마나 성실히 답하는지도 중요한 시공사 선택 기준이 되기 때문이다

견적서를 비교하여 최종 시공사를 선정했다면 해당 시공사에 연락

해 계약서 초안을 받으면 된다. 계약서는 보통 건축협회에서 제공하는 표준 계약서 맨 앞장에 주 내용을 기술하고, 여기에 공사 범위나 기타 특약을 첨부하는 형태로 작성된다. 계약서 검토 시 가장 중요한 부분은 당연히 기성 지급 일정, 하자 담보 책임, 지체 상금율, 대가 지급 지연 이 자율이다. 하나씩 살펴보자.

기성지급일정(예시)

- 계약금 10퍼센트(계약 체결 후 계약보증증권수령과 동시)

- 중도 1차 : 30퍼센트(기간 협의)

- 중도 2차 : 30퍼센트(기간 협의)

- 중도 3차 : 20퍼센트(협의, 보통 내외부 마감 공사 완료 시)

- 잔금 10퍼센트(준공 후 하자이행증권 수령과 동시)

기성 지급 일정이란 공사비 지급 일정을 말한다. 보통 4~5차에 걸쳐 분할 지급한다. 계약금이 지급되면 합의된 날짜에 착공을 하게 된다. 중도 차수별 기준은 시공사와 상황에 따라 달라진다.

예를 들어 골조 공사 완료 시를 중도 1차로 잡는 경우도 있고, 골조 공사 2층 완료 시를 중도 1차, 골조 공사 완료 시를 중도 2차로 잡는 경우도 있다. 골조 공사가 전체 공사에서 60~70퍼센트 가량을 차지하는 것을 감안하여, 계약금과 잔금 10퍼센트씩을 뺀 80퍼센트의 비용은 공정 별로 협의하여 비율을 나누면 된다.

이때 시공사에서 공사 관련 공정 일정표를 받아놓으면, 이후 기성비 지급 일정에 따른 자금 계획을 세우는데 큰 도움이 된다.

하자 담보 책임이란 준공 후 하자 발생 시 시공사에서 일정 기간동안 A/S를 해주어야 한다는 내용이다. 지체 상금율이란 시공사가 공사를 예정된 완료 날짜까지 마치지 못할 경우 건축주에게 배상해야 하는 금액이다. 대가 지급 지연 이자율은 반대로 건축주가 시공사 측에 기성비 지급을 늦었을 경우 배상해야 하는 금액이다.

이제 계약서까지 확인했으니 서명하고 바로 계약금을 입금하면 될까? 마지막으로 확인할 것이 남았다.

공사 중 발 뺄고 자기 위해 계약서에 추가해야 할 것들이 있다. 계약 이행 보증서, 선급금 이행 보증서, 자재 스펙 정의서와 건축주, 시공사 부담항목 분담이다. '계약 이행 보증서'는 시공사가 공사 계약 체결 이후 부도 등의 이유로 공사를 진행하지 못하는 경우를 대비해 받는 일종의 담보이다. '선급금 이행 보증서'는 재정이 약한 시공사가 요청하여 건축주가 일정 공사 대금을 선급했지만 공사를 진행하지 못할 때를 대비하여 확보하는 채권이라고 생각하면 된다.

기성비는 원래 후불로 지급하는 것이 원칙이나, 혹시 모를 상황을 대비해 받아놓는 것이 좋다. '자재 스펙 정의서'는 건축에 사용되는 주요 자재의 스펙을 계약 전에 명확히 하는 것이다. 간혹가다 시공사에서 기존에 얘기했던 자재나 제품을 쓰지 않고, 저가의 자재로 임의 교체하는 경우가 있다. 혹시 모를 상황에 대비해 스펙 정의서를 계약서에 반드시 첨부해 두어야 한다.

마지막으로 전기, 상·하수도, 도시가스 인입비, 현황측량비, 민원 처리비, 제반검사비, 도로 점용 허가료, 전기·통신·소방 감리비 등 공사와 관련된 각종 비용에 대해 부담 주체가 누구인지 계약서에 명확히 해두어야 한다.

그리고 '계약서에 적혀있지 않은 것에 한해서는 시공사가 부담한다'는 조건을 특약에 첨부하기로 하면 시공사에서도 계약서를 더 꼼꼼히 체크할 것이다. 건축주 입장에서도 이 방법이 가장 안전하다.

여기까지 끝났다면 건축주가 건축사와 시공사를 선정할 때 할 수 있는 안전조치는 거의 다 했다고 보면 된다. 이제 계약서에 서명하고 건물이 완성되기만 기다리면 된다.

핵심 정리

건축사, 시공사를 선택할 때 '전문가에게 믿고 맡기면 알아서 해결되겠지'라는 생각은 매우 위험하다. 투자자 본인도 어느 정도 절차에 대해서는 숙지하고 있어야 한다. 특히 시공사를 선택할 때에는 건축사에서 추천받는 것보다 스스로 알아보고 비교하여 정하는 것이 좋다. 계약서를 작성할 때는 빠진 것이 있는지 꼼꼼히 살펴보고, 협력 업체들과 건물주의 책임 소재를 명확히 나눠두어야 한다.

민간건설공사 표준도급계약서

1. 공 사 명 :

2. 공사장소 :

3. 착공년월일 :　　　　년　　　　월　　　　일

4. 준공예정년월일 :　　　　년　　　　월　　　　일

5. 계약 금액 : 일금　　　　　　원정 (부가 가치세 포함)

　(노무비[1]) : 일금　　　　　　원정, 부가 가치세 일금　　　　　원정)

　1) 건설산업기본법 제88조제2항, 동시행령 제84제1항 규정에 의하여 산출한 노임

6. 계약보증금 : 일금　　　　　　원정

7. 선　　　금 : 일금　　　　　　원정(계약 체결 후 ○○일 이내 지급)

8. 기성부분금 : (　　　)월에 1회

9. 지급자재의 품목 및 수량

10. 하자담보책임(복합공종인 경우 공종별로 구분 기재)

공종	공종별계약 금액	하자보수 보증금율(%) 및 금액	하자담보책임기간
		(　) %　　　　원정	
		(　) %　　　　원정	
		(　) %　　　　원정	

11. 지체상금율 :

12. 대가지급 지연 이자율 :

13. 기타사항 :

도급인과 수급인은 합의에 따라 붙임의 계약문서에 의하여 계약을 체결하고, 신의에 따라 성실히 계약상의 의무를 이행할 것을 확약하며, 이 계약의 증거로서 계약문서를 2통 작성하여 각 1통씩 보관한다.

붙임서류 : 1. 민간건설공사 도급계약 일반조건 1부
　　　　　 2. 공사계약특수조건 1부
　　　　　 3. 설계서 및 산출내역서 1부

　　　　　　　　　　　　　　　　　　　　　　　　　　　　년　　　월　　　일

　도 급 인　　　　　　　　수 급 인

주소: ○○시 ○○구 ○○동 ○○○　　　　주소: ○○시 ○○구 ○○동 ○○

성명: (주)○○○ 대표이사 ○○○ (인) 외 1사　　성명: ○○건설(주) 대표이사 ○○○(인)

민간건설공사 표준도급계약 일반조건

제1조(총칙) 도급인(이하 "갑"이라 한다)과 수급인(이하 "을"이라 한다)은 대등한 입장에서 서로 협력하여 신의에 따라 성실히 계약을 이행한다.

제2조(정의) 이 조건에서 사용하는 용어의 정의는 다음과 같다

1. "도급인"이라 함은 건설공사를 건설업자에게 도급하는 자를 말한다.
2. "도급"이라 함은 당사자 일방이 건설공사를 완성할 것으로 약정하고, 상대방이 그 일의 결과에 대하여 대가를 지급할 것을 약정하는 계약을 말한다.
3. "수급인"이라 함은 도급인으로부터 건설공사를 도급받는 건설업자를 말한다.
4. "하도급"이라 함은 도급받은 건설공사의 전부 또는 일부를 다시 도급하기 위하여 수급인이 제3자와 체결하는 계약을 말한다.
5. "하수급인"이라 함은 수급인으로부터 건설공사를 하도급받은 자를 말한다.
6. "설계서"라 함은 공사시방서, 설계도면(물량내역서를 작성한 경우 이를 포함한다) 및 현장설명서를 말한다.
7. "물량내역서"라 함은 공종별 목적물을 구성하는 품목 또는 비목과 동 품목 또는 비목의 규격 · 수량 · 단위 등이 표시된 내역서를 말한다.
8. "산출내역서"라 함은 물량내역서에 수급인이 단가를 기재하여 도급인에게 제출한 내역서를 말한다.

제3조(계약문서) ① 계약문서는 민간건설공사 도급계약서, 민간건설공사 도급계약 일반조건, 공사계약특수조건, 설계서 및 산출내역서로 구성되며, 상호 보완의 효력을 가진다.

② 이 조건이 정하는 바에 의하여 계약당사자간에 행한 통지문서 등은 계약문서로서의 효력을 가진다

제4조(계약보증금) ① "을"은 계약상의 의무이행을 보증하기 위해 계약서에서 정한 계약보증금을 계약체결 전까지 "갑"에게 현금 등으로 납부하여야 한다. 다만, "갑"과 "을"이 합의에 의하여 계약보증금을 납부하지 아니하기로 약정한 경우에는 그러하지 아니하다

② 제1항의 계약보증금은 다음 각 호의 기관이 발행한 보증서로 납부할 수 있다.

1. 건설산업기본법 제54조 제1항의 규정에 의한 각 공제조합 발행 보증서
2. 보증보험회사, 신용보증기금등 이와 동등한 기관이 발행하는 보증서
3. 금융 기관의 지급보증서 또는 예금증서
4. 국채 또는 지방채

③ "을"은 제21조부터 제23조의 규정에 의하여 계약 금액이 증액된 경우에는 이에 상응하는 금액의 보증금을 제1항 및 제2항의 규정에 따라 추가 납부하여야 하며, 계약 금액이 감액된 경우에는 "갑"은 이에 상응하는 금액의 계약보증금을 "을"에게 반환하여야 한다.

제5조(계약보증금의 처리) ① 제34조 제1항 각 호의 사유로 계약이 해제 또는 해지된 경우 제4조의 규정에 의하여 납부된 계약보증금은 "갑"에게 귀속한다. 이 경우 계약의 해제 또는 해지에 따

른 손해배상액이 계약보증금을 초과한 경우에는 그 초과분에 대한 손해배상을 청구할 수 있다.

② "갑"은 제32조 제1항 각 호의 사유로 계약이 해제 또는 해지되거나 계약의 이행이 완료된 때에는 제4조의 규정에 의하여 납부된 계약보증금을 지체없이 "을"에게 반환하여야 한다.

제6조(공사감독원) ① "갑"은 계약의 적정한 이행을 확보하기 위하여 스스로 이를 감독하거나 자신을 대리하여 다음 각 호의 사항을 행하는 자(이하 '공사감독원'이라 한다)를 선임할 수 있다.

1. 시공일반에 대하여 감독하고 입회하는 일
2. 계약이행에 있어서 "을"에 대한 지시·승낙 또는 협의하는 일
3. 공사의 재료와 시공에 대한 검사 또는 시험에 입회하는 일
4. 공사의 기성부분 검사, 준공검사 또는 공사목적물의 인도에 입회하는 일
5. 기타 공사감독에 관하여 "갑"이 위임하는 일

② "갑"은 제1항의 규정에 의하여 공사감독원을 선임한 때에는 그 사실을 즉시 "을"에게 통지하여야 한다.

③ "을"은 공사감독원의 감독 또는 지시사항이 공사수행에 현저히 부당하다고 인정할 때에는 "갑"에게 그 사유를 명시하여 필요한 조치를 요구할 수 있다.

제7조(현장대리인의 배치) ① "을"은 착공 전에 건설산업기본법령에서 정한 바에 따라 당해공사의 주된 공종에 상응하는 건설기술자를 현장에 배치하고, 그중 1인을 현장대리인으로 선임한 후 "갑"에게 통지하여야 한다.

② 제1항의 현장대리인은 법령의 규정 또는 "갑"이 동의한 경우를 제외하고는 현장에 상주하여 시공에 관한 일체의 사항에 대하여 "을"을 대리하며, 도급받은 공사의 시공관리 기타 기술상의 관리를 담당한다.

제8조(공사현장 근로자) ① "을"은 해당 공사의 시공 또는 관리에 필요한 기술과 인력을 가진 근로자를 채용하여야 하며 근로자의 행위에 대하여 사용자로서의 모든 책임을 진다.

② "을"이 채용한 근로자에 대하여 "갑"이 해당 계약의 시공 또는 관리상 현저히 부적당하다고 인정하여 교체를 요구한 때에는 정당한 사유가 없는 한 즉시 교체하여야 한다.

③ "을"은 제2항에 의하여 교체된 근로자를 "갑"의 동의 없이 해당 공사를 위해 다시 채용할 수 없다.

제9조(착공신고 및 공정보고) ① "을"은 계약서에서 정한 바에 따라 착공하여야 하며, 착공 시에는 다음 각 호의 서류가 포함된 착공신고서를 "갑"에게 제출하여야 한다.

1. 건설산업기본법령에 의하여 배치하는 건설기술자 지정서
2. 공사예정공정표
3. 공사비 산출내역서(단, 계약체결시 산출내역서를 제출하고 계약 금액을 정한 경우를 제외한다)
4. 공정별 인력 및 장비 투입 계획서
5. 기타 "갑"이 지정한 사항

② "을"은 계약의 이행 중에 제1항의 규정에 의하여 제출한 서류의 변경이 필요한 때에는 관련 서류를 변경하여 제출하여야 한다.

③ "갑"은 제1항 및 제2항의 규정에 의하여 제출된 서류의 내용을 조정할 필요가 있다고 인정하는 때에는 "을"에게 이의 조정을 요구할 수 있다.

④ "갑"은 "을"이 월별로 수행한 공사에 대하여 다음 각 호의 사항을 명백히 하여 익월 14일까지 제출하도록 요청할 수 있으며, "을"은 이에 응하여야 한다.

1. 월별 공정률 및 수행공사금액

2. 인력·장비 및 자재현황

3. 계약사항의 변경 및 계약 금액의 조정내용

제10조(공사기간) ① 공사착공일과 준공일은 계약서에 명시된 일자로 한다.

② "을"의 귀책사유 없이 공사착공일에 착공할 수 없는 경우에는 "을"의 현장인수일자를 착공일로 하며, 이 경우 "을"은 공사기간의 연장을 요구할 수 있다.

③ 준공일은 "을"이 건설공사를 완성하고 "갑"에게 서면으로 준공검사를 요청한 날을 말한다. 다만, 제27조의 규정에 의하여 준공검사에 합격한 경우에 한 한다.

제11조(선금) ① "갑"은 계약서에서 정한 바에 따라 "을"에게 선금을 지급하여야 하며, "갑"이 선금 지급시 보증서 제출을 요구하는 경우 "을"은 제4조 제2항 각 호의 보증기관이 발행한 보증서를 제출하여야 한다.

② 제1항에 의한 선금지급은 "을"의 청구를 받은 날부터 14일 이내에 지급하여야 한다. 다만, 자금사정 등 불가피한 사유로 인하여 지급이 불가능한 경우 그 사유 및 지급시기를 "을"에게 서면으로 통지한 때에는 그러하지 아니하다.

③ "을"은 선금을 계약목적달성을 위한 용도 이외의 타 목적에 사용할 수 없으며, 노임지급 및 자재확보에 우선 사용하여야 한다.

④ 선금은 기성부분에 대한 대가를 지급할 때마다 다음 방식에 의하여 산출한 금액을 정산한다.

$$선금정산액 = 선금액 \times \frac{기성\ 부분의\ 대가}{계약금액}$$

⑤ "갑"은 선금을 지급한 경우 다음 각 호의 1에 해당하는 경우에는 당해 선금잔액에 대하여 반환을 청구할 수 있다.

1. 계약을 해제 또는 해지하는 경우

2. 선금지급조건을 위반한 경우

⑥ "갑"은 제5항의 규정에 의한 반환청구시 기성부분에 대한 미지급금액이 있는 경우에는 선금잔액을 그 미지급금액에 우선적으로 충당하여야 한다.

제12조(자재의 검사 등) ① 공사에 사용할 재료는 신품이어야 하며, 품질·품명 등은 설계도서와 일치하여야 한다. 다만, 설계도서에 품질·품명 등이 명확히 규정되지 아니한 것은 표준품 또는 표준품에 상당하는 재료로서 계약의 목적을 달성하는데 가장 적합한 것이어야 한다.

② 공사에 사용할 자재중에서 "갑"이 품목을 지정하여 검사를 요구하는 경우에는 "을"은 사용전에 "갑"의 검사를 받아야 하며, 설계도서와 상이하거나 품질이 현저히 저하되어 불합격된 자재는 즉시 대체하여 다시 검사를 받아야 한다.

③ 제2항의 검사에 이의가 있을 경우 "을"은 "갑"에게 재검사를 요구할 수 있으며, 재검사가 필요하다고 인정되는 경우 "갑"은 지체없이 재검사하도록 조치하여야 한다.

④ "을"은 자재의 검사에 소요되는 비용을 부담하여야 하며, 검사 또는 재검사 등을 이유로 계약기간의 연장을 요구할 수 없다. 다만, 제3항의 규정에 의하여 재검사 결과 적합한 자재인 것으로 판명될 경우에는 재검사에 소요된 기간에 대하여는 계약기간을 연장할 수 있다.

⑤ 공사에 사용하는 자재중 조립 또는 시험을 요하는 것은 "갑"의 입회하에 그 조립 또는 시험을 하여야 한다.

⑥ 수중 또는 지하에서 행하여지는 공사나 준공후 외부에서 확인할 수 없는 공사는 "갑"의 참여 없이 시행할 수 없다. 다만, 사전에 "갑"의 서면승인을 받고 사진, 비디오 등으로 시공방법을 확인할 수 있는 경우에는 시행할 수 있다.

⑦ "을"은 공사수행과 관련하여 필요한 경우 "갑"에게 입회를 요구할 수 있으며, "갑"은 이에 응하여야 한다.

제13조(지급자재와 대여품) ① 계약에 의하여 "갑"이 지급하는 자재와 대여품은 공사예정공정표에 의한 공사일정에 지장이 없도록 적기에 인도되어야 하며, 그 인도장소는 시방서 등에 따로 정한 바가 없으면 공사현장으로 한다.

② 제1항의 규정에 의하여 지급된 자재의 소유권은 "갑"에게 있으며, "을"은 "갑"의 서면승낙없이 현장 외부로 반출하여서는 아니된다.

③ 제1항의 규정에 의하여 인도된 지급자재와 대여품에 대한 관리상의 책임은 "을"에게 있으며, "을"이 이를 멸실 또는 훼손하였을 경우에는 "갑"에게 변상하여야 한다.

④ "을"은 지급자재 및 대여품의 품질 또는 규격이 시공에 적당하지 아니하다고 인정할 때에는 즉시 "갑"에게 이를 통지하고 그 대체를 요구할 수 있다.

⑤ 자재 등의 지급지연으로 공사가 지연될 우려가 있을 때에는 "을"은 "갑"의 서면승낙을 얻어 자기가 보유한 자재를 대체 사용할 수 있다. 이 경우 "갑"은 대체 사용한 자재 등을 "을"과 합의된 일시 및 장소에서 현품으로 반환하거나 대체사용당시의 가격을 지체없이 "을"에게 지급하여야 한다.

⑥ "을"은 갑이 지급한 자재와 기계·기구 등 대여품을 선량한 관리자의 주의로 관리하여야 하며, 계약의 목적을 수행하는 데에만 사용하여야 한다.

⑦ "을"은 공사내용의 변경으로 인하여 필요없게 된 지급자재 또는 사용완료된 대여품을 지체없이 "갑"에게 반환하여야 한다.

제14조(안전관리 및 재해보상) ① "을"은 산업재해를 예방하기 위하여 안전시설의 설치 및 보험의 가입 등 적정한 조치를 하여야 하며, 이를 위해 "갑"은 계약 금액에 안전관리비 및 산업재해보상 보험료 상당액을 계상하여야 한다.

② 공사현장에서 발생한 산업재해에 대한 책임은 "을"에게 있다. 다만, 설계상의 하자 또는 "갑"의 요구에 의한 작업으로 재해가 발생한 경우에는 "갑"에 대하여 구상권을 행사할 수 있다.

제15조(건설근로자의 보호) ① "을"은 도급받은 공사가 건설산업기본법, 임금채권보장법, 고용

보험법, 국민연금법, 국민건강보험법 및 노인장기요양보험법에 의하여 의무가입대상인 경우에는
퇴직공제, 임금채권보장제도, 고용보험, 국민연금, 건강보험 및 노인장기요양보험에 가입하여야
한다. 다만, "을"이 도급받은 공사를 하도급한 경우로서 하수급인이 고용한 근로자에 대하여 고용
보험, 국민연금, 건강보험 및 노인장기요양보험에 가입한 경우에는 그러하지 아니하다.

② "갑"은 제1항의 건설근로자퇴직공제부금, 임금채권보장제도에 따른 사업주부담금, 고용보험
료, 국민연금보험료, 국민건강보험료 및 노인장기요양보험료를 계약 금액에 계상하여야 한다.

제16조(응급조치) ① "을"은 재해방지를 위하여 특히 필요하다고 인정될 때에는 미리 긴급조치
를 취하고 즉시 이를 "갑"에게 통지하여야 한다.

② "갑"은 재해방지 기타 공사의 시공상 부득이하다고 인정할 때에는 "을"에게 긴급조치를 요
구할 수 있다. 이 경우 "을"은 즉시 이에 응하여야 하며, "을"이 "갑"의 요구에 응하지 않는 경우
"갑"은 제3자로 하여금 필요한 조치를 하게 할 수 있다.

③ 제1항 및 제2항의 응급조치에 소요된 경비는 실비를 기준으로 "갑"과 "을"이 협의하여 부담
한다.

제17조(공사기간의 연장) ① "갑"의 책임있는 사유 또는 천재지변, 불가항력의 사태, 원자재 수급
불균형 등으로 현저히 계약이행이 어려운 경우 등 "을"의 책임이 아닌 사유로 공사수행이 지연되
는 경우 "을"은 서면으로 공사기간의 연장을 "갑"에게 요구할 수 있다.

② "갑"은 제1항의 규정에 의한 계약기간 연장의 요구가 있는 경우 즉시 그 사실을 조사·확인하
고 공사가 적절히 이행될 수 있도록 계약기간의 연장 등 필요한 조치를 하여야 한다.

③ 제1항의 규정에 의거 공사기간이 연장되는 경우 이에 따르는 현장관리비 등 추가경비는 제
23조의 규정을 적용하여 조정한다.

④ "갑"은 제1항의 계약기간의 연장을 승인하였을 경우 동 연장기간에 대하여는 지체상금을 부
과하여서는 아니된다.

제18조(부적합한 공사) ① "갑"은 "을"이 시공한 공사중 설계서에 적합하지 아니한 부분이 있을
때에는 이의 시정을 요구할 수 있으며, "을"은 지체없이 이에 응하여야 한다. 이 경우 "을"은 계약
금액의 증액 또는 공기의 연장을 요청할 수 없다.

② 제1항의 경우 설계서에 적합하지 아니한 공사가 "갑"의 요구 또는 지시에 의하거나 기타
"을"의 책임으로 돌릴 수 없는 사유로 인한 때에는 "을"은 그 책임을 지지 아니한다.

제19조(불가항력에 의한 손해) ① "을"은 검사를 마친 기성부분 또는 지급자재와 대여품에 대하
여 태풍·홍수·악천후·전쟁·사변·지진·전염병·폭동 등 불가항력에 의한 손해가 발생한 때에는 즉
시 그 사실을 "갑"에게 통지하여야 한다.

② "갑"은 제1항의 통지를 받은 경우 즉시 그 사실을 조사·확인하고 그 손해의 부담에 있어서 기
성검사를 필한 부분 및 검사를 필하지 아니한 부분 중 객관적인 자료(감독일지, 사진 또는 비디
오테잎 등)에 의하여 이미 수행되었음이 판명된 부분은 "갑"이 부담하고, 기타 부분은 "갑"과
"을"이 협의하여 결정한다.

③ 제2항의 협의가 성립되지 않은 때에는 제41조의 규정에 의한다.

제20조(공사의 변경·중지) ① "갑"이 설계변경 등에 의하여 공사내용을 변경·추가하거나 공사의 전부 또는 일부에 대한 시공을 일시 중지할 경우에는 변경계약서 등을 사전에 "을"에게 교부하여야 한다.

② "갑"이 전항에 따른 공사내용의 변경·추가 관련 서류를 교부하지 아니한 때에는 "을"은 "갑"에게 도급받은 공사 내용의 변경·추가에 관한 사항을 서면으로 통지하여 확인을 요청할 수 있다.

③ "갑"의 지시에 의하여 "을"이 추가로 시공한 공사물량에 대하여서는 공사비를 증액하여 지급하여야 한다.

④ "을"은 동 계약서에 규정된 계약 금액의 조정사유 이외의 계약체결 후 계약조건의 미숙지, 덤핑수주 등을 이유로 계약 금액의 변경을 요구하거나 시공을 거부할 수 없다.

제21조(설계변경으로 인한 계약 금액의 조정) ① 설계서의 내용이 공사현장의 상태와 일치하지 않거나 불분명, 누락, 오류가 있을 때 또는 시공에 관하여 예기하지 못한 상태가 발생되거나 사업계획의 변경 등으로 인하여 추가 시설물의 설치가 필요한 때에는 "갑"은 설계를 변경하여야 한다.

② 제1항의 설계변경으로 인하여 공사량의 증감이 발생한 때에는 다음 각 호의 기준에 의하여 계약 금액을 조정하며, 필요한 경우 공사기간을 연장하거나 단축한다.

1. 증감된 공사의 단가는 제9조의 규정에 의한 산출내역서상의 단가를 기준으로 상호 협의하여 결정한다.
2. 산출내역서에 포함되어 있지 아니한 신규비목의 단가는 설계변경 당시를 기준으로 산정한 단가로 한다.
3. 증감된 공사에 대한 일반관리비 및 이윤 등은 산출내역서상의 율을 적용한다.

제22조(물가변동으로 인한 계약 금액의 조정) ① 계약체결 후 90일 이상 경과한 경우에 잔여공사에 대하여 산출내역서에 포함되어 있는 품목 또는 비목의 가격 등의 변동으로 인한 등락액이 잔여공사에 해당하는 계약 금액의 100분의 3 이상인 때에는 계약 금액을 조정한다. 다만, 제17조 제1항의 규정에 의한 사유로 계약이행이 곤란하다고 인정되는 경우에는 계약체결일(계약체결후 계약 금액을 조정한 경우 그 조정일)부터 90일이내에도 계약 금액을 조정할 수 있다.

② 제1항의 규정에 불구하고 계약 금액에서 차지하는 비중이 100분의 1을 초과하는 자재의 가격이 계약체결일(계약체결후 계약 금액을 조정한 경우 그 조정일)부터 90일이내에 100분의 15 이상 증감된 경우에는 '갑'과 '을'이 합의하여 계약 금액을 조정할 수 있다.

③ 제1항 및 제2항의 규정에 의한 계약 금액의 조정에 있어서 그 조정금액은 계약 금액 중 물가변동기준일 이후에 이행되는 부분의 대가에 적용하되, 물가변동이 있는 날 이전에 이미 계약이행이 완료되어야 할 부분에 대하여는 적용하지 아니한다. 다만, 제17조 제1항의 규정에 의한 사유로 계약이행이 지연된 경우에는 그러하지 아니하다.

④ 제1항의 규정에 의하여 조정된 계약 금액은 직전의 물가변동으로 인하여 계약 금액 조정기준일(조정 사유가 발생한 날을 말한다)부터 60일 이내에는 이를 다시 조정할 수 없다.

⑤ 제1항의 규정에 의하여 계약 금액 조정을 청구하는 경우에는 조정내역서를 첨부하여야 하며,

청구를 받은 날부터 30일 이내에 계약 금액을 조정하여야 한다

⑥ 제5항의 규정에 의한 계약 금액조정 청구내용이 부당함을 발견한 때에는 지체없이 필요한 보완요구 등의 조치를 하여야 한다. 이 경우 보완요구 등의 조치를 통보받은 날부터 그 보완을 완료한 사실을 상대방에게 통지한 날까지의 기간은 제4항의 규정에 의한 기간에 산입하지 아니한다.

제23조(기타 계약내용의 변동으로 인한 계약 금액의 조정) ① 제21조 및 제22조에 의한 경우 이외에 계약내용의 변경으로 계약 금액을 조정하여야 할 필요가 있는 경우에는 그 변경된 내용에 따라 계약 금액을 조정하며, 이 경우 증감된 공사에 대한 일반관리비 및 이윤 등은 산출내역서상의 율을 적용한다.

② 제1항과 관련하여 "을"은 제21조 및 제22조에 규정된 계약 금액 조정사유 이외에 계약체결 후 계약조건의 미숙지 등을 이유로 계약 금액의 변경을 요구하거나 시공을 거부할 수 없다.

제24조(기성부분금) ① 계약서에 기성부분금에 관하여 명시한 때에는 "을"은 이에 따라 기성부분에 대한 검사를 요청할 수 있으며, 이때 "갑"은 지체없이 검사를 하고 그 결과를 "을"에게 통지하여야 하며, 14일 이내에 통지가 없는 경우에는 검사에 합격한 것으로 본다.

② 기성부분은 제2조 제8호의 산출내역서의 단가에 의하여 산정한다. 다만, 산출내역서가 없는 경우에는 공사진척율에 따라 "갑"과 "을"이 합의하여 산정한다.

③ "갑"은 검사완료일로부터 14일 이내에 검사된 내용에 따라 기성부분금을 "을"에게 지급하여야 한다.

④ "갑"이 제3항의 규정에 의한 기성부분금의 지급을 지연하는 경우에는 제28조 제3항의 규정을 준용한다.

제25조(손해의 부담) "갑"·"을" 쌍방의 책임 없는 사유로 공사의 목적물이나 제3자에게 손해가 생긴 경우 다음 각 호의 자가 손해를 부담한다.

1. 목적물이 갑에게 인도되기 전에 발생된 손해: 을
2. 목적물이 갑에게 인도된 후에 발생된 손해: 갑
3. 목적물에 대한 갑의 인수지연 중 발생된 손해: 갑
4. 목적물 검사기간 중 발생된 손해: 갑·을이 협의하여 결정

제26조(부분사용) ① "갑"은 공사목적물의 인도전이라 하더라도 "을"의 동의를 얻어 공사목적물의 전부 또는 일부를 사용할 수 있다.

② 제1항의 경우 "갑"은 그 사용부분에 대하여 선량한 관리자의 주의 의무를 다하여야 한다.

③ "갑"은 제1항에 의한 사용으로 "을"에게 손해를 끼치거나 "을"의 비용을 증가하게 한 때는 그 손해를 배상하거나 증가된 비용을 부담한다.

제27조(준공검사) ① "을"은 공사를 완성한 때에는 "갑"에게 통지하여야 하며 "갑"은 통지를 받은 후 지체없이 "을"의 입회하에 검사를 하여야 하며, "갑"이 "을"의 통지를 받은 후 10일 이내에 검사결과를 통지하지 아니한 경우에는 10일이 경과한 날에 검사에 합격한 것으로 본다. 다만, 천

재·지변 등 불가항력적인 사유로 인하여 검사를 완료하지 못한 경우에는 당해 사유가 존속되는 기간과 당해 사유가 소멸된 날로부터 3일까지는 이를 연장할 수 있다.

② "을"은 제1항의 검사에 합격하지 못한 때에는 지체없이 이를 보수 또는 개조하여 다시 준공검사를 받아야 한다.

③ "을"은 검사의 결과에 이의가 있을 때에는 재검사를 요구할 수 있으며, "갑"은 이에 응하여야 한다.

④ "갑"은 제1항의 규정에 의한 검사에 합격한 후 "을"이 공사목적물의 인수를 요청하면 인수증명서를 발급하고 공사목적물을 인수하여야 한다.

제28조(대금지급) ① "을"은 "갑"의 준공검사에 합격한 후 즉시 잉여자재, 폐기물, 가설물 등을 철거, 반출하는 등 공사현장을 정리하고 공사대금의 지급을 "갑"에게 청구할 수 있다.

② "갑"은 특약이 없는 한 계약의 목적물을 인도 받음과 동시에 "을"에게 공사 대금을 지급하여야 한다.

③ "갑"이 공사대금을 지급기한내에 지급하지 못하는 경우에는 그 미지급금액에 대하여 지급기한의 다음날부터 지급하는 날까지의 일수에 계약서 상에서 정한 대가지급 지연이자율(시중은행의 일반대출 시 적용되는 연체이자율 수준을 감안 하여 상향 적용할 수 있다)을 적용하여 산출한 이자를 가산하여 지급하여야 한다.

제29조(폐기물의 처리 등) "을"은 공사현장에서 발생한 폐기물을 관계법령에 의거 처리하여야 하며, "갑"은 폐기물처리에 소요되는 비용을 계약 금액에 반영하여야 한다.

제30조(지체상금) ① "을"은 준공기한 내에 공사를 완성하지 아니한 때에는 매 지체일수마다 계약서상의 지체상금율을 계약 금액에 곱하여 산출한 금액(이하 '지체상금'이라 한다)을 "갑"에게 납부하여야 한다. 다만, "갑"의 귀책사유로 준공검사가 지체된 경우와 다음 각 호의 1에 해당하는 사유로 공사가 지체된 경우에는 그 해당일수에 상당하는 지체상금을 지급하지 아니하여도 된다.

1. 제19조에서 규정한 불가항력의 사유에 의한 경우
2. "을"이 대체하여 사용할 수 없는 중요한 자재의 공급이 "갑"의 책임있는 사유로 인해 지연되어 공사진행이 불가능하게 된 경우
3. "갑"의 귀책사유로 착공이 지연되거나 시공이 중단된 경우
4. 기타 "을"의 책임에 속하지 아니하는 사유로 공사가 지체된 경우

② 제1항을 적용함에 있어 제26조의 규정에 의하여 "갑"이 공사목적물의 전부 또는 일부를 사용한 경우에는 그 부분에 상당하는 금액을 계약 금액에서 공제한다.

③ "갑"은 제1항 및 제2항의 규정에 의하여 산출된 지체상금은 제28조의 규정에 의하여 "을"에게 지급되는 공사대금과 상계할 수 있다.

제31조(하자담보) ① "을"은 공사의 하자보수를 보증하기 위하여 계약서에 정한 하자보수 보증금율을 계약 금액에 곱하여 산출한 금액(이하 '하자보수 보증금'이라 한다)을 준공검사후 그 공사의 대가를 지급할 때까지 현금 또는 제4조 제2항 각 호의 보증기관이 발행한 보증서로서 "갑"에게 납부하여야 한다.

② "을"은 "갑"이 전체목적물을 인수한 날과 준공검사를 완료한 날 중에서 먼저 도래한 날부터 계약서에 정한 하자담보 책임기간중 당해공사에 발생하는 일체의 하자를 보수하여야 한다. 다만, 다음 각 호의 사유로 발생한 하자에 대해서는 그러하지 아니하다.

1. 공사목적물의 인도 후에 천재지변 등 불가항력이나 "을"의 책임이 아닌 사유로 인한 경우.
2. "갑"이 제공한 재료의 품질이나 규격 등의 기준미달로 인한 경우.
3. "갑"의 지시에 따라 시공한 경우.
4. "갑"이 건설공사의 목적물을 관계 법령에 따른 내구연한 또는 설계상의 구조내력을 초과하여 사용한 경우.

③ "을"이 "갑"으로 부터 제2항의 규정에 의한 하자보수의 요구를 받고 이에 응하지 아니하는 경우 제1항의 규정에 의한 하자보수 보증금은 "갑"에게 귀속한다.

④ "갑"은 하자담보책임기간이 종료한 때에는 제1항의 규정에 의한 하자보수 보증금을 "을"의 청구에 의하여 반환하여야 한다. 다만, 하자담보책임기간이 서로 다른 공종이 복합된 공사에 있어서는 공종별 하자담보 책임기간이 만료된 공종의 하자보수 보증금은 "을"의 청구가 있는 경우 즉시 반환하여야 한다.

제32조(건설공사의 하도급 등) ① "을"이 도급받은 공사를 제3자에게 하도급하고자 하는 경우에는 건설산업기본법 및 하도급거래공정화에 관한법률에서 정한 바에 따라 하도급하여야 하며, 하수급인의 선정, 하도급계약의 체결 및 이행, 하도급 대가의 지급에 있어 관계 법령의 제규정을 준수하여야 한다.

② "갑"은 건설공사의 시공에 있어 현저히 부적당하다고 인정하는 하수급인이 있는 경우에는 하도급의 통보를 받은 날 또는 그 사유가 있음을 안 날부터 30일 이내에 서면으로 그 사유를 명시하여 하수급인의 변경 또는 하도급 계약내용의 변경을 요구할 수 있다. 이 경우 "을"은 정당한 사유가 없는 한 이에 응하여야 한다.

③ "갑"은 제2항의 규정에 의하여 건설공사의 시공에 있어 현저히 부적당한 하수급인이 있는지 여부를 판단하기 위하여 하수급인의 시공능력, 하도급 계약 금액의 적정성 등을 심사할 수 있다.

제33조(하도급대금의 직접 지급) ① "갑"은 "을"이 제32조의 규정에 의하여 체결한 하도급계약중 하도급거래공정화에 관한법률과 건설산업기본법에서 정한 바에 따라 하도급대금의 직접 지급사유가 발생하는 경우에는 그 법에 따라 하수급인이 시공한 부분에 해당하는 하도급대금을 하수급인에게 지급한다.

② "갑"이 제1항의 규정에 의하여 하도급대금을 직접 지급한 경우에는 "갑"의 "을"에 대한 대금지급채무는 하수급인에게 지급한 한도안에서 소멸한 것으로 본다.

제34조("갑"의 계약해제 등) ① "갑"은 다음 각 호의 1에 해당하는 경우에는 계약의 전부 또는 일부를 해제 또는 해지할 수 있다.

1. "을"이 정당한 이유없이 약정한 착공기일을 경과하고도 공사에 착수하지 아니한 경우
2. "을"의 책임있는 사유로 인하여 준공기일 내에 공사를 완성할 가능성이 없음이 명백한 경우
3. 제30조제1항의 규정에 의한 지체상금이 계약보증금 상당액에 도달한 경우로서 계약기간을

연장하여도 공사를 완공할 가능성이 없다고 판단되는 경우

4. 기타 "을"의 계약조건 위반으로 인하여 계약의 목적을 달성할 수 없다고 인정되는 경우

② 제1항의 규정에 의한 계약의 해제 또는 해지는 "갑"이 "을"에게 서면으로 계약의 이행기한을 정하여 통보한 후 기한내에 이행되지 아니한 때 계약의 해제 또는 해지를 "을"에게 통지함으로써 효력이 발생한다.

③ "을"은 제2항의 규정에 의한 계약의 해제 또는 해지 통지를 받은 때에는 다음 각 호의 사항을 이행하여야 한다.

1. 당해 공사를 지체없이 중지하고 모든 공사용 시설·장비 등을 공사현장으로부터 철거하여야 한다.

2. 제13조의 규정에 의한 지급재료의 잔여분과 대여품은 "갑"에게 반환하여야 한다.

제35조("을"의 계약해제 등) ① "을"은 다음 각 호의 1에 해당하는 경우에는 계약의 전부 또는 일부를 해제 또는 해지할 수 있다.

1. 공사내용을 변경함으로써 계약 금액이 100분의 40 이상 감소된 때

2. "갑"의 책임있는 사유에 의한 공사의 정지기간이 계약서상의 공사기간의 100분의 50을 초과한 때

3. "갑"이 정당한 이유없이 계약내용을 이행하지 아니함으로써 공사의 적정이행이 불가능하다고 명백히 인정되는 때

② 제1항의 규정에 의하여 계약을 해제 또는 해지하는 경우에는 제34조 제2항 및 제3항의 규정을 준용한다.

제36조(계약해지 시의 처리) ① 제34조 및 제35조의 규정에 의하여 계약이 해지된 때에는 "갑"과 "을"은 지체없이 기성부분의 공사금액을 정산하여야 한다.

② 제34조 및 제35조의 규정에 의한 계약의 해제 또는 해지로 인하여 손해가 발생한 때에는 상대방에게 그에 대한 배상을 청구할 수 있다.

제37조(을의 동시이행 항변권) ① "갑"이 계약조건에 의한 선금과 기성부분금의 지급을 지연할 경우 "을"이 상당한 기한을 정하여 그 지급을 독촉하였음에도 불구하고 "갑"이 이를 지급치 않을 때에는 "을"은 공사중지기간을 정하여 갑에게 통보하고 공사의 일부 또는 전부를 일시 중지할 수 있다.

② 제1항의 공사중지에 따른 기간은 지체상금 산정시 공사기간에서 제외된다.

③ "갑"은 제1항의 공사중지에 따른 비용을 "을"에게 지급하여야 하며, 공사중지에 따라 발생하는 손해에 대해 "을"에게 청구하지 못한다.

제38조(채권양도) ① "을"은 이 공사의 이행을 위한 목적 이외에는 이 계약에 의하여 발생한 채권(공사대금 청구권)을 제3자에게 양도하지 못한다.

② "을"이 채권양도를 하고자 하는 경우에는 미리 보증기관(연대보증인이 있는 경우 연대보증인을 포함한다)의 동의를 얻어 "갑"의 서면승인을 받아야 한다.

③ "갑"은 제2항의 규정에 의한 "을"의 채권양도 승인요청에 대하여 승인 여부를 서면으로 "을"

과 그 채권을 양수하고자 하는 자에게 통지하여야 한다.

제39조(손해배상책임) ① "을"이 고의 또는 과실로 인하여 도급받은 건설공사의 시공관리를 조잡하게 하여 타인에게 손해를 가한 때에는 그 손해를 배상할 책임이 있다.

② "을"은 제1항의 규정에 의한 손해가 "갑"의 고의 또는 과실에 의하여 발생한 것인 때에는 "갑"에 대하여 구상권을 행사할 수 있다.

③ "을"은 하수급인이 고의 또는 과실로 인하여 하도급 받은 공사를 조잡하게 하여 타인에게 손해를 가한 때는 하수급인과 연대하여 그 손해를 배상할 책임이 있다.

제40조(법령의 준수) "갑"과 "을"은 이 공사의 시공 및 계약의 이행에 있어서 건설산업기본법 등 관계법령의 제규정을 준수하여야 한다.

제41조(분쟁의 해결) ① 계약에 별도로 규정된 것을 제외하고는 계약에서 발생하는 문제에 관한 분쟁은 계약당사자가 쌍방의 합의에 의하여 해결한다.

② 제1항의 합의가 성립되지 못할 때에는 당사자는 건설산업기본법에 따른 건설분쟁조정위원회에 조정을 신청하거나 중재법에 따른 상사중재기관 또는 다른 법령에 의하여 설치된 중재기관에 중재를 신청할 수 있다.

제42조(특약사항) 기타 이 계약에서 정하지 아니한 사항에 대하여는 "갑"과 "을"이 합의하여 별도의 특약을 정할 수 있다.

출처: 국토교통부

좋은 건물 하나 사서 **오랫동안 보유**하는 게 좋을까? vs 빨리 샀다 팔았다 하면서 **시세 차익을 보는** 것이 나을까?

부동산 투자의 가장 큰 특징은 무엇인가? 실물 자산이라는 것이다.

부동산 투자의 가장 큰 단점은 무엇인가? 다른 투자 상품들에 비해 환금성이 좋지 않다는 것이다. 물론 강남의 노른자 땅이나, 핵심 상권이 있는 건물들은 거래가 굉장히 활발하다. 환금성도 매우 좋은 편이다. 그럼에도 불구하고 주식처럼 오전에 샀다가 오후에 팔지는 않는다. 주식은 환금성도 부동산보다 월등히 좋고 수익률도 높다.

1982년부터 국내 투자 자산별 누적 수익률을 비교한 자료에 따르면, 부동산의 수익률은 주식 수익률에 비하면 압도적으로 적으며, 심지어는 예금보다 적다. 물론 통계의 오류에 빠져서는 안 된다. 이 부동산의 통계는 전국적인 데이터에 의거했을 확률이 높다. 하나의 주식 상품은 곧 하나의 기업이다. 때문에 낮은 주식이 갑자기 폭등, 폭락하는 경우가

국내 투자 자산별 누적수익률 비교

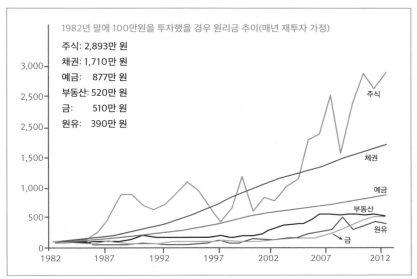

1982년 말에 100만원을 투자했을 경우 원리금 추이(매년 재투자 가정)

주식: 2,893만 원
채권: 1,710만 원
예금:　877만 원
부동산: 520만 원
금:　　510만 원
원유:　390만 원

출처:한국거래소

굉장히 빈번하게 일어난다. 그러나 부동산은 그렇지 않다.

　지방에 있는 부동산이 뜬금없이 갑자기 폭등하는 경우는 매우 드물다. 따라서 주식과 부동산의 샘플을 좀 더 세부적으로 나누어서 비교해보아야 한다. 부동산과 주식, 두 분야에서 오랜 기간 동안 꾸준히 올랐던 '우량주', '우량부동산'을 찾아보자. 모두가 아는 '삼성전자'와 '강남 아파트'를 비교해보면 조금 더 신뢰가 가는 수익률 비교가 되지 않을까?

　국민은행에서 조사한 아파트 시세 통계를 보면 강남 아파트는 2001년부터 현재까지 연평균 5~6퍼센트의 수익률을 보인 반면, 삼성전자의 주식은 연평균 17.7퍼센트의 수익률을 보였다. 꽤 큰 차이다. 그런데 여기서 의문이 있다. 똑같은 우량상품으로 비교하나 전체적으로 비교하나 주식의 수익률이 부동산의 수익률보다 월등히 높다. 그런데 왜 우리 주변에는 부동산으로 부자가 된 사람들만 많고 주식으로 부자가 된 사람은 없을까? 이론적으로는 주식 투자자가 부자가 되어야 하는 것이 맞다.

부동산은 바로 현금화할 수 없기 때문에 강제 저축효과가 있다고 볼 수 있다. 부동산을 팔기 위해서는 구매자와 세금을 생각해야 한다. 뿐만 아니라 기존의 수익 혹은 거처를 대체할 곳 역시 찾아야 한다. 따라서 어느 정도의 시간이 소요되니 절로 신중해진다.

반면 주식은 어떤가? 금융 자산은 실물 자산인 부동산과 다르다. 하루에도 수없이 변동되며, 웬만한 멘탈이 아니고서는 마음이 갈대처럼 흔들린다. "지금 팔까? 말까?" 끊임없이 고민하다가 결국 떨어질 때 파는 경우가 대다수다. 주식이 오르면 계속 오를 것 같아 팔지 않고, 내리면 계속 내릴것 같아 파는 식이다. 많은 투자자들이 주식 관련 책을 수없이 읽고, 관련 영상들을 보며 공부해도 결국 멘탈에서 무너진다. 버튼 몇 번만 누르면 주식을 사거나 팔 수 있기 때문이다. 주식의 수익률이 아무리 높아도 '무릎에서 사서 어깨에서 파는' 사람은 거의 없다.

부동산 부자가 주식 부자보다 많은 결정적인 이유는 환금성 외에도 또 있다. 부동산은 실물 자산이기 때문이다. 2008년 경제 위기 때 삼성전자의 주식은 18.88퍼센트 떨어졌지만, 강남 아파트의 가격은 1.95퍼센트만 떨어졌다. '주식은 위험하고 패가망신하기 쉽다', '부동산 불패 신화' 이 두 가지 인식이 사람들의 뇌리에 강하게 박혀있으면 어떤 일이 발생하는가? 자기 자산의 비중을 부동산에 70~80퍼센트 이상으로 둔다. 금융 자산 투자는 부동산에 투자하고 남은 돈으로 하거나, 잃어도 상관없는 돈 정도로 하는 것이 일반적이다. 이러니 투자 원금부터 차이가 난다. 17.7퍼센트의 수익이 나면 뭐하나. 투자 원금이 1,000만 원이면 177만 원의 수익이 전부다. 강남 아파트는 5퍼센트 수익률이어도 원금이 10억 원 이상이기 때문에 최소 5천만 원 이상의 수익이 난다.

마지막으로 정리해보면 주식의 수익률이 부동산보다 월등히 높은데도 불구하고 부동산 부자의 비율이 높은 이유는 실물 자산의 안정성과 비환금성 때문이다. 쉽게 말해 부동산의 장점은 '장기적으로 보유했을 때' 두드러지게 나타난다고 볼 수 있다. 여기까지만 이야기하면 벌써 대답이 나온 것 같겠지만 아니다. 다음 기사를 보자.

시세 차익 노린 '부동산 단타족' 5년간 양도 소득 26조 챙겨

단타 매매가 늘어난 것은 부동산 가격 급등으로 '단기간 치고 빠지는' 거래 행태가 수익을 남기는 투자로 자리 잡았기 때문이다. 2012년 3년 이내 매매 부동산 거래로 신고된 양도 소득은 3조 5,042억 원이었지만, 2016년에는 2.3배인 7조 9,874억 원까지 증가했다. 건당 양도 소득으로 환산해 보면, 2012년 부동산 거래 한 건당 2,150만 원 수준이었던 단타 매매를 통한 양도 소득이 2016년 3,300만 원 수준까지 뛰어오른 셈이다. 이들이 2012~2016년 5년 동안 거둔 양도 소득은 26조 4천억 원 규모에 달

한다…(하략)

○○○ 2018. 10. 14.

위의 기사를 보면 부동산에서도 단타족(단기간 매매를 주로 하는 투자자)들이 존재한다. 근데 주식과 다른 점은 부동산 투자에서 단타족들은 주식 투자자들과 달리 높은 시세 차익을 올리고 있다. 부동산의 장점은 분명히 장기적으로 보유했을 때 두각을 나타낸다고 했는데, 꼭 그렇지만은 않은 듯하다. 다음 기사를 보자.

흠있는 빌딩인데…3년 만에 41억 번 손○○의 안목

손○○ 씨는 2015년 3월 서울 마포구 서교동 일대에 2필지의 토지와 건물을 93억 5,000만 원에 매입했습니다. 대출을 65억 원 정도 받았던 것으로 알려져 있습니다. 한 필지는 대지 면적 284㎡(약86평), 또 다른 필지는 대지 면적 211.6㎡(64평) 규모로 두 필지 합쳐서 약 150평입니다. 그로부터 3년이 지난 올 2월 손 씨는 이 건물을 135억 원에 개인 투자자에게 매각했습니다. 시세 차익만 41억 5,000만 원입니다.

○○일보 칼럼 2018. 4. 11.

빌딩 투자에도 재건축과 리모델링을 통한 단기 시세 차익형 매매가 활성화되고 있다. 최근에는 연예인들의 사례를 통해 많이 부각되었지만 과거에는 소수의 자산가들이 활용했던 투자 방식이다.

이제 결론을 내보자. 빌딩 투자에 있어 단기적으로 샀다 팔았다 하는 것이 좋을까, 장기적으로 보유하는 것이 좋을까? 결론은 장기 적으로 가지고 있어도 꾸준히 오를 땅의 건물을 사되, 매각 시점을 항상 고려해야 한다는 것이다. 주식이든 부동산이든 빌딩이든 모든 분야의 투자에서 기본은 동일하다.

투자에서 개인의 무분별한 예측은 거의 반 이상 빗나간다. 때문에 여태까지 꾸준히 올라왔던 곳, 생존해왔던 입지의 건물을 골라야 한다. 그런 곳에서 저평가 된 물건을 찾아 리모델링 혹은 재건축을 하여 가치를 높인다면, 임대 수익을 받으면서 쭉 보유해도 되고 시세 차익을 보고 매각해도 된다. 어떤 선택을 하던 좋은 선택이 된다. 반면 애초부터 단기 시세 차익만을 목표에 두고 저렴한 땅, 저렴한 건물을 찾아 개발할 생각을 하면 입지 선정에서 큰 실수를 하게 될 수 있다. 다시 말하지만 안 좋은 입지의 건물에 투자를 하면 현실적으로 수습이 어렵다.

빌딩 매매가 이루어지는 현장에 있다 보면 '제 건물 좀 팔아주세요' 라고 하는 건물주들의 연락이 많이 온다. 그런 건물들 중 대표적인 게 정말 쌩뚱 맞은 입지의 신축 빌딩이다. 리모델링과 재건축을 하면 단기간에 시세 차익을 크게 볼 수 있다는 말을 듣고 그대로 실행한 것이다. 실행력은 칭찬할 만하다. 그러나 그런 건물은 정말 매매가 되기 어렵다. 땅을 싸게 샀으면 그나마 다행이지만 그렇지 않은 경우는 더 힘들어진다. 장기간의 시간과 비용, 노력을 들여 건물을 새로 지었는데 당연히 높은 금액에 팔고 싶지 않을까? 건물주들은 '내가 들인 비용과 시간이 얼만데 이 정도는 받아야지'라고 생각한다. 그러나 새로 살 건물을 보는 투자자들은 절대 건물주의 생각대로 움직이지 않는다. 그들은 주변의 시세를 분석하고, 임대료를 어느 정도를 받을 수 있을지, 상권이 살아있는지, 유동 인구는 많은지를 고려해서 가격을 책정한다. 아무리 신축 건물이고 건물주가 공을 많이 들였다 한들 투자에 있어서 수익성이 나오지 않는다면 고려 대상조차 되지 않는다.

정리해 보자. 주식의 수익률이 월등히 높은데도 불구하고 부동산 부자들이 많은 이유는 비환금성과 실물 자산의 안정성 때문이다.

그렇다면 부동산은 단기적으로 매매했을 때 수익을 보기 어려운가? 그렇지 않다. 주식만큼은 아니지만 빌딩 투자자들은 재건축과 리모델링을 통해 2~3년 만에 2배 이상의 시세 차익을 보기도 한다.

단기 시세 차익이 목적이든, 장기적으로 보유하던 실패하지 않으려면 어떻게 해야 할까? 장기적으로 가지고 있어도 꾸준히 오를 땅의 건물을 사야 한다. 그 다음의 매각 시점은 투자자의 선택이다.

핵심 정리

빌딩을 매입할 때에는 장기적으로 가지고 있어도 문제가 없는 입지의 건물을 사야 한다. 매도 시기는 그 다음에 정해도 된다. 그러나 단기 시세 차익만 우선적으로 고려하여 입지가 좋지 않은 곳에 싸게 산 건물은 장기적으로나 단기적으로나 위험하다.

입지는 나쁘지만 안정적으로
임대수입이 나오는 건물, 팔까? 말까?

본문에 앞서 제목에 대한 대답부터 먼저 하자면 이렇다. 지금이 정확히 팔아야 할 시점이다. 시장에 내놓았을 때 투자자들이 관심을 보일 만한 건물의 종류는 크게 5가지가 있다.

1. 입지도 좋고 임대 수익도 안정적으로 나오는 건

2. 입지는 좋지 않지만 수익이 안정적으로 나오는 건물(임대 수익형)

3. 입지는 좋지만 노후된 건물(건물의 가치를 높여 팔 수 있는 시세 차익형)

4. 사옥으로 적합한 건물

5. 급매로 나온 건물

팔리는 건물들은 대부분 이유가 있다. 입지도 좋고 임대 수익도 안정적으로 나오는 건물은 거의 투자자들이 찾는 건물 이다. 대신에 수요와 공급의 논리 때문에 대체로 시세보다 높은 가격을 형성한다. 모두가 찾으면 가격이 올라간다. 노후 대비용으로도 좋고, 주변 사람들에게 자랑하기도 좋고, 이후에 차익을 보기도 좋기 때문이다.

또한, 입지는 엄청나게 좋지 않더라도 공실이 없고 임대 수익이 꾸준히 나와서 고정적인 월세를 받을 수 있는 건물을 찾는 투자자들이 있다. 그리고 리모델링이나 재건축을 통해 단기간에 시세 차익을 보고 싶은 투자자들은 좋은 입지의 노후된 건물들만 찾는다. 땅값만 저렴하게 주고 매입해서 건물의 가치를 높이는 작업을 하기 위해서다.

회사를 운영하고 있는 법인 대표들은 사옥으로 쓸 만한 건물을 찾는다. 저금리 시대이고 사무실 임대료가 비싸기 때문에 사옥을 매입해서 1~2층은 상가로 쓰고 윗층은 사무실로 직접 운영하는 경우가 많아지고 있다.

마지막으로 급매로 나온 건물은 어떤 위치에 있던 일단 관심을 받는다. 다짜고짜 시세보다 저렴하게 나온 물건만 찾는 '급매족'들도 있다.

다시 질문으로 돌아가자. 시세는 잘 오르지 않지만 임대 수익이 안정적으로 나오는 건물은 왜 지금 바로 팔아야 할까? 입지는 불변이기 때문이다. 땅을 옮길 수는 없다. 따라서 이런 건물은 더이상 건물의 가치가 높아질 수가 없다. 땅의 가치가 오르지 않고, 오른다고 해도 그 금액에 찾는 사람이 없다. 결국 가격이 오르지 않은 것과 마찬가지이다. 땅의 위치(입지)가 좋고 건물이 노후되어 임대가 되지 않는다면 건물은 고쳐 쓰면 된다. 다시 짓거나 리모델링을 하면 된다. 하지만 땅의 위치가 안 좋은데 현재 건물이 깔끔해서 공실이 없는 상태라면 어떻게 될까? 현재 그 입지의 땅에서 나올 수 있는 최대한의 수익을 뽑고 있는 것이다.

시간이 지나면 건물은 당연히 낡는다. 연식이 지나면 수리를 해야 하고, 수리로 안 되면 리모델링이나 재건축을 해야 한다. 다시 말해 계속해서 돈이 들어간다는 말이다. 수리 비용이 계속 들어가더라도 땅의 가격이 그 이상으로 오른다면 크게 상관이 없다. 땅의 가격이 오르면 임대료도 같이 올라가기 때문이다.

그래서 노후된 건물을 수리하면 임대료가 이전의 건물보다 더 올라가기 때문에 충분히 수익성이 있다. 그러나 땅의 가격이 오르지 않고, 건물만 노후된다면 답이 없다. 건물을 다시 지어도 임대료가 변동이 없으니 계속 해서 소모 비용만 들어가게 된다.

따라서 이런 건물은 임대 수익이 잘 나오고 있을 때를 건물 가치의 최고점으로 보아야 한다. 따라서 지금 바로 팔아야 한다. 대부분의 건물주들은 무조건 자신의 건물이 최고라고 믿는다. 주변에서 들리는 근거 없는 호재들을 100퍼센트 다 믿으며 건물의 가격이 오를 것이라고 말한다. 그래서 지금 당장 문제가 없으면 팔지 않는다. 한치 앞을 못 보기 때문이다. 지금 당장 공실이 없고, 임대 수익이 없기 때문에 앞으로도 없을 것이라고 믿는다.

강남의 땅값이 오르기 때문에 자신의 땅도 오를 것이라고 마냥 믿는다. 곁에서 보기에 안타까울 뿐이다.

미국 프린스턴대학교 명예 교수이자 노벨경제학상 수상자인 대니얼 카너먼이 말한 인간의 성향이 정확히 들어맞는다.

"인간은 자신이 만든 틀을 사실이라고 믿어버리곤 한다. 스스로 비판적인 판단을 하기가 어렵다. 직관을 거부하고, 자신과 다른 의견을 본능적으로 싫어한다. 잘못된 의사 결정은 더 큰 문제를 야기할 수 있음도 불구하고 이를 방치하는 경향이 있다."

투자자라면 저점에 사서 고점에 팔아야 하는데 많은 투자자들이 고점에 사서 저점이 되고 나서야 팔려고 애쓴다. 주식은 저점과 고점을 예상하기가 어렵다. 그러나 건물은 비교적 명확하다. 같은 입지 조건이라면 건물이 노후될수록 가치가 낮아지고, 건물이 새 건물이고 공실이 없을수록 고점에 가깝다. 어떤 투자자들은 노후된 건물을 찾아 가치를 업그레이드하고 고점에 팔려고 눈에 불을 켠다. 반면 어떤 투자자들은 깔끔하고 공실이 없는 건물을 사서 가지고 있다가 노후된 후에 헐값에 판다. 당신은 전자인가 후자인가?

과거부터 심리학에서는 흥미로운 연구들이 많이 진행되어 왔다. 특히 경제학과 심리학이 연동된 행동경제학에서는 인간이 얼마나 비합리성을 가지고 있는지 끊임없이 밝혀낸다.

1997년 미국 하버드대학교의 젊은 심리학자였던 대니얼 사이먼스Daniel James Simon와 크리스토퍼 차브리스Christopher F. Chabris는 '인간은 자신이 보고 싶은 것만 본다'라는 명제를 증명하기 위해 실험을 진행했다. 이 실험은 이미 일반인들도 많이 알고 있을 정도로 유명하다. 《보이지 않는 고릴라Invisible Gorilla》라는 제목이다.

먼저 흰색 셔츠를 입은 팀 3명과 검은색 셔츠를 입은 팀 3명, 총 6명이 동그랗게 모여 서로에게 농구공을 패스한다. 실험 참가자들의 임무는 흰색 셔츠 팀의 패스 횟수를 세는 것이었다. 실험 시간은 1분이 조금 넘었는데 여기서 중요한 것이 있다. 이 영상의 중간에 고릴라 옷을 입은 학생이 천천히 등장해 카메라 정면을 보고 고릴라처럼 가슴을 두드린 뒤 퇴장한 것이다. 그리고 실험이 끝난 뒤 참가자들에게 물었다. '영상에 나온 고릴라를 보셨습니까?' 놀랍게도 천천히 등장해서 카메라 정면까지 와 가슴을 두드리기까지 한 고릴라를 절반 이상이 보지 못했다.

심리학자들은 실험이 끝난 이후 참가자들에게 영상을 다시 보여주었다. 참가자들은 고릴라를 발견하고 경악을 금치 못했다. '내가 저걸 왜 못 봤지?'라며 말이다.

이 실험은 우리에게 많은 생각을 하게 한다. 인간은 보려는 사물에 모든 주의를 집중하면, 다른 중요한 정보들이 바로 앞에 나타나더라도 보고 듣지 못한다. 그야말로 믿는 것만 믿고, 보고 싶은 것만 보는 것이다. 저자인 두 심리학자는 인간이 얼마나 비합리적인 사고를 하는지 다양한 사례들을 들며 요목조목 짚어낸다. 자기가 아는 것이 전부라고 생각하는 '자신감 착각', 모르면서 안다고 우기는 '지식의 착각', 우연의 일치를 놓고 얼토당토 않은 이론을 만들어내는 '원인 착각' 등이 대표적인 예이다.

　자신이 가지고 있는 건물에 자신감을 넘어, 근거 없는 자만심까지 가지고 있는 건물주들을 보면 가끔 《보이지 않는 고릴라》의 실험이 떠 오르기도 한다. 자신이 가지고 있는 건물에 모든 포커스를 맞춰서 듣고 싶은 것만 듣고, 보고 싶은 것만 본다. 이런 상황이 반복되다보면 현상을 파악하는 능력이 떨어지게 된다. 그러다 보면 이런 말이 나오는 것이다. '내가 이 건물을 3년 전에 20억 원에 샀는데 땅값은 계속 오르는 거 아 냐? 지금은 당연히 훨씬 더 받고 팔아야지' 건물을 내놓으려는 건물주 들에게 가장 많이 듣는 말이기도 하다.

　안타깝게도 이 말에는 많은 오류가 숨겨져 있다. 3년 전에 20억 원 에 샀든, 30억 원에 샀든 당시에 비싸게 샀다고 하더라도 현재의 시세 로 팔아야 한다. 3년 전에 18억 원짜리를 20억 원에 샀는데 땅값은 하나 도 오르지 않고 건물만 더 노화되었다고 생각해보자. 그러면 18억 원보 다 더 싸게 내놓아야 팔리기 마련이다. 그런데 많은 건물주들은 자신에 게 유리한 것만 생각하고, 보고, 듣기 때문에 말이 통하지 않는다. 내가 20억 원을 주고 3년 전에 샀으니 지금은 30억 원을 주고 팔겠다고 말한 다. 이러니 건물이 팔릴 리가 없다. 시간이 지날수록 건물은 점점 더 노 후 되고, 임대가 전혀 나가지 않는다. 대출 이자가 압박을 받고서야 건물 을 급매로 내놓는다.

　1987년 미국 애리조나대학교의 교수인 그레고리 노스크래프트 Gregory Northcraft와 마거릿 닐Margaret Neale은 흥미로운 실험을 진행했다. 자신의 분야에서 전문가로 인정받는 부동산 중개인들 몇 명을 따로 따로 어떤 집으로 초대했다. 이들은 그 지역의 부동산 시장과 각 부동산의 가치를 훤히 꿰뚫고 있는 사람들이었다. 두 연구자는 그들에게 집을 꼼꼼히 살펴보라고 한 후에, 몇 가지 엇비슷한 판매 가격과 미국의 부동산 유통 시스템에서 뽑은 정보 등을 제공했다. 이 부동산 중개인들이 받은 정보는 딱 한 가지만 제외하고 모두 동일했다. 그 다른 정보는 집주인이 팔겠다는 가격인 '호가'였다.

첫 번째 집단에게는 호가가 11만 9,900달러라고 했고, 두 번째 집단에게는 12만 9,900만 달러라고 했으며, 세 번째 집단에게는 13만 9,900달러라고 말했다. 마지막 네 번째 집단에게는 14만 9,900달러라고 했다. 이 호가는 중개인들이 그 집을 처음 살펴볼 때 맨 처음 제공됐다. 모든 전문가들은 집을 둘러보고, 호가를 포함한 정보를 읽어보았다. 이후 연구자들은 부동산 전문가인 이들에게그 집의 합리적인 구매 가격을 추정해달라고 말했다.

결과는 어떻게 되었을까? 호가를 다르게 들었던 전문가 집단은 모두 추정 가격의 평균치가 달랐다. 호가를 119,900달러라고 들었던 집단은 집의 추정 가격을 평균 111,454달러라고 말했으며, 129,900달러로 들은 집단은 평균 123,209달러라고 말했다. 139,900달러로 들은 집단은 집값을 평균 124,653달러로 추정했고, 149,900달러로 들은 집단은 127,318달러라고 추정했다. 호가는 그저 집주인이 원하는 가격일 뿐인데, 모든 전문가 집단이 호가에 따라 추정 가격을 다르게 말한 것이다. 호가가 높을수록 부동산 추정 가격이 올라갔다.

그래도 확실히 전문가는 전문가인 듯하다. 전문가들은 호가 차이가

3만 달러일 때 추정 가격은 1만 6,000달러 차이가 났다. 그러나 일반인들을 대상으로 같은 실험을 진행했을 때는 훨씬 더 추정 가격의 폭이 컸다. 호가가 3만 달러 차이날 때 추정가격은 3만 1,000달러의 차이가 났다.

대체 어떤 일이 일어난 것일까? 흥미로운 점은 실험에 참가했던 전문가들 중 81퍼센트, 일반인들 중 63퍼센트가 추정가격을 결정할 때 호가를 전혀 고려하지 않았다고 답했다는 점이다. 호가는 전문가와 일반인 모두에게 영향을 끼쳤지만 본인들은 인식조차 하지 못했다.

이 실험은 인간은 합리적인 결정을 하려고 애쓰지만, 여전히 비합리적이라는 사실을 대변해준다. 심지어 전문가라고 하는 사람들조차 말이다. 부동산의 가치는 절대 집주인이 원하는 가격이나 집주인이 구매했을 당시의 가격에 따라 달라지는 것이 아니다. 지금 현재의 시장 가치로 결정되는 것이다. 그럼에도 불구하고 한 가지 가격기준이 정해지면 사람들은 무조건적으로 영향을 받게 된다. 건물주들이 건물을 팔 때 내세우는 호가는 무엇이 기준인가? 자신이 매입한 금액이다. 30억 원에 매입했다면 이것보다는 무조건 높아야 한다. 현재의 시장 가치는 그들에게 중요하지 않다.

마지막으로 정리해 보자. 빌딩 투자에서의 원칙은 저가에 매입해서 고가에 파는 것이다. 대부분의 투자자들은 깔끔하고 임대 수입이 이미 잘 나오고 있는 건물을 원한다. 그러니 시세보다 높은 가격에 매입할 수밖에 없다. 가진 금액이 한정적이니 좋은 입지의 깔끔한 건물은 사기 어렵고, 입지는 별로 좋지 않지만 깔끔한 건물을 산다. 건물을 팔 때도 이 현상은 동일하게 적용된다. 현재 건물이 고가일 때 팔아야 하는데 지금 문제가 없고 임대 수입이 잘 나오니 팔 생각을 하지 않는다. 하지만 입지가 좋지 않은 건물이 노후되면 필히 공실이 나고 수리 비용이 들어간다. 임대 수입은 안 나오고 돈만 들어가다 보면 도저히 감당이 안 되기 시작한다. 이래서 건물을 내놓는다. 입지도 안 좋고 건물의 상태도 노후되었는데 가격은 처음 샀을 때 금액보다 높게 받고 싶어 한다. 건물주는 항상 원가를 생각하기 때문이다. 총체적인 문제가 발생할 수밖에 없다. 그러니 입지가 좋지 않은 건물은 임대 수입이 나올 때가 최고 고점이므로 반드시 팔아야 한다. 그렇지 못하면 건물이 노후된 뒤 급매로도 팔리지 않는 상황이 된다.

핵심 정리

입지가 좋지 않은데 현재 공실이 없다면 지금이 바로 팔아야 할 시기이다. 건물은 오래 될수록 가치가 떨어지고, 공실이 많아진다. 입지가 좋은 건물의 경우 계속 가지고 있으면서 리모델링이나 재건축을 통해 가치를 높일 수 있다. 땅값이 꾸준히 오르기 때문이다. 그러나 입지가 좋지 않은 곳은 시간이 갈수록 건물 관리 비용만 더 들어가고 가치가 떨어지게 된다. 따라서 공실이 없고, 오래되지 않았을 때가 그나마 팔기 수월하다. 바로 팔아야 한다.

5장

한눈에 보는 빌딩 투자의 모든 것
: 세금과 절세 그리고 대출

빌딩 투자 세금의 모든 것

사업하는 사람이 생각하는 세금과 직장인이 생각하는 세금은 서로 다르다. 세금의 종류에는 취득세, 종합 소득세, 재산세, 부가 가치세, 양도 소득세 등이 있어 듣기만 해도 머리가 아픈 경우가 많다. 그러나 부동산 중에서도 특히 빌딩에 투자할 때에는 세금에 대해 꼭 알고 있어야 한다. 부동산은 거래 금액이 크기 때문에 거래에 따른 비용도 적지 않다. 그중 가장 핵심적인 지출이 바로 '세금'이다.

구체적인 수치와 금액에 대해서는 전문 세무사의 도움을 받는 것이 좋지만, 빌딩 투자할 때 중개인들이나 세무사와 협의를 하더라도 기본적인 흐름은 알고 있어야 한다. 아무리 투자를 잘해서 높은 시세 차익을 보더라도 미처 생각하지 못한 돈이 세금으로 나가게 될 수 있기 때문이다.

기본적으로 빌딩 투자 시 내야 하는 세금의 유형에는 3가지가 있다. 매입할 때 들어가는 세금, 보유하고 있을 때 내야 하는 세금, 팔 때 내는 세금이다. 부동산을 취득할 때 내는 취득세는 취득일(계약서상 잔금 지급 약정일)로부터 60일 이내에 지자체로 신고·납부해야 한다.

취득세의 세금 요율은 부동산의 용도에 따라 다르다. 상가는 가격과 상관없이 4.6퍼센트(취득세 4퍼센트, 농특세 0.2퍼센트, 지방교육세 0.4퍼센트)를 내야하고, 주택은 가격에 따라 차이가 있다. 6억 원 이하의 주택은 1.3퍼센트, 6~9억 원 이하는 2.4퍼센트, 9억 원 초과는 3.5퍼센트이다.

추가로 말하자면, 부동산 취득 시에는 취득세 이외에도 중개 수수료와 채권 매입 비용, 부동산을 거래하면 취득세 납부와 함께 필수적으로 국민 주택 채권을 매입해야 한다. 채권을 매입해야 등기를 할 수 있다. 부동산 소유권 이전 등기를 위해서는 제1종 국민 주택 채권을 매입해야 한다. 여기에 법무사 비용이 추가로 들어간다. 그러므로 매입 시 들어가는 부대비용은 상가 건물은 6퍼센트, 다가구 주택의 경우 5퍼센트 정도로 생각해 두는 것이 좋다. 취득세는 절세할 여지가 없기 때문에 크게 달라지는 요율이 없다. 50억 원짜리 상가 건물을 매입한다면, 약 3억 원 정도의 부대비용(취득세, 채권 매입 비용, 법무사비용, 중개 수수료 등)을 생각해두는 것이다.

추가로, 상가 건물 매입 시 원칙적으로는 부가 가치세를 납부해야 한다. 그러나 조기 환급을 받거나 포괄적 양도양수 계약 방식(상가 임대사업에 대한 모든 권리와 의무를 매도자가 매수자에게 그대로 이전한다는 계약)을 통해 면제받을 수 있다. 매도자는 매수자에게 부가세를 징수해 국가에 납부하고, 매수자는 일반사업자로 등록한 후 환급받게 된다. 이러한 과정들이 국가로서는 별다른 이익이 없기 때문이다. 매수자와 매도자가 모두 사업자인 상태에서 별도의 포괄 양수도 계약서를 작성한 후 세무서에 제출하면 부가세를 납부할 필요가 없다. 이후 매매 계약서 특약에 '포괄양수도 계약'이라는 문구만 기재하면 된다.

빌딩을 매입한 후에는 재산세와 종합 부동산세, 임대 소득 관련 종합 소득세와 부가 가치세를 내야 한다. 재산세의 경우 6월 1일을 과세 기준 일로 하는데, 건축물과 토지, 주택은 납기일이 다르다. 건축물은 7월 16~31일까지, 토지는 9월 16~30일까지이며, 주택은 7월 16~31일까지 50퍼센트를 내고 나머지 50퍼센트는 9월 16~30일에 납기해야 한다. 재산세율 역시 부동산 종류에 따라 다르다. 우선 소유한 부동산의 시가 표준액(공시 지가 또는 기준 시가, 보통 실거래 가격의 70~80퍼센트, 2019년 기준)에 공정 시장 가액 비율(85퍼센트, 2019년 기준)을 곱한다. 이 금액이 과세 표준액이 된다.

재산세는 과세 표준액×재산세율로 계산된다. 건축물의 경우 일반적으로 0.25퍼센트(골프장, 고급 오락장 : 4퍼센트, 주거지역 및 지정지역 내 공장용 건축물: 0.5퍼센트)를 과세이다.

사업용 토지의 경우 10억 원 초과 시 '280만 원+10억 원 초과 금액의 0.4퍼센트'를 과세한다. 50억 원짜리 상가 건물을 가지고 있다고 할 때, 시가 표준액(실거래 가격의 70~80퍼센트)이 약 40억 원이라고 가정해 보자. 토지의 공시 지가가 약 35억 원, 건물의 기준 시가가 5억 원이라고 했을 때, 건물의 재산세는 5억 원×85퍼센트×0.25퍼센트=1,062,500원이 된다. 토지에 대한 재산세는(35억 원×85퍼센트-10억 원)×0.4퍼센트+280만 원=10,700,000원이다.

> 건물분 재산세 : [건물 시가 표준액×공정 시장 가액 비율(85퍼센트)]×0.25퍼센트=1,062,500원
>
> 토지분 재산세: {[토지 시가 표준액×공정 시장 가액 비율(85퍼센트)]-10억 원}×0.4퍼센트+280만 원=10,700,000원

여기에서 끝이 아니다. 재산세를 낼 때에는 지방 교육세, 재산세 도시지역분 및 지역자원시설세를 추가로 납부해야 한다. 지방 교육세는 재산세 납부세액의 20퍼센트를 부과한다. 재산세 도시지역분은 도로의 개설유지, 상하수도, 공원 등 각종 도시 계획 사업에 필요한 비용을 충당하기 위해 도시 계획 구역 안에 있는 토지, 건축물 또는 주택에 부과하는 세금이다. 따라서 도시 계획 구역이 아닌 지역에서는 부과되지 않는다.

지역자원시설세는 소방시설, 오물처리시설, 수리시설 및 그 외의 공공시설에 필요한 비용을 충당하기 위해 부과하는 세금인데, 해당 시설로 인해 이익을 보는 건축물 및 토지 소유자에게 부과하는 세금이다. 이때 건물분 과세 표준액을 기준으로 6,400만 원 초과 시(49,100원+(6,400

만 원 초과 금액의 0.12퍼센트))를 과세한다.

지방교육세: 재산세 납부세액×20퍼센트=11,762,500원×20퍼센트
=2,352,500원

지역자원시설세: (건물분 과세 표준액-6,400만 원)×0.12퍼센트 +
49,100원=482,300원

재산세 도시지역분: [총 시가 표준액×공정 시장 가액 비율(85퍼센트)]
×0.14퍼센트=40억×85퍼센트×0.14퍼센트=4,760,000원

1년에 내야 하는 총 재산세는

50억 원 상가 건물 기준

재산세+지방교육세+지역자원시설세+재산세

모두 합치면 1,062,500원+10,700,000원+2,352,000원 +

482,300원+4,760,000원=19,356,800원이다.

50억 원 상가 건물을 기준으로 잡고 시가 표준액을 40억 원으로 가정하여 재산세를 산출해 보았을 때, 1년 동안 내야 하는 총 재산세는 약 2천만 원에 달한다. 적지 않은 금액이다. 그리고 부동산을 보유하면서 내야 할 세금은 재산세뿐만이 아니다. 12월 1일~15일까지 종합 부동산세를 내야 한다.

종합 부동산세는 상가 건물은 공시 지가 합산 80억 원 이상일 경우,

주택은 공시 지가 6억 원 이상(1주택자는 9억 원 이상)일 경우에 해당된다.

종합 부동산세와 농어촌특별세(종부세의 20퍼센트)를 내게 되는데 종부세는 과세대상, 보유주택 수, 보유지역에 따라 세부적으로 달라진다. 따라서 새로 매입하고자 하는 건물이 다가구 주택 혹은 상가 주택이거나 현재 살고 있는 집이 있어 건물의 매입과 동시에 2주택 이상이라면 전문 세무사와 상담을 받아보는 것이 좋다.

상가 건물도 공시 지가 80억 원이라면 실거래가 100억 원대의 건물이다. 규모가 커질수록 세금 또한 치밀하게 관리할 필요가 있다. 그러므로 종합 부동산세를 내야 할 정도의 자산 규모를 가지고 있다면, 부동산 거래 시 세무사의 도움을 받는 것이 가장 확실하다.

건물을 보유하면서 내야 할 마지막 세금으로는 임대 수익에 따른 종합 소득세와 부가 가치세가 있다. 건물을 매입한 후 임대를 놓게 되면 임대를 놓은 날로부터 20일 이내에 소재지 관할 세무서에 가서 사업자 등록을 해야 한다. 임대 수익에 대한 부가 가치세를 납부해야 하기 때문이다. 사업자가 납부하는 부가 가치세는 매출세액에서 매입세액을 차감하여 계산한다.

부가 가치세를 절감시키는 방법은 매입(경비)을 늘리는 것이다. 중개 수수료, 건물 관리 비용, 리모델링 등 비용이 발생한 경우에는 반드시 증빙자료를 챙겨두어야 한다.

부가 가치세 : 매출세액-매입세액(=공제세액)

부동산 임대업의 경우 매출세액의 산출은 월 임대료의 10퍼센트와 간주 임대료의 10퍼센트로 구성된다. 간주 임대료란 상가를 임대하고 받은 전세금이나 보증금을 은행에 넣은 것으로 간주할 때 발생하는 이자소득도 수입으로 보는 것이다.

간주 임대료: 보증금×(임대일수 × 국세청 고시 이자율(퍼센트)/365)

보증금과 임대료가 5억 원에 매월 2,000만 원 나오는 건물이 있다고 가정하자. 임대일수는 1년이다. 이때의 간주 임대료와 매출세액은 같다.

간주 임대료: 5억 원×(365 × 국세청 고시 이자율(2.1퍼센트, 2019년 기준)/365)=10,500,000원
매출세액: 월 임대료의 10퍼센트+간주 임대료의 10퍼센트
=1,052,400만 원+105만 원=2,505만 원

매출세액은 2,505만 원으로, 여기에서 매입(경비)를 제하면 매년 납부해야 할 부가 가치세의 금액이 된다.

이번에는 종합 소득세에 대해 알아보자. 종합 소득세는 부동산에서 나오는 임대 소득뿐만 아니라 근로 소득, 기타 사업 소득 등을 모두 합산한 뒤 과세 표준에 따라 내는 세금이다. 그러니 따라서 이는 건물 자체만으로 나오는 세금은 아니지만, 투자 시에 추가적으로 내야 하는 세금이 늘어나게 되니 세금 계산 시 감안해야 한다.

양도 소득세는 빌딩을 최종적으로 매도할 때 내야 하는 세금으로, 빌딩 투자에서 가장 중요한 세금이다. 이는 부동산의 양도에 따라 발생하는 소득에 대하여 과세하는 것으로, 가장 큰 세금을 내야 하는 영역이다. 시세 차익을 많이 거둘수록 양도세에 대한 부담이 커지는데, 양도소득세의 계산은 다음 순서를 따른다.

1. 양도 가액 - 취득 가액 필요 경비 = 양도차익

2. 양도차익 - 장기 보유 특별 공제 = 양도 소득 금액

3. 양도 소득 금액 - 양도 소득 기본 공제 = 양도 소득과제표준

4. 양도 소득 과세 표준 × 양도 소득세율 = 양도 소득세액

50억 원짜리 건물을 매입하여 리모델링한 후 3년이 지나 100억 원에 매도했다고 가정해보자. 취득 가액 필요 경비는 취득세, 중개 수수료, 리모델링 비용, 수선 비용, 양도 비용 등이 인정된다.

인정되는 금액이 약 15억 원 정도라고 감안했을 때, 양도 차익은 35억 원(양도 가액 50억 원 - 취득 가액 필요 경비 15억 원)이 되었다. 장기 보유 특

별 공제는 말 그대로 부동산을 오랫동안 보유하고 있을수록, 세제혜택을 주기 위한 제도이다. 3년 이상 보유 시 양도 차익의 10퍼센트(1가구 1주택인 경우 24퍼센트)만큼 특별 공제율을 적용할 수 있으며, 최대 10년 이상 보유 시 30퍼센트(1가구 1주택의 경우 80퍼센트)까지 공제가 가능하다. 이 건물의 경우 3년 동안 보유했으니, 3억 5천만 원까지 특별 공제가 된다.

그러므로 양도 소득 금액은 31억 5천만 원이 된다. 여기에서 양도자 1인당 연간 공제해주는 양도 소득 기본 공제 250만 원을 빼고 나면 양도 소득 과세 표준액은 31억 4천 750만 원이 된다. 양도 소득세율은 얼마나 될까?

과세 표준액이 5억 원을 초과했고, 보유 기간이 3년 되었으므로 양도 소득세율 42퍼센트에 누진 공제액 3,540만 원이 적용되고, 최종 양도 소득세액은 3,147,500,000원×42퍼센트−3540만 원=1,321,950,000원이

상가 건물 양도 소득세율

보유 기간	과세 표준	양도 소득세율	누진 공제액
	1년 미만	50%	-
	2년 미만	40%	-
2년 이상	1,200만 원 이하	6%	-
	1,200만 원 초과 ~4,600만 원 이하	15%	108만 원
	4,600만 원 초과 ~8,800만 원 이하	24%	522만 원
	8,800만 원 초과 ~1억 5천만 원 이하	35%	1,490만 원
	1억 5천 초과~3억 이하	38%	1,940만 원
	3억초과~5억 원 이하	40%	2,540만 원
	5억 원 초과	42%	3,540만 원

된다. 그러므로 약 13억 원의 세금을 내야 한다.

지금까지 빌딩 매입, 보유, 매도 시 알아두어야 할 세금에 대해 하나씩 살펴보았다. 생각보다 내야 할 세금이 상당히 많다고 느꼈을 것이다. 다음에는 어떻게 하면 최대한 절세할 수 있는지에 대해 알아보자.

핵심 정리

빌딩 투자 시 내야 할 세금의 종류는 취득세, 종합 부동산세, 종합 소득세, 재산세, 임대 소득 관련 부가 가치세, 양도 소득세가 있다. 처음에는 익숙하지 않더라도 부동산 투자의 수익에서 세금은 뺄 수 없는 관계이므로, 자신이 투자할 건물의 세금이 어느 정도 나오게 될지 대략적으로라도 계산해보는 것이 좋다.

빌딩 투자 시 세금을
아끼는 다양한 방법

세금을 아끼기 위해서는 기본적으로 어떤 세금들이 있고, 그중에서도 어떤 세금을 중점적으로 아낄 수 있는지 알아야 한다.

예전에는 세금을 회피하기 위해 임대인이 고의로 사업자 등록증을 발급하지 않거나 현금으로 월세를 받는 경우도 많았다. 하지만 최근에는 이런 식의 탈세는 불가능하다. 임차인이 영업하려면 사업자 등록증을 발급받아야 하고, 국세청에서 수시로 확인을 하기 때문이다. 그러니 이제는 정정당당하게 탈세가 아니라 절세하는 방법에 대해 알아야 한다.

1. 취득 시 : 취득세 및 등록세, 부가 가치세(건물분)
2. 보유 시 : 종합 부동산세, 종합 소득세, 재산세,
　　　　　　 임대 소득 관련 부가 가치세

3. 처분 시 : 양도 소득세, 부가 가치세(건물분)

이 중 건물의 취득 시 내야 하는 세금은 대부분 아낄 수 있다.

2008년 금융 위기 때에는 정부에서 부동산 경기를 활성화시키기 위해 일시적으로 취득세를 50퍼센트 감면해주는 경우가 있었는데, 이것 또한 주택에만 해당하는 내용이었다.

주택의 취득세는 9억 원 이하, 면적 85m² 이하인 경우 일정 부분 세금이 낮아지긴 했지만, 이 책에서는 빌딩 투자를 목적으로 하고 있으므로 해당하지 않는다. 서울에서 9억 원 이하, 85m² 이하 다가구 주택과 상가 주택을 찾기는 어렵기 때문이다. 부가 가치세의 경우 포괄 양도양수 계약을 하여 면제받거나, 당장은 내더라도 이후에 환급받을 수 있다.

이번에는 빌딩을 보유하면서 내는 세금에 대한 절세 방법을 알아보자. 보유하고 있는 부동산의 공시 지가 합산이 80억 원을 넘으면 종합 부동산세를 내야 하는 것이 원칙이다. 그러나 145억짜리 건물을 사고도 종부세를 내지 않는 경우도 있다. 물론 합법적으로 말이다.

145억 원 건물 샀는데 종부세 피한 ○○씨와 □□씨 부부 절세 비법

연예계 미남미녀 커플 ○○씨와 □□씨 부부는 지난 2월 서울 강남구 지하철 분당선 압구정역에서 걸어서 3분쯤 떨어진 건물을 매입했습니다. 대지 면적 715.1㎡, 연면적 2456.19㎡, 지하 2층~지상 5층으로 매입가격은 145

억 원(3.3㎡당 6,703만 원)이었습니다. 등기부 등본을 보면 ○○씨와 □□
씨 명의로 각각 72억 5,000만 원씩 등기되어 있습니다. 부부는 일심동체라
는 말도 있는데, 왜 굳이 건물을 둘이 나눠서 산 것일까요?

　공동매입은 종합 부동산세(종부세)를 절약하는 데 도움이 됩니다. 토지
공시가격 80억 원을 초과하는 건물을 보유하면 그 초과분에 대해 종부세가
과세되는데요. 공동 명의로 사면 공시가격이 지분 비율만큼 분산돼 단독 명
의보다 세금을 줄일 수 있습니다. 이 부부의 경우 145억 원에 샀으니 종부세
를 내야 할 텐데요. 지분을 반으로 나누면 각각의 보유 지분이 80억 원 이하
여서 종부세 납부 대상에 해당하지 않게 됩니다.

○○일보 칼럼 2018. 12. 13.

　　○○씨와 □□씨 부부는 압구정 로데오역 근처 145억 원짜리 건물
을 공동 명의로 매입했다. 종합 부동산세는 개인이 가진 토지의 합산이
공시 지가 80억 원을 넘을 때 내야 하는 세금이다. 공동 명의로 할 경우
개개인의 지분이 72억 5,000만 원씩 되어 종부세 납부 대상에서 제외된
다. 공동 명의는 종합 부동산세뿐만 아니라, 임대 소득에 따른 종합 소득
세와 양도 소득세에도 절세 효과가 있다.

　　○○씨와 □□씨 부부가 만약 145억 원짜리 건물을 매입한 후, 재건
축하여 2년 뒤 175억 원에 팔아서 시세 차익을 본다고 가정해보자. 건물
을 매입할 때 들었던 취득가액(중개 수수료, 취득세, 등록세 등)과 경비(재건축
비용, 건물 관리 비용 등)을 공제하고 나니 양도 소득 금액은 약 9억 원 정도

가 되었다. 그리고 단독 명의로 건물을 매입한 경우 9억 원 – 250만 원 (기본 공제액)=8억 9,750만 원이 과세 표준이 되어 5억 원 이상이 된다. 2년 뒤 건물을 팔 때 과세 표준액이 5억 원을 넘어가면 42퍼센트를 양도 소득 세로 납부해야 한다. 장기 보유 특별 공제가 해당하지 않기 때문이다.

단독 명의일때 양도 소득세를 계산해보자.

(단독 명의) 양도 소득세 : 8억 9,750만 원 × 42퍼센트 – 3,540만 원 (누진 공제) = 341,550,000원

그럼 공동 명의로 했을 때는 세금을 어느 정도 아낄 수 있을까? 지분의 50퍼센트씩 공동 명의로 건물을 매입할 경우, 9억 원의 양도 소득 금

양도 소득세 기본 세율

과표	세율	누진공제
1,200만 원 이하	6%	—
4,600만 원 이하	15%	108만 원
8,800만 원 이하	24%	522만 원
1억 5,000만 원 이하	35%	1,490만 원
3억 원 이하	38%	1,940만 원
5억 원 이하	40%	2,540만 원
5억 원 초과	42%	3,540만 원

출처: 국세청

액 또한 절반인 4억 5천만 원으로 나누어진다. 여기에서 각각 기본 공제액을 제하고 나면, 과세 표준은 인당 4억 4,750만 원씩이다.

4억 4,750만 원은 5억 원 이하이므로 40퍼센트의 세율을 적용받는다.

(공동 명의) 명의별 양도 소득세 : 4억 4,750만 원 × 40퍼센트 - 2,540만 원 = 153,600,000원
(공동 명의) 총 양도 소득세 : 153,600,000원 × 2명 = 3억 720만 원

공동 명의로 매입 시 단독 명의로 매입했던 경우보다 341,550,000원 - 307,200,000원=34,350,000원의 절세 효과를 낼 수 있다. 기본 공제액과 누진 공제액을 중복해서 받을 수 있고, 총 과세 표준이 10억 원이하인 경우 세율에서도 이익을 볼 수 있기 때문이다.

단독 명의로 했을 때와 공동 명의로 했을 때의 양도 소득세액은 분명한 차이가 난다. 그래서 공동 명의로 했을 때의 절세효과는 종합부동산세뿐만 아니라 양도 소득세까지 영향을 미친다. 또한 공동 명의는 임대 소득에 따른 종합 소득세까지 절세 효과를 준다. 예를 들어 145억 원짜리 빌딩에서 연간 5억 4,000만 원의 임대료가 나온다고 하자.(종합 소득세율은 위의 양도 소득세 기본세율과 동일하다.)단독 명의로 된 건물일 경우 연간 소득이 5억 원 초과이므로 42퍼센트의 세율을 적용받는다. 그러나 2명의 공동 명의인 경우 명의당 소득이 2억 7,000만 원이 되므로 과세 표준 3억원 이하가 되어 38퍼센트의 세율을 적용받을 수 있다.

이번에는 공동 명의 이외의 절세 방법에 대해 알아보자.

먼저 세금을 아끼는 가장 원칙적인 방법은 필요 경비를 최대한 늘려서 과세 표준을 줄이는 것이다.

과세 표준이란 세금을 부과하는 기준이 되는 금액으로, 자신이 얻은 이익에서 필요 경비를 제한 후의 금액이다. 2016년 이전에는 일반영수증만 있어도 필요 경비로 인정이 되었으나, 이제는 신용카드, 현금 영수증, 세금계산서 등 적격증빙을 제출해야만 경비로 인정이 된다. 그러나 적격증빙 자료들을 미리 챙겨두지 못해 손해 보는 경우가 많다. 부동산을 취득할 때부터 세금에 대해 꼼꼼히 알아보고 취득세, 법무사 비용, 채권 매입 비용, 중개 수수료, 건물 관리비, 건축비, 리모델링비, 수선비 등 주요 지출 내역에 대한 자료들을 미리 정리해 두어야 한다. 단, 건물의 매입 시 금융 기관에서 받은 대출은 필요 경비가 아니며, 재산세 또한 경비로 인정받지 못한다.

만약 매입한 건물이 다가구 주택이나 상가 주택일 경우, 상가 건물에 비해 세금에 대한 혜택이 있다. 예를 들어 상가 건물은 양도 소득세 산출 시 장기 보유 특별 공제가 최대 10년 동안 30퍼센트까지 적용이 되는 반면, 주택은 최대 80퍼센트까지 적용된다. 특히 본인 소유의 집이 없고 1가구 1주택으로 건물을 매입한다면 2년 보유 후 부터는 9억 원까지 양도 소득세 비과세 혜택을 받을 수 있다.

상가 주택은 전체적인 건물 면적에서 상가보다 주택의 면적이 크다면 전체를 주택으로 인정받으며, 상가가 더 클 경우 상가 부분과 주택

부분은 따로 세금을 내야 한다. 다가구 주택뿐만 아니라 상가 주택, 상가 건물 또한 알짜 같은 입지에 제대로 투자했다면 급히 시세 차익을 보는 것보다는 시간을 두고 장기 보유 특별 공제의 효과를 받는 것이 절세에 좋다.

지금까지 말했던 절세에 관한 내용은 모두 개인임대사업자인 경우를 토대로 정리한 것이다.

만약 법인 명의로 빌딩에 투자한다면 세율이 완전히 달라진다. 개인 임대 사업자로 임대료를 받으면 임대 소득에 근로 소득, 금융 소득 등 본인의 기타 소득과 합산돼 누진세율 적용을 받는다. 과세 표준에 따라 6~42퍼센트까지 종합 소득세를 내야 한다. 그러나 법인은 종합 소득세가 아닌 법인세를 납부하는 데 과세 표준액이 2억 원 이상이면 20퍼센트, 2억 원 미만이면 10퍼센트의 법인세를 납부한다. 그러다 보니 투자자들은 절세 측면이나 대출 측면에서 법인으로 투자를 하는 것이 이익이라고 생각할 수 있다. 한 가지 팁을 알려주자면, 상속할 때 법인 주식으로 상속하는 방법이 절세에 유리하다.

하지만 우리가 고려해야 할 것은 내가 100퍼센트 지분을 가지고 있다고 해도 법인 자금은 개인 돈처럼 언제든 필요할 때 편하게 빼서 쓸 수 없다는 것이다. 법인 자금을 쓰려면 배당 소득세를 납부하면서 배당을 받아야만 쓸 수 있다. 또한, 부동산 투자를 위해 부랴부랴 법인을 만들면 큰 효과가 없다. 수도권 과밀 억제 권역 내에서 법인을 설립한 지 5

년 이내에 부동산을 구입하면 취득세가 중과세되기 때문이다. 그러므로 중과세를 면제받기 위해서는 수도권 과밀 억제 권역을 벗어난 지역에 법인을 설립하거나, 지방 행정 구역 도(道)에서 과밀 억제 권역 내에 설립된 지 5년이 경과한 법인을 인수해야 한다. 그러니 현실적으로는 중과세를 면제받기가 쉽지 않다.

양도 소득세를 계산할 때도 개인은 장기 보유 특별 공제가 적용되지만, 법인은 적용 대상이 아니다. 따라서 법인을 통해 빌딩을 매입할 때에는 전문가와 상의하거나 신중하게 결정해야 한다.

핵심 정리

빌딩 투자 시 세금을 최대한 아끼기 위해서는 최대한 증빙 서류를 잘 구비해두어야 한다. 필요 경비로 인정받아서 과세 표준을 줄여야 하기 때문이다. 공동 명의를 적극 활용하면 절세가 가능하며, 다가구 주택이나 상가 주택 또한 1가구 1주택 세제 효과를 받을 수 있다. 또한, 법인 명의를 활용하여 종합 소득세를 법인세로 대체하고, 양도 소득세를 낮출 수 있다.

빌딩을 사옥 용도로
구입할 때의 장점

최근 낮은 금리에 비해 점점 높아지는 사무실 임대료로 인해 사옥을 직접 매입해서 사용하려는 법인이 늘고 있다. 사무실은 임대하는 것보다 사옥을 매입할 때 장점이 더 많기 때문이다. 사옥을 임대해서 쓰지 않고 매입해서 활용하면 임대료보다 저렴한 이자로 지출은 줄이고, 토지 시세 상승에 따른 법인의 자산 가치 상승까지 노릴 수 있다. 또한 직접 사용할 사무실을 제외한 나머지 공간을 다른 임차인에게 임대 함으로써 추가로 임대 수익까지 거둘 수 있다. 심지어는 회사 가치에 맞게 건물을 리모델링하여 브랜드 이미지를 높일 수 있으므로 일석이조를 훌쩍 넘어서는 이익이다.

물론 법인 자금이 부족해 사옥을 매입하기 힘들다거나, 인력이 많이 필요하지 않을 때 업종이 아닌 경우 수익의 안정성이 부족한 법인이 사옥을 직접 매입하는 것은 힘들겠지만 이런 경우를 뺀 대부분의 경우에는 사옥을 매입해 사용하는 것이 좋다. 다음 기사를 보자.

사옥을 직접 소유한 까닭은?

복잡한 절차를 거쳐야 함에도 대부분의 NPO(비영리 단체)가 건물을 매입하는 이유는 무엇일까. 단체들은 "직원 증가, 높은 임차료, 이사 비용 등을 고려할 때 건물을 매입하는 것이 비용 대비 효율적"이라고 답했다.

건물 '임대료'로 얻는 추가적인 수입원 또한 비영리 단체가 건물 매입을 고려하는 이유다. 단체 운영이나 목적사업을 위한 '안정적인 재원'을 확보할 수 있다는 계산에서다. 비영리 단체의 경우 주무 관청이 허가할 경우 임대차 사업을 할 수 있고, 임대 수익을 목적사업에 쓴다는 전제하에 일부 법인세를 감면받는다…(하략)

○○일보 2018. 2 .28.

비영리 단체들은 대부분 후원을 받아 운영하기 때문에 돈을 함부로 쓸 수 없다. 금융 기관의 대출 심사를 받기도 어렵고, 돈을 잘못 사용해서 손해를 보기라도 한다면 후원자들의 질책을 면할 수 없기 때문이다.

사옥을 매입할 때 가장 큰 장점은 임대료의 절감이다. 저금리 시대에서는 임대료를 내는 것보다 대출을 받아 사옥을 매입한 후 매달 이자를 내는 것이 더 경제적이다. 건물 가치가 떨어지지만 않는다면 크게 위험할 것이 없다.

또한 공실에 대한 리스크 부담이 그리 크지 않다. 사무실이 군이 1층에 있어야 할 필요는 없으니 1층은 다른 임차인에게 임대를 내주고 월세를 받을 수 있다.

공실에 대한 리스크를 줄일 수 있다는 말은 곧 건물의 가치를 직접 높일 수 있다는 말이기도 하다. 만약 미래 가치는 괜찮지만, 현재에 공실이 있는 건물이 있다면 적극 검토해볼 만하다. 공실이 많기 때문에 건물의 매입 가격을 낮출 수 있고, 향후 건물의 처분 시에 큰 시세 차익을 남길 수 있다. 이렇게 공실 없이 사무실을 모두 사용할 수 있다는 것은 사옥 매입의 가장 큰 장점 중 하나다.

상업용 부동산의 투자 수익률은 지역에 따라 다르지만, 서울의 경우 약 3~5퍼센트가 된다. 현재 기준 금리가 인하되어 1.25퍼센트(2019년 8월 기준)인 것을 감안해도 높은 수익이다. 아무리 부동산의 수익률이 많이 낮아졌다고 해도 금리보다는 확연히 높고, 법인이 빌딩을 매입하는 경우에 대출 규제가 심하지 않아 실투자금을 최소화시킬 수도 있다. 또 일부는 사옥으로 활용하고, 일부는 임대를 줄 경우 오히려 대출 이자를 상회하는 수익을 낼 수도 있다. 이를 통해 기업 전체의 재무 구조가 개선될 수 있고, 직원들도 안정적인 환경에서 일할 수 있게 된다.

사옥을 매입하기 위해 알아두어야 할 것에는 무엇이 있을까?

첫 번째는 명도 가능 여부를 확인해야 한다. 명도란 현재 건물을 사용하고 있는 임차인을 내보내는 것을 말한다. 사옥을 매입하기 전 빌딩

내 임차인들의 최초 계약일, 계약 만기일을 확인한 후 거래를 진행해야 한다. 사옥으로 활용하기 위해 매입했는데 명도가 되지 않는다면 그만큼 황당한 일이 없다.

두 번째는 현재 사용 중인 사무실이나 작업장이 있다면 매입할 빌딩과 현재의 사업장을 비교해보아야 한다. 인원이 많아져서 사무실을 확장해야 하는데 지금 사용하는 곳보다 면적이 줄어들면 의미가 없다.

반대로 인원을 감축하고 작은 사무실을 원하는데 현재의 면적보다 넓어도 마찬가지이다. 그 외 주차장, 직원들의 출퇴근 시간 등을 모두 고려하여 신중하게 결정해야 한다.

모든 직원을 만족시키긴 어려워도 대표를 제외한 모두가 만족하지 못하는 건물이라면 향후 건물의 가치 또한 인정받지 못할 확률이 높다.

마지막으로 기업의 재무 구조와 경제 상황을 잘 감안하여 건물을 계속 보유할 것인가 매각할 것인가를 결정해야 한다.

모든 비즈니스가 그렇듯이 경제 상황에 따라 부동산의 가격이 움직이고, 특히 기업이 많은 돈을 투자해 사옥을 매입할 경우, 큰 영업 손실이 발생하면 회사 재무상태가 흔들릴 수 있다. 사업이 흔들릴 때 갑자기 사옥을 팔고, 사무실을 이전하면 직원들의 사기도 떨어질뿐더러 사업도 어려워질 확률이 높다.

일례로 우리나라의 경기가 계속 어려워지면서 빌딩을 많이 보유하고 있는 대기업들도 큰 영업 손실을 입었다. 그들이 가장 먼저 현금 유동성 확보를 위해 했던 것은 건물의 매각이다. 갑자기 건물을 매각한다면 그 건물에서 일하던 사람들은 어떻게 됐을까? '세일 앤 리스백(매각후 재임대)' 전략을 통해 매각한 기업과 매수한 투자자 모두 각자의 이익을 취할 수 있었다.

기업들 '세일 앤 리스백' 채택하는 이유는?

대기업과 계열사들이 유동성 확보를 위해 잇달아 사옥을 매물로 내놓고 있는 가운데 최근 '세일 앤 리스백' 전략이 관심을 받고 있다.

'세일 앤 리스백' 방식은 기업들이 사옥을 매각하되, 기존 영업장 또는 사무실 용도로 임차해 사용하는 것이다. 이 방식으로 매매가 이뤄지면 매각자는 현금 유동성을 확보할 수 있고 매입자는 임차인 모집 걱정 없이 안정적인 임대 수익을 올릴 수 있다. 더욱이 향후 빌딩 가격이 오를 경우 시세 차익도 보장받을 수 있어 기업들로부터 각광 받고 있다.

매입 후 공실의 위험이 없기 때문에 자산을 매입한 직후부터 임대료 이익이 발생해 안정적이다. 매각자금으로 인한 유동성 확보와 시세 차익은 덤이다. 여기에 계약 기간 만료 시 매각자에게 우선 매수권을 갖게 하는 경우도 있다…(하략)

○○포커스 2015. 11. 12.

급작스러운 영업 손실로 인해 현금이 필요한 기업들은 사옥을 세일 앤 리스백 조건으로 팔고, 사무실을 이전할 필요 없이 다시 기업의 재무 상태를 회복시킬 수 있다. 오히려 사옥을 보유하고 있던 기간 동안 건물의 가격이 오르면 매각 시 시세 차익을 볼 수 있기 때문에 영업 손실을 메꿀 수 있는 전략 중 하나가 되기도 한다.

정리해보자. 저금리 시대에는 사무실 임대료를 내는 것보다 대출 금리가 훨씬 저렴하다. 따라서 법인 명의로 대출 받아 실투자금을 최소화한 후 사옥 매입이 가능하다. 사옥 매입 시 입지는 좋으나 공실이 있는 건물을 매입 하는 것이 좋다. 시세보다 저렴하게 살 수 있으며 사무실과 작업장으로 직접 운영할 공간을 제외하고 임대를 주어 대출이자를 상회하는 레버리지 효과를 얻을 수도 있다. 또 건물을 리모델링하여 기업의 브랜딩을 상승시킬 수도 있으며 급작스런 영업 손실로 인해 현금이 필요해지는 경우 세일 앤 리스백을 통해 사옥을 매각하고 사무실은 그대로 활용하면서 기업의 타격을 줄일 수 있다. 이 경우 건물의 시세 차익은 덤이다. 법인 명의로 건물을 매입, 매각할 경우 세무사의 상담을 받아 최대한 절세에 힘쓰는 것을 추천한다.

핵심 정리

사옥 매입 시에는 여러 가지 장점이 있다. 비싼 사무실 임대료를 내지 않아도 되며, 법인 명의로 대출을 받아 이자를 내면 된다. 저층은 상가로 임대주고 임대료를 받으면서 이자를 충당할 수도 있다. 이후 기업에 유동자금이 필요할 경우 사옥을 매각하여 시세 차익을 볼 수 있고, 세일 앤 리스백을 통해 사무실을 이전하지 않아도 된다. 사옥을 매입할 때에는 반드시 명도 가능 여부를 확인하고, 해당 건물이 기업의 사옥으로 적합한지 체크해야 한다.

대출 받기 전에
검토해야 할 5가지

일반적으로 빌딩 투자 전문가들은 대출 이유에 대해서 레버리지 수익률을 많이 주장한다. 하지만 수익률을 높이기 위해 대출을 일으킨다는 인식이 강해지기 시작하면 또 다른 의문이 생긴다.

사실, 대출을 최대한 많이 받아야 하는 이유 중 가장 중요한 것은, 안정성을 높이기 위한 것이다. 대출을 받아 안정성을 높인다니 이게 무슨 소리일까 싶겠지만, 이것은 부동산 투자에 있어 가장 핵심적인 부분이다.

사람들은 부동산 투자를 할 때, 적은 금액으로 최대한 가성비 좋은 곳을 사기 위해 열심히 호재를 찾는다.

건물의 위치가 대로변인지 코너인지 구석인지, 유동 인구가 많은 곳에 있는지, 지하철역과 얼마나 가까운지, 경사진 곳에 있는지 평지에 있는지, 오래된 건물인지 새 건물인지 등에 따라 가격이 정해져 있다. 우리는 이것을 '시세'라고 부른다.

왜 열심히 발품을 팔고, 호재를 알아보고, 공부를 하면서 건물을 찾아 다니는 걸까? 만약 당신이 자본이 넉넉해서 마음 편하게 투자할 만한 건물을 찾는다면, 유동 인구 많고 큰 건물을 사지 않겠는가?

사실 부동산이건 주식이건 자본주의의 본질은 똑같다. 투자하기 전에 공부하는 이유는 속지 않기 위해 하는 것이지 '나만 공부해서 알 수 있는 좋은 건물을 찾기 위해 하는 것'이 아니다.

다시 본론을 말하자면, 대출을 최대한 많이 받아야 하는 이유는 조금이라도 더 비싼 건물을 사서 투자에 대한 안정성을 높이기 위함이다. 그다음이 레버리지 효과를 통한 수익이다.

안정성과 수익성을 둘 다 높이기 위해 대출을 최대한 많이 받으려면, 구체적으로 어떻게 해야 할까?

아래의 5가지 기준을 지키면 최대한 좋은 조건으로 대출을 받을 수 있다.

1. 대출이 잘 나오는 건물의 조건을 갖출 것
2. 신용관리를 철저히 할 것
3. 한 곳이 아닌 여러 은행에 문의할 것
4. 공동 담보를 설정할 것

5. 법인 명의로 매입할 것

대출이 잘 나오는 건물의 기준은 무엇인가?

① 공시 지가가 높아야 한다. 공시 지가란 국가에서 각종 세금을 걷는 기준을 정하기 위해 만든 공식적인 토지의 가격이다. 공시 지가가 높을수록 좋은 조건의 대출을 받을 수 있다. 현재 매매가가 동일한 건물이라도 지역마다 공시 지가가 다르기 때문에 대출액이 차이 나는 경우가 많다. 그래서 동일한 50억 원짜리 건물이라도 일반적으로 강남의 공시 지가가 더 높기 때문에 강남에 있는 건물에서 대출이 더 많이 나온다.

② 매입하려는 건물의 인근에 비싸게 매각된 건물이 많다.

③ 건물의 용도가 주택보다는 근린 생활 시설로 되어 있는 것이 좋다. 용도가 주택인 건물은 세입자가 살고 있는 방마다 최우선변제금 액이 설정되어 있다.(2019년 7월 기준 서울시 3,400만 원, 이외 지역 1,700만 원)

최우선변제란 주택 임대차 보호법의 일환으로, 해당 부동산이 경매에 넘어 갔을 때 임차인에게 가장 최우선으로 보증금을 돌려줘야 하는 것을 말한다. 은행에서 빌린 돈보다 세입자의 보증금을 먼저 돌려주어야 하니, 당연히 은행에서는 대출 금액을 줄일 수밖에 없다.

이외에도 임차인의 업종에 따라 대출 금액에 영향을 끼치기도 하는 데, 가장 정확한 대출가능액 산정 방법은 투자를 결정하기 전 은행에 의뢰해 해당 건물에 대한 감정을 받아 보는 것이다.

일반적으로 건물의 시세와 대출 금액을 알아보기 위해 활용한다.

탁상감정 가격은 통상적으로 약 시세의 70~80퍼센트가 나오기 때문에 내가 가진 건물 시세를 파악할 때 도움이 된다.

이번에는 신용관리를 잘하는 방법에 대해 알아보자.

은행에서는 대출 의뢰인의 신용을 가장 중요시 생각한다. 은행의 가장 큰 수입원이 돈을 빌려주고 이자를 잘 받는 것인데, 이자를 정확히 내지 않는 고객을 유치할 이유가 없다. 그래서 평소에 꾸준히 신용 등급 관리에 신경을 쓰지 않으면 좋은 조건으로 대출을 받기가 어렵다. 담보 대출의 경우 개인의 신용보다는 건물의 담보가치를 따지기 때문에 크게 영향받는 일은 드물지만, 추가로 신용대출을 받아야 할 경우에는 신용 등급이 낮을수록 대출 가능한 금액은 적어지고, 이자금리는 높아진다.

신용을 투자수익에 많은 영향을 끼칠 수 있으므로 항시 신용 등급에 신경을 써야 한다.

어떻게 하면 신용 등급이 높아질 수 있을까? 나는 은행 대출이 없고 신용 대출도 사용한 적 없으니 무조건 1등급일 것이라고 생각하는 사람도 있다. 하지만 은행에서 생각하는 신용 등급의 기준은 조금 다르다.

은행에서 평가하는 신용 등급이 높은 사람

- 제1금융권에서 적당한 금액을 대출받은 사람
- 대출 이자 연체 사실이 없는 사람
- 신용카드 결제금 연체 사실이 없는 사람

- 고정적인 소득 신고를 착실히 한 사람

- 현재 직장에 다니는 사람

- 나이가 많지 않은 사람

은행에서 중요시하는 것은 경력이나 이력이다. 대출을 한 번도 받지 않은 사람이 아니라, 적당한 금액을 빌리고 착실히 원금과 이자를 갚았던 적이 있는지, 갚을 능력이 있는지를 보는 것이 핵심이다.

대출받은 기록이나 신용카드를 한 번도 쓰지 않은 사람은 대출을 잘 갚았던 적이 있다는 사실을 증명하기가 어렵다.

저금리 시대에서는 투자를 할 때 현금보다 신용 등급이 더 중요하기도 하다. 신용 등급이 높은데 현금 5억 원을 가지고 있는 사람과 신용 등급이 낮고 현금 10억 원을 가진 사람을 비교해 보자. 물론 10억 원을 가진 사람이 매입가가 더 높은 건물을 살 확률이 높겠지만, 실투자금 대비 실제 수익률이 높은 것은 신용도 높은 현금 5억 원을 소유자가 될 확률이 훨씬 더 높다.

대출을 받을 때에는 최대한 여러 은행이나 여러 지점에 의뢰하는 것이 좋다. 사람들은 은행의 대출 금액을 국가에서 정해주는 정찰가라고 생각하는 경우가 많은데, 은행은 '금융 비즈니스를 하는 곳'이라고 생각하는 것이 정확하다. 은행은 사람들에게 돈을 모아(예금, 적금 등) 돈을 빌려주면서(대출) 이자를 내게 하여 돈을 버는 곳이다. 그렇기 때문에 은행마다 대출 가능 금액과 조건이 다르고, 심지어는 같은 은행이라고 해도 지점에 따라 차이가 난다. 대출의 승인권자가 각 지점의 지점장이기 때문이다. 따라서 각 은행의 지점장들과 평소 친분을 맺어두면 좋다. 또, 한 곳에만 의뢰하지 말고 여러 은행에 의뢰하여 가장 좋은 조건의 대출을 받는 것이 유리하다.

만약 본인이 지금 매입하려는 건물뿐만 아니라 현재 살고 있는 집을 포함하여 다른 부동산을 더 가지고 있다면 이를 미리 파악하여 '공동 담보'로 제공할 수 있다. 이 경우, 추가 담보를 설정하는 것이기 때문에 건물만 담보로 하는 것보다 담보 가치가 높아져 좋은 이자 조건으로 더 많은 대출을 받을 수 있다.

법인 명의로 대출을 받는 것은 최근 더 강력해진 대출 규제와 연관 있다. 최근 정부에서 내놓은 대출 규제들이 법인 명의의 투자에는 영향을 미치지 않기 때문이다.

2018년 3월 26일부터 시행된 RTI(임대업자 이자상환비율)때문에 개인 투자자들은 대출 가능 금액이 현저히 줄어들게 되었다. RTI란 대출금에 대한 이자 납부액과 월 임대료를 비교하여 대출 금액을 결정하는 방식으로, 수익형 부동산은 150퍼센트로 정해져 있다. RTI가 적용되기 전에는 보통 70퍼센트의 대출이 가능했으나, 이후에는 50퍼센트로 줄어들게 되었다. 하지만 법인 사업자는 RTI 규제를 받지 않으니 아직도 70~80퍼센트의 대출을 받을 수 있다.

하지만 법인 명의로 대출을 받을 때 반드시 염두해 두어야 할 것이 있는데 바로 세금이다. 단순히 대출 금액으로만 보면 법인 명의로 매입하는 것이 무조건 좋아 보이지만, 취득세, 법인세, 배당 소득세 등을 고려한다면 꼼꼼한 검토가 필요하다.

세금에 대한 부분은 반드시 부동산 전문 세무사에게 의뢰하여 정확히 비교한 후 본인에게 득이 되는 방향으로 하는 것이 좋다.

핵심 정리

대출을 받는 이유는 수익률과 안정성 때문이다. 높은 금액일수록 미래 가치가 높은 입지의 빌딩을 살 수 있다. 대출을 많이 받기 위해서는 신용 관리를 철저히 하고, 공시 지가가 높은 땅을 찾아야 한다. 은행은 지점마다 대출 기준이 다르기 때문에 여러 곳에 의뢰해 비교해야 한다. 만약 법인 명의로 대출을 받는다면 세금에 대한 검토가 필요하다

빌딩 상속과 증여 시
절세하는 방법

옛날부터 자산가들은 부동산을 통해 부를 세습을 했다. 왜 그들은 현금으로 자식들에게 돈을 주지 않고 굳이 부동산을 사서 상속이나 증여를 했을까? 바로 상속세와 증여세 때문이다. 현금으로 물려주는 것보다 부동산으로 물려주는 것이 세금을 훨씬 많이 아낄 수 있었다. 그렇다면 현재 소유하고 있는 빌딩을 상속하거나 증여하게 되면 세금이 어느 정도 나올까? 어떻게 하면 세금을 아낄 수 있을까?

일단 상속세와 증여세의 기본적인 내용에 대해 알아보자.

상속세란 상속받은 재산에 대해서 내는 세금을 말한다. 사망하거나 실종된 사람이 세금을 낼 수는 없으니 상속받은 사람이 내야 한다.

• 피상속인 : 사망한 사람 또는 실종 선고를 받은 사람

• 상속인 : 재산을 상속받은 사람

• 상속개시일 : 사망일 또는 선고일

상속인은 상속개시일(사망일 또는 선고일)이 속한 달의 말일부터 6개월 안에 사망자의 주소지 관할 세무서에 상속세 신고를 해야 한다. 단, 피상속인 또는 상속인 모두가 외국에 있는 경우에는 9개월 안에 신고를 해야 한다. 이 기간 내에 자진 신고할 경우 5퍼센트를 공제받을 수 있지만 기한을 넘기면 무신고, 과소 신고 가산세 10~40퍼센트와 납부 불성실가산세(1일마다 0.03퍼센트)를 납부해야 한다.

상속 순위는 피상속인의 유언이 있을 경우 유언 상속이 가장 우선이다. 유언이 없는 경우 민법에서 정한 순위대로 재산을 상속받는다. 또한 공동 상속인의 상속분은 민법에 규정되어 있으나, 피상속인의 유언이 있다면 유언에 따라 상속분이 지정된다.

1순위는 아들, 딸, 배우자

2순위는 아버지, 어머니, 배우자(자녀가 없을 때)

3순위는 형제자매

4순위는 4촌 이내 친척

일반적으로는 상속과 증여라고 하면 물려받을 재산만 생각하지만, 물려받는 것에는 빚도 포함되어 있다. 만약 재산보다 빚이 더 많다면 어

떨까?

상속재산보다 빚이 많은 경우 상속을 포기하거나 상속받을 재산 한도 내에서 피상속인의 빚을 갚는 한정 승인이 가능하다.

이번에는 증여세에 대해 알아보자. 증여세란 살아있는 사람에게서 재산을 공짜로 받았을 때 내야 하는 세금으로, 증여세는 재산을 증여받은 사람이 내야 한다. 만약 수증자(재산을 증여받은 사람)이 국외에 거주하고 있다면 부모가 자녀를 대신해서 증여세를 납부할 수 있다. 수증자가 증여세를 납부할 능력이 없는 경우에도 마찬가지이다.

- **증여자 : 재산을 준 사람**
- **수증자 : 재산을 받은 사람**
- **증여일 : 실제로 증여받은 날**

증여세 또한 증여일이 속한 달의 말일로부터 3개월 안에 본인의 주소지 관할 세무서에 증여세를 신고하고 자진 납부해야 한다. 이외 조건은 상속세와 동일하다. 증여세와 상속세에 대한 기본적인 내용을 알아보았으니 이제 세금을 얼마나 내야 하는지, 어떻게 하면 내야 할 세금을 조금이라도 아낄 수 있을지 알아보자.

아래의 표는 2019년 기준 증여세 및 상속세 세율과 공제, 면제 내용을 정리한 것이다. 이를 참고하여 절세에 도움 되는 몇 가지 방법을 알아보자.

2019년도 증여세및 상속세 세율표

과세 표준	세율	누진 공제
1억 이하	10%	0원
1억 초과~5억 이하	20%	1,000만 원
5억 초과~10억 이하	30%	6,000만 원
10억 초과~30억 이하	40%	16,000만 원
30억 초과	50%	46,000만 원

증여세 면제한도	
배우자로부터 증여	6억원
직계 존속으로부터 증여	성년 5,000만 원
	미성년 2,000만 원
직계 비속으로부터 증여	1,000만 원
기타 친족으로부터 증여	5,000만 원

상속세의 기본 공제	
기초 공제	2억원
배우자 공제	최소 5억 원~최대 30억 원 한도
자녀 공제	1인당 5,000만 원
미성년자 공제	1,000만 원(만19세까지)
연로자 공제	1인당 5,000만 원(65세 이상)
장애자 공제	1,000만 원
일괄 공제	5억 원(배우자 공제 별도)

증여세 신고 납부 기한
- 증여일이 속하는 달의 말일부터 3월 이내

상속세 신고 납부 기한
- 상속개시일이 속하는 달의 말일부터 6월 이내

증여, 상속세 신고 기한 내 신고 시
- 산출 세액에 3퍼센트 세액 공제

현금으로 증여 시

만약 현금 100억 원을 자녀에게 증여하게 되면 과세 표준 30억 원을 넘게 되므로 50퍼센트의 세율이 적용된다. 따라서 누진 공제를 적용하더라도 100억×50퍼센트-46,000만 원=46억 4,000만 원의 증여세를 내야 한다.

부동산으로 증여 시

만약 건물을 증여하면 어떻게 될까? 부동산의 경우 아파트, 오피스텔 등 표준화된 물건들을 제외하고는 시가 산정이 어렵다. 시가란 증여일 전후 3개월 이내의 매매, 경매, 감정 가액을 의미한다. 시가 산정이 어려운 부동산은 어떻게 할까? 예외적으로 기준 시가를 통해 평가한다.

빌딩의 기준 시가는 토지의 개별 공시가와 국세청 고시 건물가액을 합하는데, 대개 시세의 60~70퍼센트 정도로 평가된다. 따라서 100억 원 짜리 건물의 기준 시가는 60~70억 원으로 평가된다. 만약 70억 원으로 평가된다고 하면 70억×50퍼센트-46,000만 원=30억 4,000 만 원의 증여세를 낸다. 즉 현금으로 낼 때보다 무려 16억 원을 아끼게 되는 셈이다. 이러니 부자들이 모두 건물을 사서 증여나 상속을 한다. 조만간 정부에서 조치를 취할 듯하다.

정부에서 상속세와 증여세를 올려 받기 위해 빌딩 또한 기준 시가가 아닌 감정 평가액을 기준으로 세금을 걷으려 하고 있다. 국세청에서 현재 검토 중이지만, 건물의 시세를 100퍼센트 완벽하게 책정하기는 현실적으로 어렵다. 그러니 감정 평가를 하더라도 현금보다는 여전히 건물로 증여를 하는 것이 절세에 효율적인 방법이 될 것이다.

또 전세 보증금이나 은행 대출을 많이 받은 상태에서 증여하는 것이 좋다. 이를 부담부 증여라고 한다. 만약 100억 원짜리 건물을 대출 없이 그대로 증여한다면 위에서 계산한 대로 50퍼센트의 세율이 적용된다.

만약 대출을 포함하여 같이 증여한다면 어떻게 될까? 증여세는 부채 부분을 제외한 금액으로 산정한다. 80억 원의 대출을 포함한 100억 원짜리 건물이라면 실제 증여는 20억 원이 되므로 세율은 50퍼센트가 아닌 40퍼센트를 적용받게 된다.

여기서 보다 깊이 생각해봐야 할 점은 양도 소득세다. 부담부 증여를 할 때 수증자는 증여세가 줄어들게 되지만 증여자는 부채를 증여하는 것이기 때문에 양도 소득세를 내야 한다. 결국 내야 하는 총 세금은 크게 차이가 나지 않을 수 있다.

그러나 만약 미래 가치가 높은 건물을 증여해서 건물의 가치가 급격히 상승한다고 생각해 보자. 이럴 때는 부담부 증여가 훨씬 더 이익이 될 수 있다. 20억 원을 증여한 후 10퍼센트 가치 상승이 발생하면 수증자는 2억 원의 가치 상승을 누리게 된다.

만약 20억 원과 80억 원의 대출을 포함해 100억 원짜리 건물을 증여받으면 똑같이 20억 원을 증여받아 10퍼센트의 가치 상승이 생길 때 10억 원의 가치 상승을 누리게 된다. 동일한 증여세를 부담하고도 수증자는 훨씬 더 높은 가치를 얻게 된 셈이다. 이때 증여자가 내야 할 양도 소득세는 동일하다.

양도 소득세를 당장 내고 싶지 않다면, 처음부터 법인 명의로 건물을 매입하면 된다. 법인 명의로 빌딩을 매입하여 증여할 경우 양도 소득세는 증여할 때 바로 내지 않고 이후 부동산을 매매처분 할때 납부할 수 있다.

절세의 마지막 방법은 증여를 10년 단위로 나누어서 하는 것이다.

증여를 한 부모님이 10년 이내에 사망한다면 상속세 계산을 할 때 사전 증여 금액도 합산하여 세율을 계산한다. 예를 들어 피상속인이 사망하기 3년 전 상속인에게 6억 원을 증여했고, 상속재산은 10억 원이라고 생각하자. 이전에 6억 원과 10억 원 모두 과세 표준 5억~10억 원 이하에 들어가 세율이 30퍼센트만 적용받는다고 생각할 수 있지만, 꼭 그렇지만은 않다. 6억 원을 증여한 것이 3년 전으로 상속개시일과 10년 이상 차이가 나지 않기 때문이다. 이 경우 과세 표준은 총합 16억 원이 되어 40퍼센트 세율을 적용받게 되어 절세가 불가능하다. 따라서 증여는 미리 해두어야 한다. 증여를 생각하고 있었 으면 10년 단위로 면제 한도(자녀 5,000만 원, 배우자 6억 원)를 재차 적용받을수 있다. 이 때문에 10년에 한 번씩 증여를 해야 한다.

또한 1회 상속 증여세율을 고려해서 되도록 한 번 증여할 때 1억 원 이하(10퍼센트), 혹은 5억 원 이하(20퍼센트)로 증여하는 것이 좋다.

핵심 정리

현금을 상속하거나 증여하게 되면 세금을 그대로 다 내야 하지만, 빌딩을 통해 할 경우 세금이 기준 시가(시세의 60~70퍼센트)를 기준으로 적용된다. 전세 보증금이나 대출을 포함하여 증여(부담부 증여)한다면 증여세를 줄일 수 있다. 또한, 절세를 위한 사전 증여는 10년 단위로 하는 것이 좋다.